本书为2016年广东财经大学华商学院创新强校项目"独立学院会计案例库建设研究"（编号：HS2016CXQX6；项目负责人：朱小云）的研究成果

会计教学案例分析

Accounting Teaching Case Analysis

主　编　朱小云
副主编　徐　蓉　罗述苹

经济管理出版社
ECONOMY & MANAGEMENT PUBLISHING HOUSE

第三，在本书案例设计中，每个案例都设置了教学目标及涉及的基本理论、相关思考问题、教学手段与组织，有利于授课教师在授课课堂组织教学，活跃教学气氛。

需要特别指出的是，由于本书的大多数案例是探索性的，我们所提供的分析思路并非标准答案，本书案例教学的目的更多的在于激发与引导读者的思考。同时案例本身的特殊性意味着它不可能在未来的工作中完全重复出现，但是案例中所运用的基本原理为我们未来开展实务提供了思路与借鉴。

本书案例安排较细，每个案例具有其独立性，教师可以根据需要单独讲授，不必依次讲解。我们为案例配备简单的PPT，可供教师与学生参考。

本书由朱小云担任主编，负责拟定编写大纲，设计篇章内容，并负责总撰、修改与定稿；徐蓉与罗述苹担任副主编，协助主编审校与复核。郭美娣、李垒、杨萍参编相关章节，本书写作具体分工如表1所示。

表1　本书写作分工

名称	主笔
第一篇　初级会计原理篇	朱小云
第二篇　中级财务会计案例	罗述苹、朱小云
第三篇　高级财务会计案例	徐蓉
第四篇　会计综合案例	李垒、朱小云
第五篇　管理会计案例	杨萍、郭美娣

由于作者本身的水平和能力有限，书中的不足与遗漏在所难免，恳请各位专家、同学批评指正和提出改进意见，以便我们在本书再版时进行更新与修订。

本书主要对象为会计从业人员、会计专业学生等人员。

教师会计案例使用说明

一、教学目的与用途

1. 适用范围

本书案例主要适用于会计核心课程，如初、中、高级财务会计学和管理会计等相关章节的课堂辅助用书，也适用于单独开设会计案例分析课程的学校。

2. 适用对象

本书案例的适用对象广泛，可以是在校管理类财务专业学生，也可以是在岗工作人员。

3. 教学目的

（1）分析企业在财务会计实践中出现的各种问题是特殊问题还是大众问题，明确企业在进行会计业务核算处理选择时需要注意的问题。

（2）通过不同问题、不同层次的案例开展，提高学生面对复杂会计问题的分析能力。

（3）结合税务、内部控制、财务风险控制等方面，探讨企业相关会计问题需要考虑的因素。

（4）使学生了解初、中、高级财务会计与管理会计的理论与实践结合问题，在组织教学过程中，提高学生的项目管理和在团队运作中的沟通协调能力。

二、课堂启发思考题（参考）

本书案例中的问题，是出在了哪些方面？试从会计专业角度分析问题究竟出在哪儿。

企业应当如何处理，才能避免类似问题再次出现？

如果你是这个公司的 CFO，分析并整理一份报告。

三、分析思路

教师可根据教学目标灵活使用本书案例，分析思路如下：

本书案例涉及的人物较多，沟通路径复杂。教师组织学生分析时应当层层深入，从发生问题业务的基本类型开始，进行相关理论复习，并从案例入手，逐步将不同情况的案例与理论进行复合，最终形成整体的案例分析思路。结合先前的讲解，引导学生分析在案例中存在着哪些缺失，并指出对最终问题产生了怎样的影响。

在讨论建立沟通机制时结合多方面案例和多种情况分析。结合相关知识的讲解，进一步引导学生了解案例反映出来的问题和应当注意的事项。

围绕教学组织的方案，本着引导学生思考、鼓励学生积极讨论发言的基本原则，分别阐述各理论的基本内容、注意事项以及在案例中的具体应用，引导学生完成案例报告，鼓励学生形成论文进行发表。

四、建议的课堂时间与组织计划

1. 课前计划

在课程开始前一周布置案例，使学生熟悉案例材料并进行初步思考。在教学开始前，学生对案例相关背景应有初步的了解。课中计划：本案例计划课时 90 分钟，也可根据情况适当延长或缩短。

2. 课中安排

1~20 分钟：梳理案例可能用到的理论知识。

21~35 分钟：介绍案例，提出问题；播放视频，引导学生了解案例社会背景、公司情况和主要人物基本信息。可以使用相关视频作为案例企业的介绍。

35～50分钟：将学生分成若干小组（建议4～5组），阅读案例，展开小组讨论；讨论过程中教师到每组听取学生讨论，可适当提问引导并做相关记录；在小组讨论期间，教师应与每个小组进行交流，掌握小组的进度、讨论方向，了解学生对案例的分析状况。

50～70分钟：每组选派一名代表进行5分钟的小组讨论结果汇报等形式，其他各组成员倾听、记录重点，可就该组的陈述进行提问，该组其他成员可以补充答复。在小组汇报阶段，教师应仔细听取汇报者的观点，并作简短记录，以便在总结时有据可依。

70～90分钟：评价每个小组的表现，引导全体学生进行案例分析；讲解案例中的知识要点，总结案例。在评价阶段，教师不应否定任何观点，鼓励每种创新的思想，注意自己的措辞。

3. 课后计划

请学生就各组的讨论内容进行分析和总结，写出书面报告。

五、端正学生学习心态

学习心态影响着课堂效率。所以，加强学生学习心态的培养，使学生在学习案例时保持自信、积极、专心的心态是进行有效课堂的心理前提和必要条件。可以从以下几个方面来培养学生良好的学习心态：

1. 激发兴趣

从学习者的角度看，首先要培养学生的兴趣，兴趣是最好的老师。教师可选取一些学生感兴趣的案例供学生学习，以便激发学生的学习兴趣。

2. 树立信心

平时进行案例分析应按照由易到难的学习原则，让学生经常感受到进步与成功的喜悦，这样，就会自然增强学生的自信心。

3. 培养耐心

在训练案例分析的过程中，学生要克服急躁情绪，不管案例篇幅长短、难易与否，都应耐心地去阅读、理解案例。

4. 提高胆量

在训练案例报告时，要鼓励学生大胆大方地进行案例分析，锻炼学生的公共场所口头表达能力。

目　录

第一篇　初级会计原理篇

第二篇　中级财务会计案例

第三篇　高级财务会计案例

第四篇　会计综合案例

第五篇　管理会计案例

第一篇　初级会计原理篇

案例一

会计信息使用者——会计报表到底报给谁

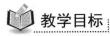

教学目标

了解会计信息使用者以及会计的目标。

基本理论

会计的目标。

教学组织手段

采取辩论赛模式，让学生在辩论的过程中感受会计报告的使用者及对不同信息的关注度。

案例介绍

益华股份有限公司成立后的第一个会计年度的年末，公司有关人员就会计报表应送给哪些人而争论不休。董事长认为：公司是由出资人创办的，与其他方面和部门没有关系，会计报表只报送给投资者就可以了。总经理则说：我同意会计报表报送给投资人，但由于公司的日常生产经营活动是在我的指挥下进行的，会计报表必须报送一份给我。公司内部审计部门则认为：内部审计对内向管理层提供服务，需要对会计资料进行审计，以保证会计信息的真实性，以便于管理者使用正确的信息进行决策，保护企业的资产安全，因此会计部门必须向内部审计部门提供会计报表。到底会计报表应报送给谁？真可谓"公说公有理，婆说婆有理"，莫衷一是。最后，董事长问财务部经理："你怎么看这个问题？"财务经理说："这个问题很简单，就是要分析与公司有利益关系的方面包括哪些？只要与公司有利益关系，人家就有权利获得一定的会计信息，我们就有必要向他们提供会计报表。"最终大家同意了财务经理的看法，向不同方面的利益关系人报送了会计报表。

【案例思考题】

1. 你认为会计信息的使用者到底有哪些？请分析会计信息使用者使用的目的。

2. 你认为会计的目标是什么？

【案例分析参考与提示】

1. 一个企业必须发布各种各样的会计信息，以满足信息使用者的需要。这些会计信息的需求因企业的规模、是否由公众持股以及管理政策等而有所不同。

总的来说，会计信息需求来自企业内部和外部两个方面，即会计信息的外部使用者和内部使用者。

会计信息的外部使用者是与企业有利益关系的个人和其他企业，但他们不参与该企业的日常管理，具体包括：股东、债权人、政府机关、职工、供应商、顾客等等。企业的内部管理人员也要使用会计信息，不论是负责完成全公司目标的最高级管理部门，还是负责完成一项具体目标的某一经营管理部门都是如此。会计信息内部使用者具体包括董事长、副董事长、董事、首席执行官（CEO）、首席财务官（CFO）、经营部门经理、分厂经理、分部经理，等等。

2. 会计的目标：可以从受托责任观和决策有用观进行分析。

会计的职能——会计仅仅是记账算账吗

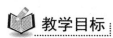

教学目标

了解会计的职能与目标。

基本理论

会计的各种职能、会计的目标。

教学组织手段

采取角色扮演模式，让学生在扮演的过程中感受会计的工作职能与最终目标；组织学生进行头脑风暴，谈谈自己对会计的认识，规范引导学生对会计的认识。

案例介绍

小张大学毕业后在某公司做会计工作已三年，他工作努力，业务能力有了很大提高，但一直没有处理终身大事。自从小张来单位以后，来自农村的同事小王就注意到了这位不仅长得十分帅气，而且心地善良的小伙子。小张对小王的印象也很好。在热心同事的撮合下，小张与小王确立了恋爱关系。

这年春节，小张作为未来的女婿来到了小王的农村老家。小王的父母打量着帅气的小张，高兴得合不拢嘴。还一个劲儿打听小张的家庭人口、工作职业和工资收入等情况。当听到小张是做会计工作时，小王的父亲心里犯起了嘀咕：会计不就是整天摆弄账本、打打算盘，天天记账、算账的人吗？一个大学毕业生，当会计是不是有点大材小用了。再说了，当会计能有多大出息？俺闺女他姑夫才初中文化，已经在村里干了20多年会计工作了。他把这些话说给老伴听，老伴也有同感。但小王却不这样看。

【案例思考题】

1. 你能结合学习过的会计知识，就小王父亲对会计的认识谈谈自己的看法吗？

2. 如果你是小张，你会怎么回答？

【案例分析参考与提示】

1. 小王的父亲对会计的认识显然比较片面。可以从会计的职能、会计手段的进步以及会计所担负的任务等角度展开分析。

2. 会计的两大基本职能为核算与监督，但是会计这个职业不仅仅只是为了算账记账，随着社会的发展、技术的进步，经济关系的复杂化和经济管理水平的提升，会计的新职能不断出现。会计除了有反映和监督两个基本职能外，国内会计学界比较流行的是六个职能，分别是"反映经济情况、监督经济活动、控制经济过程、分析经济效果、预测经济前景、参与经济决策"职能。这六大职能是密切结合、相辅相成的。

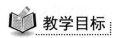

案例三

会计要素的运用——鲍春来的创业之路

📖 教学目标

了解会计的六大会计要素及其运用。

📖 基本理论

会计要素（资产、负债、所有者权益、收入、费用、利润）的运用，以及会计等式的运用。

🎇 教学组织手段

将学生分成四组，规定有限的时间进行讨论，试分析鲍春来企业财务状况和经营成果。每组推选一名学生做回答。

📷 案例介绍

你认为 800 元（人民币）或不足 800 元能够成功地创办一个企业吗？请看看鲍春来的创业之路。

鲍春来是广州一所著名美术学院的学生。她目前手头有 800 元，她决定于 2013 年 12 月开始创办一个美术培训部。她支出了 120 元在一家餐厅请朋友坐一坐，帮她出出主意，支出了 200 元印制了 500 份广告传单，用 100 元购置了信封、邮票等。她根据曾经在一家美术培训班服务兼讲课的经验，还向她的一个师姐借款 4000 元，以备租房等使用。她购置了一些讲课所必备的书籍、静物，并支出一部分钱用于装修画室。她为她的美术培训部取名为"白鹭美术培训部"。经过上述努力，8 天后鲍春来已经有了 17 名学员，每人每月学费为 1800 元，并且找到了一位较具能力的同学作合伙人。她与合伙人在培训里担当不同的角色（合伙人兼作培训部的会计和讲课教师）并获取一定的报酬。至 2014 年 1 月末，她们已经招收了 50 名学员，除了归还师姐的借款本金和利息计 5000 元、扣除各项必需的费用外，还获得讲课、服务等净收入 30000 元和 22000 元。她们用这笔钱又继续租房，扩大了画室面积，为了扩大招收学员的数量，她们甚至聘请了非常有经验的教授、留学归国学者免费作了两次讲座，为培训部的下一步发展奠定了非常好的基础。

四个月下来，她们的"白鹭美术培训部"平均每月共招收学员 39 位，获取收入计 24000 元。她们还以每小时 200 元的讲课报酬雇用了 4 位同学作为兼职教师。至此，她们核算了一下，除去房租等各项费用共获利 67800 元。这笔钱足够她们各自购买一台非常喜欢的计算机并且还有一笔不小的结余。但更重要的是，她们通过四个月来的锻炼，学到了不少有关财务上的知识，掌握了许多营销技巧，也懂得了应该怎样与人合作和打交道，获得了比财富更为宝贵的工作经验。

【案例思考题】

1. 鲍春来是如何创办并发展她的企业的？会计在其经营活动中扮演什么角色？

2. 从这一案例中你获得了哪些有关会计方面的术语？

【案例分析参考与提示】

1. 鲍春来凭着 800 元的创业启动资金，将资金用在刀刃上，咨询专家，进行宣传，为创业提供思路和客户源。有客户才有收益，她向师姐借入的 4000 元，保证了创业场所的支出。在刚开始规模还未扩大的时候为了节约成本，鲍春来和合伙人担任培训讲师角色，将口碑做好。口碑做好后，随着招生人数越来越多、收入越来越高，不仅可以把债务都偿还完毕，还可以聘请相关工作人员，这些下来还有结余，这样培训班便可以发展得越来越好。

在本案例中，会计在鲍春来的培训班中扮演核算成本与收入、规划资金的使用的角色，会计可以记录企业发生的每笔支出和收入，可以准确地计算出企业的盈利情况，分析企业的经营情况和财务状况，为所有者做决策提供参考指标。

2. 从这一案例中，我们了解了企业的初始成立需要资金，在会计中，所有者投入的资本令实收资本增加，同时令企业资产增加；后续支出过程中，企业的资产减少，费用增加；向师姐借款时，负债增加，资产增加；后续经营过程中，收入增加的同时令资产增加，营业成本也不断增加，最后收入减去成本费用的余额为经营利润。案例很好地体现了会计的六大要素的逻辑关系。

案例四

试算平衡表的运用——试算平衡表不是万能的

教学目标

了解会计试算平衡表的制作与基本理论。

基本理论

试算平衡表的编制方法为期末余额试算平衡法与发生额试算平衡法。期末余额试算平衡法的理论依据是会计等式，而发生额试算平衡法的理论依据是记账规则。

教学组织手段

课前让学生熟悉案例资料，收集相关理论及制表方法。上课时分为三个组，每个小组围绕案例思考问题，分析讨论案例公司在试算平衡表与账务处理方面的不足，然后每组推荐一名学生演讲，提出相应的解决措施以及需要避免犯的错误，并深入研究如何发现和修正错误。

案例介绍

小甄从某财经大学会计系毕业，刚刚被聘任为启明公司的会计员。今天是他来公司上班的第一天。会计科里同事们忙得不可开交，一问才知道，大家正在忙于月末结账。"我能做些什么?"会计科长看他那急于投入工作的表情,也想检验一下他的工作能力,就问:"试算平衡表的编制方法在学校学过了吧?""学过。"小甄很自然地回答。

"那好吧,趁大家忙别的时候,你先编一下我们公司这个月的试算平衡表。"科长帮他找到了本公司所有的总账账簿。不到一个小时,一张"总分类账户发生额及余额试算平衡表"就完整地编制出来了。看到表格上那相互平衡的三组数字,小甄激动的心情难以言表。兴冲冲地向科长交了差。

"呀,昨天车间领材料的单据还没记到账上去呢,这也是这个月的业务啊!"会计员李媚说道。还没等小甄缓过神来,会计员小张手里又拿着一些会计凭证凑了过来,对科长说:"这笔账我核对过了,应当记入'原材料'和'生产成本'的是 10000 元,而不是 9000 元。已经入账的那部分数字还得改一下。"

"试算平衡表不是已经平衡了吗?怎么还有错账呢?"小甄不解地问。

科长看他满脸疑惑的神情,就耐心地开导说:"试算平衡表也不是万能的,比如像在账户中把有些业务漏记了,借贷金额记账方向彼此颠倒了,还有记账方向正确但记错了账户,这些都不会影响试算表的平衡。小张刚才发现的把两个账户的金额同时记多了或记少了,也不会影响试算表的平衡。"

小甄边听边点头,心里想:"这些内容好像老师在上基础会计课的时候也讲过。以后在实践中还得好好琢磨呀。"

经过一番调整,一张反映本月真实业务的试算平衡表又在小甄的手里诞生了。

【案例思考题】

1. 为什么试算平衡表不是万能的?哪些错误是发现不了的?
2. 如果试算平衡表出现不平衡状态,该如何进行检验?

【案例分析参考与提示】

1. 编制试算平衡表后,如果试算不平衡,肯定记账有错误,应进一步查找原因;如果试算平衡,一般说来记账是正确的,除非记账时重记、漏记、错用科目、借贷方向颠倒等,这些错误是不能通过试算平衡表发现的。

2. 会计记账稍有不慎就会出现错账,而且查起来很费劲,故有人说"记账容易查账难"。这是因为有时为查一笔错账,花上很大精力,一查就是半天,有时直到深夜才查出。因此，查错账的方法值得研究和探讨，找出查错账的捷径，使财会人员减少查错账的时间，而有更多的时间和精力用在加强企业管理和经济核算上。只要在实际工作中掌握错账发生的规律，查起错账来就比较容易，运用熟练后就能得心应手，将错账"逮住"。以下是查错账常用的方法：

（1）除二法。记账时稍有不慎，很容易发生借贷方记反或红蓝字记反，简称"反向"。它有一个特定的规律就是错账差数一定是偶数，只要将差数用二除得的商就是错账数。所以称这种查账方法为除二法，这是一种最常见而简便的查错账方法。

（2）除九法。在日常记账中常会发生前后两个数字颠倒、三个数字前后颠倒和数字移位。它们共同的特点是错账差数一定是九的倍数和差数每个数字之和也是九的倍数，因此，这类情况均可应用"除九法"来查找。

（3）差数法。根据错账差数直接查找的方法叫作差数法。以下两种错账可用此法：

第一种是漏记或重记，因记账疏忽而漏记或重记一笔账，只要直接查找到差数的账就查到了，这类错账最容易发生在本期内同样数字的账发生了若干笔，这就容易发生漏记或重记。第二种是串户，串户可分为记账串户和科目汇总串户。

（4）象形法。在核对账目表时遇到较多的是仅相差几分钱的错账，这类错账最头疼。这类错账一般来说是数字形状相像而发生差错。根据其数字形状象形的规律去查找错账的方法命名为"象形法"。

（5）追根法。若一笔错账已查了很久，对本期发生额都查得正确无误，但就是不平衡，在这种情况下不妨运用"追根法"去追查一下上期结转数字，逐笔核对是否存在结转差错，很可能问题恰恰出在结转"源头"。

因为会计账表的平衡关系是绝对的，假如本期发生额确实查明是正确无误，那么必然是期初数（上期结转数）在结转记账时有差错。只要对期初数认真追查，必能发现差错。

（6）母子法。在核对明细分类账与总分类账科目余额发生不符时，用以上有关方法查找也无着落，即可用母子法来查找。就是以记入总账借贷数额为母数，本科目记入各明细分类账的借贷数字为子数，各子数相加必等于母数。若不相等说明差错就在此了，必有漏记、错记或重记。

（7）顺查法。当错账发生笔数较多，各种错账混杂一起时，不能用一种方法查出，那就必须用顺查法来查，这是查错账最后绝招。

案例五

银行存款余额调节表——银行
对账单的"秘密"

📖 教学目标

了解银行存款余额调节表的制作与基本理论。

📐 基本理论

银行存款余额调节表的编制方法为确定其四种未达账项，调整后观察银行对账单与企业银行存款日记账是否一致。

🌟 教学组织手段

让学生到黑板做出银行存款余额调节表的模板，然后结合例题分析案例中的该软件公司是如何利用银行存款对账单来逃税的。引导学生在实际工作中应当如何设计和使用调节表。

🔍 案例介绍

2017年11月，广州市税务人员组成检查组，对只有80多名员工的软件公司进行检查。软件公司属于IT行业，该公司仅开立了一个基本存款账户和两个一般存款账户，日常会计处理也仅是以应纳营业税的业务收入及工资、费用等开支为主，会计核算简单、清晰。

在检查过程中，财务人员主动提供了每月保存完整且很少有未达账调整的银行对账单和余额调节表等相关资料。检查员小王围绕该公司有关纳税方面的数据、指标等做了比较和分析，发现被检查年度的业务收入、营利及营业税和所得税的纳税额较前两年均有小幅下降，但主要费用的开支却不降反升，小王怀疑有隐瞒业务收入的问题，但一时又无从下手。

检查员老张指点，需对可能隐瞒业务收入的疑点做进一步的分析和检查。于是小王检查了与业务收入有密切关联的业务招待费及员工工资，发现这两项开支均比上年度增加了 20%，这更加深了小王对隐瞒收入的怀疑。她先后在账面上检查了主营业务收入、应收账款、其他应付款及银行存款等可能与隐瞒收入相关会计科目的核算情况，但未发现任何异常，小王一时陷入困境。然而，在检查休息时与公司员工闲聊，小王获得了关于公司中层领导年薪的两种相互矛盾的说法，一种说法为 25 万元，另一种说法仅为七八万元，两种说法如此大的差异让小王虽迷惑不解，但感觉此信息很有价值。

为了揭开谜底，小王对账面工资的发放情况进行了检查，确认该公司中层领导工资的账面发放额仅是七八万，但如果 25 万确有其事，则该公司一定有其他资金来源。与此同时，老张又提供给小王另外一条信息，说他在查阅该公司年终总结时看到了这样一句话："公司三年来的业绩一直保持着稳步上升的态势，已经为快速发展打下了坚实的基础"。由此可见，这两条信息又都不约而同地指向了该公司被检查年度的业务收入应该是上升的这一重要信息，这更加说明该公司极有可能存在隐瞒业务收入的问题，至此，小王把检查的重点目标锁定为银行存款。

小王首先将公司三个银行存款账户账面余额与银行对账单余额逐一进行了核对，发现很少有未达账项的调整，即使有，也是很小的金额，且余额调节表已作调整。从账务处理上看，该公司以银行转账形式收到的销售款项均已按规定计入了主营业务收入，账面检查情况似乎应该没有问题，小王再次陷入迷茫，一筹莫展。冷静思考后，小王意识到在此前的检查过程中她完全相信了公司提供的银行存款余额调节表，而且自己也没有对公司的银行对账单进行专门的查阅，容易造成检查漏洞。于是她仔细查看了银行对账单和余额调节表，果然发现其中一些银行对账单上多次出现大金额资金一收一付的异常情况，这引起了小王的注意。她马上将这些一收一付的情况与账面核算情况进行核对检查，惊奇地发现公司账面对这些一收一付的资金进出根本没有做任何账务处理。

经全面检查后发现，该公司在全年中共有 9 个月的银行对账单上出现了 18 次大额收支一收一付，总金额达到 897.22 万元，而公司账面上根本没有记载这些资金的收付，余额调节表上也未予以反映。于是，小王又对付出资金进行跟踪追击，发现该公司在收到每一笔资金时立刻又全额转入了另一个以公司食堂名义开立的银行账户。

原来，该公司为了降低税负，在对外开具的部分统一发票中采取了"大头小尾"的方式，仅给客户的发票联按应收业务收入的金额全额填开，其他联次则填开很小的金额，当客户将这部分资金全额汇到公司银行账户后，财务上立马将相关款项转汇到公司食堂账户，然后再定期从中取少量金额作为相关发票记账联入账时收取的现金予以入账，而其余的大量现金则主要用于对公司中层以上领导的工资、奖金、福利及其他费用的支出。

该公司本以为这种瞒天过海式的巧妙处理可以少缴企业所得税和个人所得税，达到一举多得的效果，但最终还是东窗事发。税务机关追缴了该公司的税款，按相关规定加收了滞纳金，并移交司法机关处理，偷鸡不成蚀把米。

【案例思考题】

1. 银行对账单的作用是怎样，会计人员应该如何运用对账单对账？

2. 如果需要避免上述问题出现，你觉得银行存款余额调节表应该怎样设计更易于对企业进行内部控制？

【案例分析参考与提示】

1. 制银行存款余额调节表只是为了检查账簿记录的正确性，并不是要更改账簿记录，对于银行已经入账而本单位尚未入账的业务和本单位已经入账而银行尚未入账的业务，均不进行账务处理，待以后业务凭证到达后，再做账务处理。对于长期悬置的未达账项，应及时查阅凭证、账簿及有关资料，查明原因，及时和银行联系，查明情况，予以解决。

2. 为了避免上述问题的发生，企业在编制银行存款余额调节表时应当考虑内部控制问题，涉及未达账项的，可以添加一栏作为核销上月未达账项的栏目。当月的未达账项应当是下月的已达账项。学生可根据这个思路，站在企业内部控制角度新设计一个银行存款余额调节表。

案例六

应收账款"移花接木"问题多

教学目标

掌握应收账款科目的本质。

基本理论

应收账款是指企业在正常的经营过程中因销售商品、产品、提供劳务等业务，应向购买单位收取的款项，包括应由购买单位或接受劳务单位负担的税金、代购买方垫付的各种运杂费等。

应收账款是伴随企业的销售行为发生而形成的一项债权。因此，应收账款的确认与收入应确认密切相关。通常在确认收入的同时，确认应收账款。该账户按不同的购货或接受劳务的单位设置明细账户进行明细核算。

应收账款表示企业在销售过程中被购买单位所占用的资金。企业应及时收回应收账款以弥补企业在生产经营过程中的各种耗费，保证企业持续经营；对于被拖欠的应收账款应采取措施，组织催收；对于确实无法收回的应收账款，凡符合坏账条件的，应在取得有关证明并按规定程序报批后，做坏账损失处理。

教学组织手段

小组讨论企业应收账款的来龙去脉，进行会计分录接龙，由一个组说出与应收账款有关的一种业务，另一个组接下去讲另一种业务，接不上的组别即落后方，需要出一名学生对本案例进行分析。

 案例介绍

沈阳市某区国税局稽查组收到关于 A 公司的举报信，举报信中谈到 A 公司有偷税情况。于是稽查组对 A 公司展开调查。在检查初期，稽查人员采用常规的纳税检查方法，但是作用不大。对 A 公司增值税和企业所得税税负极低的问题，稽查人员虽找到收入下降和成本升高的原因，但仍未能发现偷逃增值税和企业所得税的任何迹象，检查陷入困境。

（一）保留意见的审计报告引起税务人员警觉

检查员小吴正在复习迎考注册会计师，对审计报告颇感兴趣，他发现注册会计师对 A 公司被检查年度出具的审计报告中有这样的保留意见："由于贵公司对 B 公司和 C 公司等单位的应收账款串户问题严重，我们无法认定有关应收账款明细账户期末余额的正确性。"于是，小吴找出 B、C 两家公司应收账款的明细账，对此仔细研究起来。他很轻松地发现这两个明细账户的年末均为贷方余额的异常现象。

检查员老刘看见后，提醒小吴抓紧时间，围绕税收问题检查，不要受审计报告的影响，但小吴仍"固执己见"。他想起在会计师事务所工作的一位注册会计师曾介绍说，审计报告披露问题很可能含糊其辞，感觉眼前的审计报告就是这样，保留意见中除了明指的 B 公司和 C 公司外，"等单位"究竟还指哪些单位？"串户问题"究竟情况如何？红字余额又是如何形成？对于这一连串的问题，审计报告都未能予以明确。

（二）应收账款移花接木

为了查明情况，小吴根据 B 公司和 C 公司明细账户上的凭证号码分别找出了相关记账凭证进行逐一核对，果然发现了张冠李戴的"串户问题"，主要问题是 A 公司将收回的其他九家公司的销货款分别集中冲减了 B 公司和 C 公司的应收账款借方余额，会计处理为借"银行存款"（款项来源为其他九家公司），贷"应收账款——B 公司或 C 公司"，致使对 B 公司和 C 公司的应收账款这两个明细账户年末出现贷方余额，审计报告保留意见中的"等单位"就是暗指这九家公司。

A 公司为何要将从这九家公司收回的货款贷记到对 B 公司和 C 公司应收账款的明细账户上呢？小吴分析，如果是合并使用往来账户，但又未见在对 B、C 两家公司应收账款的明细账户上对这九家公司的销售先作借记"应收账款"的会计处理，而且 A 公司对这九家公司也均未另外单独开设应收账款的明细账户。分析至此，小吴判断出最关键的问题是：

A 公司对这九家公司的销售没有先作"借：应收账款"，"贷：主营业务收入"的账务处理，而是在收到货款后被移花接木，直接冲减了与这九家公司毫无关系的 B 公司和 C 公司的应收账款，将对九家公司实现的销售收入隐藏到对 B 公司和 C 公司应收账款账户的贷方，以达到少计对这九家公司销售收入的目的。于是，小吴立刻要求 A 公司提供对这九家公司销售产品开具发票并进行销售核算的情况，A 公司哪里能够提供，只好如实承认了偷税问题。

（三）水落石出

稽查人员最终查明，A 公司为了达到偷税的目的，将对这九家公司不需要开具销售发票而收回的销货款在没有先作"借：应收账款"，"贷：主营业务收入"账务处理的情况下，分别直接贷记到对 B 公司和 C 公司两应收账款账户的贷方，致使对 B、C 两家公司应收账款的账户年末出现了贷方余额，全年共少计主营业务收入近 1160 万元，但由于 A 公司将相关的产品销售成本（均匀地）混杂在其他各月份正常确认销售收入的产品中一并结转，不仅没有造成销售成本结转的大起大落，而且还由于 A 公司按照账面做销售的数量作为结转成本的数量，在一定程度上影响和迷惑了检查人员对纳税情况的分析，造成了偷逃大量的增值税和企业所得税。最终，税务机关追缴了 A 公司的税款，按相关规定加收了滞纳金，并移交司法机关处理。

【案例思考题】

1. 分析如何从应收账款中看出企业账务异常。

2. 如果您是税务检查人员，该如何注意检查应收账款的类似情况？

【案例分析参考与提示】

1. 新《企业会计准则》附录《会计科目和主要账务处理》规定，"应收账款"科目用来核算企业因销售商品、提供劳务等经营活动应收取的款项。该科目一般为借方余额，反映企业尚未收回的应收账款，如为贷方余额，则体现为预收账款。

在设置账户时，有的企业不按规定设置应收账款明细账，而是将各种债权统统记入应收账款账户，以模糊债务人的手法，造成债权不明晰；有的企业把往来款项全部记入应收账款科目，用来掩盖不正常的经营活动。在进行会计核算时，有的企业混淆应收账款的核算内容和使用范围，从而影响核算内容的正确性；有的企业虚构应收账款业务，虚增收入和利润，粉饰经营业绩；有的企业发生应收账款业务却不进行会计核算，虚减收入和利润，偷漏税金；有的企业销售已经取得货款，却继续做应收账款挂账，从而挪用货款。学生还可以从选择核算方法、处理坏账损失等行为进行分析。

2. 从上述案例可见，如果税务稽查工作能够充分利用其他部门或单位的相关检查报告，这将会给税收检查工作带来意想不到的帮助和收获。审计报告在此案例中就起到了非常重要的提示和导向作用。因此，笔者认为，作为税务稽查人员，务必重视对其他部门或单位相关检查报告的阅读、理解和利用，这能给税收检查工作带来事半功倍的效果。在日常会计核算中，该科目与税收有关联的事项主要分为两类：一是企业因销售商品、提供劳务等经营活动的应税业务收入或其他应税收入；二是企业与债务人进行债务重组时涉及流转税和应税所得额的事项。企业如果在这两个方面的业务及核算中出现异常，则会影响应纳税额。

另外，还必须强调的是，其他部门的检查报告往往仅是从其本身的工作要求来揭示问题，披露问题的角度、方法和重点与税收检查报告肯定有所区别或差异，因此，税收检查人员还要善于把其他部门检查报告中所揭示的问题与税收问题做适当的衔接和"翻译"，达到为我所用的目的，要做一个善于发现和充分利用各种信息的税务稽查人员。

作为税务稽查人员，不仅要学会如何应对各种纷繁复杂的情形，而且更要能够应对看似寻常但实质上并不寻常的情形，不仅要能够从看似寻常的会计资料中拨开层层迷雾，而且还要善于辨别真假，善于判断问题的症结所在，这不仅是税收稽查工作的基本功和基本技巧，也是税收稽查工作的境界所在。

案例七

存货与税务——存货盘点学问大

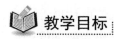 **教学目标**

掌握存货的概念、存货盘点的方法、视同销售的行为。

基本理论

存货是指企业在日常活动中持有以备出售的产成品或商品，处在生产过程中的在产品、在生产或提供劳务过程中耗用的材料和物料等。存货由于其流动性大、可变现、品种繁多、管理难等诸多特点，往往在日常税务管理、纳税评估、税务稽查等工作中被忽视，给某些不法分子以可乘之机。

教学组织手段

课前要求学生熟悉存货的内容，在不同企业不同的存货特点，上课前首先抽查学生准备情况，分组讨论案例中企业是怎样进行偷税漏税的，在实际工作中我们应当如何保证存货账实相符。

案例介绍

某企业是增值税一般纳税人，主要从事电磁线、机械压铸加工制造及销售。该企业 2008 年度、2009 年度申报的应税收入均在 2000 万元左右，年纳增值税 60 万元左右。

2010 年 6 月，国家税务总局稽查局稽查人员对企业进行例行检查。当检查人员向企业索要年末《存货盘点表》时，当事人先是以《存货盘点表》遗失为由拒绝提供，后以实物管理人员经常更换难以找齐资料为借口，企图拖延提供资料的时间。从当事人的言谈举止中，检查人员觉得该企业肯定有问题。于是，检查人员采用了"欲擒故纵"的策略，不再向该企业催要《存货盘点表》，而是从账簿、凭证等原始资料中寻找蛛丝马迹。在检查凭证的过程中，检查人员发现了几份奇怪的会计分录，均为"借：营业费用（制造费用或生产成本）；贷：库存商品——洗衣机×台、电表×只、空调×台"。这些分录看似没错，但该企业不生产电表、洗衣机和空调，生产产品也用不到这些货物。这些货物从何而来？是购买还是客户抵债？数量有多少？

为了查清事实，检查人员不动声色地翻阅了该企业近 3 年来的进货增值税发票抵扣联，发现该企业在 2007 年共取得 4 份增值税专用发票，列明空调×台、洗衣机×台、电表×只，并全部申报抵扣了进项税额。检查人员据此向该企业当事人咨询。在事实面前，当事人无法自圆其说，只好拿出了近 3 年来的《存货盘点表》。

经过检查人员进一步调查取证，该案终于水落石出。原来，该企业的部分客户由于无法支付到期货款，就以货物抵充货款并开具增值税专用发票给企业抵扣进项税额。该企业将这些抵债货物以变价销售、赠送、作奖品发给职工等方式进行处理后，其余的均巧立名目计入了成本费用，没有如实申报纳税，违反了《增值税暂行条例》的有关规定，少缴增值税 8.86 万元。

【案例思考题】

1. 分析存货与收入、增值税之间的关系？

2. 如果你是税务机关人员，该如何从存货入手，检查企业的账？

【案例分析参考与提示】

1. 对于增值税一般纳税人而言，如果上期进项税额没有留抵，可以粗略地得出以下等式：（主营业务收入－主营业务成本）×增值税税率－存货比年初的增加额×增值税税率＝纳税申报系统中的本年应纳税额。这里的主营业务收入不一定都是销售出去，存在视同销售情况也应当有增值税。

2. 存货的检查范围主要包括原材料、半成品、产成品、库存商品等。税务稽查通常的做法是就账论账，在目前企业普通会计核算不真实、不全面的情况下，企业实际生产经营状况难以准确掌握，许多问题就容易被掩盖。从存货检查的角度讲，它涉及企业的主要经营业务、资金流动，不仅反映企业的投入状况，而且从另一个侧面反映企业的收入与成果。因此，检查人员对存货进行检查时，一是要注意全面看账。不仅要看会计账，而且要看辅助账，如保管员的账、销售日记账（表）等。二是不仅要看账，而且要看形成账面数字的计算过程资料。三是要实地查验。四是将检查过程中的数字进行对比分析。因为存货检查涉及企业生产经营的始终，倘若企业隐瞒收入或加大成本，肯定会在存货上有所体现。

案例八

增值税与存货盘点——库存账实不符牵出偷税大案

📖 教学目标

掌握增值税进项与销项及其抵扣关系，了解库存商品的盘存制度及其清查方法。

✒️ 基本理论

企业（一般纳税人）应交增值税额 = 销项税额 − 进项税额，存货的盘存制度分为永续盘存制与实地盘存制。

✨ 教学组织手段

引导学生对增值税的原理进行提前复习，提问增值税进销项与存货库存的逻辑关系，然后让学生结合例题分析案例中该公司是如何偷税的。尝试让学生将老张的思路进行画图解释。

📖 案例介绍

某税务检查组去从事农产品收购及初级加工的甲公司例行检查。通过检查前的案头分析发现，甲公司近几年来不仅一直是微亏或微利，而且增值税税负几乎为零（甲公司的进项税和销项税税率均为13%）。检查人员自然联想到甲公司是否可能先虚假收购农产品原材料抵扣进项税，然后再通过领用打入生产成本、产品成本和销售成本而达到降低利润的目的。但是，检查人员检查后发现，甲公司从专用收购凭证的领购和使用，到收购农产品的入库及收购款的支付，再到进项税按规定申报抵扣等多个环节，其手续和凭据都完整无缺，均无异常。早看出检查人员心思的甲公司财务科长老张解释说，近几年来原材料价格和工人工资一直在上涨，但产品价格未能同步上涨，而且销路也不好，所以增值税交得少且没有利润。

检查组长比较分析定疑点，但检查组长老李觉得不能就此简单下结论。他一方面请检查人员仔细检查收购凭证上填开的姓名、住址、身份证号及收购数量、金额等内容，另一方面请财务科长提供两项数据：一是所加工农产品的产出率，二是每吨产成品中原材料和工资各自的比重。

在老张准备这两项内容时，老李分别走访了公司的成本会计和两位车间主任，对产品的产出率及每吨产成品中原材料和工资的比重作了初步了解，当老张将有关数据提供给老李时，老李发现与自己了解的情况差异很大，产出率明显偏低，产品成本中原材料的比重也明显偏大。最终，老张积极配合老李，重新得出的两项比率，此比率均在老李了解的范围之内。

但是，根据老李的分析，仍存在不少疑点，老李请老张解释三点疑问：一是根据所加工农产品的产出率，倒算出每吨产成品成本中原材料的耗费额仅为45%，即使考虑消耗的其他增值税扣除项目，就是按照成本价销售，最起码也有40%左右的增值率，即每按成本价销售一吨产成品，至少也应该缴纳约5%（=13%×40%）的增值税。再者，由于该农产品属于劳动密集型产品，人工耗费较大，每吨产品成本中工资额就占了约40%的比重，即使不考虑其他非增值税扣除项目的支出（如房屋折旧），同样得出每按成本价销售一吨产成品，至少也应该缴纳约5%的增值税。另外，从销售价和成本价分析，甲公司实际上还有20%多的销售毛利，即增值税的税负至少应该达到6%〔=5%×（1+20%）〕才合乎情理，但是，甲公司的实际增值税税负几乎为零，从未达到过1%。

老张听后说，他不懂这套理论，只知道实际情况是没有增值税也没有利润，尽管老李意识到老张在装糊涂，但还是很耐心地请老张继续从他自己认为的角度解释为何没有增值也没有利润。老张说，最主要的问题就是销售量上不去。老李反问，从公司抵扣了大量进项税说明购进的原材料很多，既然销售不好，为何还要购进大量原材料呢？老张坦言，就是为了少缴增值税，实际上现在大量的产成品还积压在仓库。老李继续追问道："为了抵扣 13% 的进项税，先要垫付 100% 的资金，如果销售不了，不是要承担亏损 87% 的风险吗？"老张无言以对。

这时，老李突然意识到，应该立马盘点库存商品。但是，还未开始盘点，检查人员就遇到了难题，财务科库存商品的明细账上根本没有反映数量，只有金额，老李只好根据每吨产成品的正常销售价格扣除毛利率倒算出数量。但盘点结果显示，仓库根本没有账面上的大量产成品及原材料，老张又辩解说寄存在外面的仓库，老李一方面请财务科长拿出寄存合同或单据，另一方面表示，不管寄存在哪里，检查组都立刻去现场盘点。至此，老张不得不承认了从虚开收购凭证购进原材料开始，再虚假领用计入生产成本，直至最后虚增销售成本的一系列弄虚作假的问题。由于虚增的产品成本有金额无数量，会使得库存产品的单价奇高，所以，甲公司在库存产品明细账上只反映金额不反映数量，造成核算混乱的假象，实际上真实的数量由成品会计记在另外一本小账上。当企业某月有盈利时，老张就故意安排多结转相应金额的产成品成本，如此控制操作了多年，自然形成了公司几年来不是微亏就是微利，而平时虚假购进的原材料及虚增的产成品成本则全部挂在原材料和库存商品账户上。在回答为什么账面总是在亏损边缘时，老张说，如果亏损额大了会引起税务部门的怀疑，增加被检查的机会，利润额大了又要缴纳企业所得税，所以采取了微亏或微利的对策，这使得他们公司近几年很少被检查，但这次偶然的检查还是栽了跟斗。在查明问题后，老李与老张的沟通中，老李还问了一句："你不知道收购凭证肯定要作为检查重点吗？"老张回答说："知道，已经做了精心安排，但没有想到会盘点库存商品。"

【案例思考题】

1. 分析案例中老张是如何利用存货来偷税漏税的？

2. 如果你是税务机关检查人员，发生如此事项应当如何检查？

【案例分析参考与提示】

1. 此案例中，老张在销货时必须向供货方开具专用发票，在销售环节无法偷税，偷税行为均发生在进项方面，进项大部分与存货相关，他们多利用虚开农产品物资收购票据、虚增存货库存、多抵进项税额、降低税负的方法进行偷税。同时，生产领用时虚增产成品成本，导致销售时主营业务成本虚增，售价不变，计算出来的利润偏低，降低所得税的税负进行偷税。

2. 检查人员需知道，偷税和反偷税是一对矛盾，检查人员已经熟知的一些偷税行为，纳税人可能比检查人员更精明，偷税行为会更狡猾、更隐蔽。所以，在检查此类偷税问题时，检查人员往往要突破常规，从一些非常规方法入手，如从有关问题可能造成的影响以及可能反映出来的不符合常理或逻辑的一些现象及数据入手来揭示问题。如上述案例中涉及的，产成品的产出率，每吨产成品中原材料和工资的比重，倒轧增值税税负率，直至最后通过盘点来核实库存商品的实际数量等。

实际上，如果企业在存货方面弄虚作假，往往最终都会导致存货在期末结余数量和金额上的错误。结合上述案例，检查人员如果仅是顺着甲公司收购、入库、领用等流程检查，由于甲公司早有精心准备，检查结果很可能就是竹篮打水。所以，税务检查人员务必重视对库存商品进行盘点，如果盘点发现账实不符或账账不符，一定要追踪到底，查明情况。

案例九

收入与税务——营业外收入的猫腻

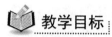

教学目标

掌握收入的概念、营业外收入与主营业务收入的区别，及其与税务之间的关系。

基本理论

主营业务收入作为正常的销售收入，销售时代收增值税，需向税务机关缴纳增值税销项税额，继而计征城建税及教育附加费等。

教学组织手段

要求学生做课前准备工作，了解煤矿业的经营业务活动中，哪些是主营业务，哪些是营业外收入；分组进行角色扮演，熟悉业务收入与支出的流程；结合本案例说明该煤矿企业是怎样偷税漏税的。

案例介绍

某国税局检查组对当地煤矿甲企业进行日常检查。检查组吕组长按个人检查习惯，先审阅企业的纳税申报资料。

在查看企业所得税年报时，吕组长发现企业营业外收入记载金额3000万元，申报缴纳所得税300多万元。随后，吕组长审阅了甲企业的营业外收入账目，发现该科目只记载一笔业务，发生在当年 12 月，借记"预收账款"，贷记"营业外收入"。吕组长向企业财务科王科长询问缘由。王科长解释说，这是收取的一笔违约金，对方没有履行合同，公司便直接把汇来的款项扣了。吕组长让财务科长说明该业务的来龙去脉。具体情况如下：

该年 8 月，外省一家煤炭运销公司乙企业与甲企业订立购销合同，订购煤炭数量 100000 吨，并约定预付款；乙企业违约，未按规定期限支付款项；乙企业 11 月又与甲企业订立合同；12 月乙企业汇款 6000 万元；甲企业扣除上年合同违约金 3000 万元，要求企业继续付款；甲企业退给乙企业 3000 万元。

吕组长询问，乙企业未履行合同，煤炭可转售他人，并未给甲企业带来巨额损失，怎么可能扣除这么多违约金？难道乙企业没有任何意见？王科长说，当时乙企业也很恼火，但合同上白纸黑字，乙企业只能照合同办。

吕组长认为，3000 万元不是小数目，应全面分析，搞清几个问题：一是两家企业是否有关联关系。如乙企业未支付该笔违约金，可能产生巨额收益，需缴纳 25% 的企业所得税 750 万元。如果甲企业未收到该笔违约金，会有较大的亏损，收到则略有盈余，只需缴纳少许企业所得税，这样就达到转移所得税税负的目的。二是甲企业是否把销售未开票的收入，以违约金形式收取。因为单笔业务未实现销售，不被看作与销售额一并收取，不征收增值税。三是乙企业未与甲企业发生实际的购销业务，但乙企业是否还有另外的连体公司，即一个法人、两个牌子，连体公司与甲企业是否有业务往来？

经过讨论，检查组认为应从以下几方面着手审查落实：一是审查两份合同原件以及其他相关法律文件，是不是杜撰的虚假合同，必要时应对合同进行司法鉴定。二是查清资金流向，注意银行收付凭证，留心用途栏。三是业务未成而收益大，需查实业务员获得多少提成或奖励。按法定程序询问业务员和销售经理，核实业务真实性。四是如果煤炭按 500 元/吨计算，3000 万元可购 6 万吨。如果用火车专列运输，也需要 1000 节车皮，运费、站务费、港务费的负担需要落实。

通过司法鉴定，两份合同文书是同一时间签署的，购货方的经办人签名虽大致相同，但不流畅，应为他人代笔。从资金流向上看，款项的收支均通过该煤矿集团内部银行流转，证明效力缩水。检查组要履行询问程序，甲企业推说业务员、销售负责人均出差，近期回不来。

吕组长直接告知王科长，现在问题已经基本明朗，下一步就是如何取证。对于合同，可以到乙企业所在地进行外调，其结果只能证明甲企业不配合检查。这

3000 万元应该是账外收入，因为没开发票，未在账内反映。这么大的收益，用收取违约金的形式补进账内，虽然要缴纳所得税，但省了流转税。吕组长给他算了一笔账：3000 万元的销售收入，换算成不含税价是 2564 万元，应纳增值税 436 万元，另外要缴城建税和教育费附加 43.6 万元，如果计入销售收入，不考虑其他业务影响，要缴企业所得税 630 万元，税款合计 1100 多万元。而以收取违约金形式计入营业外收入，只需缴纳所得税 750 万元，约少缴税款 350 万元。王科长赶紧向企业领导作了汇报，接受了税务处理。

【案例思考题】

1. 你能看出甲企业利用营业外收入避税的猫腻吗？

2. 企业该如何确认收入，具体流程有哪些，账证如何做到一致？

【案例分析参考与提示】

1. 甲企业搞账外经营，但因资金方面又要账内列示，于是耍起了小聪明。账外收入对应的开采成本已逐步通过库存商品、销售成本列支，按违约金收取销售价款，漏掉了增值税、城建税、教育费附加和资源税等。虽然通过"营业外收入"科目全额并入应纳税所得额，多缴纳了企业所得税，但总体上"节税"了。

2. 企业应该严格遵守开票确认收入原则，尽量减少现金收款，利用银行对账单的流水单与发票进行核对，尽可能达到账实相符，从而确保账证一致。

案例十

会计档案的管理——做假账烧账簿，两女会计受审

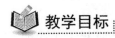 **教学目标**

掌握会计档案的保管规定。

基本理论

会计法规定，在会计档案的管理期限中，会计凭证、各种账簿的保管期限为30年，每年年度终了，应当在会计部门保管一年后再移交给档案部门，严格按照保管期限进行管理。保管期满，应当按照规定程序销毁会计档案，企业不得随意销毁会计档案。

教学组织手段

课前要求学生熟悉会计档案的保管规定，情景模拟，分组角色扮演移交会计档案及销毁会计档案的过程，结合案例说明作为会计人员应该如何管理会计档案。

案例介绍

重庆市沙坪坝法院开庭审理了陈、郑两名会计涉嫌故意销毁会计凭证、会计账簿案。

据了解，在重庆市打击犯罪专项整治过程中，李强（化名）涉案，他在落网前就想到留一手，命令手下两名女会计编造假账，烧毁真账簿，销毁的账簿金额达 400 多万元。

据沙坪坝区检方指控，李强手下有多名会计，陈、郑是其中的两名。陈今年 41 岁，是北碚人，2016 年 9 月起出任李强旗下企业出纳，主要负责运输公司和建材厂的财务工作。郑比她小几岁，自己另有工作，担任运输公司的兼职会计，两人都经人介绍在建材厂工作。

在担任会计期间，陈、郑两人故意销毁会计凭证、会计账簿共有两次。第一次是 2017 年夏天的一天，李强的手下骨干张军（化名）找来陈，给她布置了一个特殊任务："现在外面查得很紧，你准备一下，搞个假账，然后把真账簿烧了。"随后，张军又找到公司运输部的郑，谎称为应付公司内部审计，你负责补做 2016 年 8 月至 2017 年 7 月的账簿，将每月的收入和支出额度编造，使利润达到最小化后，张军和陈一起将会计账簿烧掉。

第二次是在 2018 年 6 月，李强预感到可能要被抓，对手下张军说："有人在查我，事情越到后头越棘手，你尽早找人把假账做好，把真账烧掉。"于是，李强又找来陈、郑等人吩咐继续作假，要求陈、郑等人做 2017 年 8 月至 2018 年 5 月的假账，并将真账簿交给陈烧掉。这次的账目金额约为 250 万，共有 10 页。

陈将真账簿拿回家后，知道销毁账簿是犯法的，所以没有立即烧掉。直到李强去年秋被抓，陈为确保假账不被查出，于是将真账簿烧掉。到此时，两次销毁的账簿金额一共是 400 多万元，由于当事人无法记清楚，具体多少数据难以核实。

在庭上，陈对检方指控的犯罪事实供认不讳，毫无辩驳。而郑从始至终都没有认罪。她说，张军找她做账时，只是告知为了应付公司内部审计，而且做账时的原始数据，是从陈那里得来的。自己根本不知道他们是为了逃避公安机关的检查，隐瞒资金去向，更不知道他们会销毁真账簿，自己只是完成上头交代的任务。

检察官表示，郑在庭上所说的与在公安机关所交代的有出入，外加其他嫌犯的交代都指明郑不仅参与做假财务，并且她知道销毁了真账簿，具此认定郑认罪态度不如陈端正。

检察官建议法庭以故意销毁会计凭证、会计账簿罪判处陈有期徒刑 6 个月，并认为郑认罪态度不好，建议判处有期徒刑 6 个月到一年。陈的律师称，陈是因为害怕得罪李强，怕他对自己家人不利，才被迫做了这些违法的事，但没有提交相关证据。法庭没有当庭宣判。

【案例思考题】

1. 分析会计账簿在企业的作用？

2. 会计人员该如何保管会计账簿等会计档案？

【案例分析参考与提示】

1. 会计账簿的作用：①全面、系统、连续地反映经济业务，提供总括和明细指标；②反映财产状况及其变化，助于加强经济核算；③编制会计报表的依据；④进行会计分析和会计检查的依据。

2. 《中华人民共和国会计法》规定，对会计档案管理不善，造成毁损、灭失的，应承担法律责任。会计档案，是指会计凭证、会计账簿和财务报告等会计核算专业材料，是记录和反映单位经济业务的重要史料和证据。具体包括：①会计凭证类。原始凭证，记账凭证、汇总凭证，其他会计凭证。②会计账簿类。总账，明细账，日记账，固定资产卡片，辅助账簿，其他会计账簿。③财务报告类。月度、季度、年度财务报告，包括会计报表、附表、附注及文字说明，其他财务报告。④其他类。银行存款余额调节表，银行对账单，其他应当保存的会计核算专业资料，会计档案移交清册，会计档案保管清册，会计档案销毁清册。各公司应建立会计档案的立卷、归档、保管、查阅和销毁等管理制度，保证会计档案妥善保管、有序存放、方便查阅、严防毁损、散失和泄密。

案例十一

税务稽查人员审查资产负债表手法揭秘

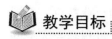 教学目标

掌握资产负债表的编制方法。

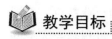 基本理论

资产负债表是纳税人公开报表中的一张主要报表，反映其某一特定时点上的财务状况。资产负债表由资产、负债、所有者权益三部分构成。资产和负债又因其流动性、时间性不同而分为流动资产、固定资产、短期负债、长期负债等。无论是对投资人、债权人来说，还是对税务机关来说，审核资产负债表都是了解纳税人经营和财务情况的一个重要途径。

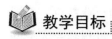 教学组织手段

课前复习资产负债表的编制原理，对比税务稽查人员审查的方法与会计人员编制方法有何区别。组织辩论赛，辩论资产负债表中流动资产是不是越多越好，各组找一组上市公司资产负债表数据进行分析其所包含的项目，分组讨论并做报告。

 案例介绍

数字对比法和指标比较法是检查资产负债表常用的基本方法。数字对比法是

通过分析和比较纳税人不同月份资产负债表相同栏目的数字变化，发现纳税人的财务状况变动情况，进而发现其有关税收问题的一种方法。指标比较法是通过对不同时期资产负债表所反映的各类经济指标的对比分析，发现和掌握纳税人有关税收问题的一种方法。资产负债率、资产流动比率、流动资产的速动比率等指标都是检查资产负债常涉及的内容。

资产负债表由资产、负债、所有者权益三部分构成。资产和负债又因其流动性、时间性不同而分为流动资产、固定资产、短期负债、长期负债等。所以，税务机关在检查资产负债表时，还要针对每个项目的特点分析、检查，以发现纳税人财务、涉税信息失真之处。

（一）分析纳税人的总体经营情况

第一，通过流动资产和固定资产的数量和比重判断纳税人的行业特点。不同行业的纳税人其资产形式构成有所不同：生产制造企业由于生产过程需要大量的生产设备，其固定资产占全部资产的比重较大；商品流通企业的主营业务是商品批发与零售，故其全部资产中流动资产所占比重较大；大部分房地产开发企业则往往资产构成单一，有的几乎全部为流动资产；一部分具有建筑施工能力的房地产开发企业，其资产表现形式和工业企业有些相似；第三产业及其他行业的资产构成也都有自己的特点。如果纳税人提供的资产负债表所表现的资产形式特征与纳税人的行业特征不符，说明纳税人提供的资产负债表违反常规，该企业可能存在问题。

第二，在遵从纳税人行业特征的基础上，通过流动资产和固定资产的配比来判断纳税人的生产经营情况。任何企业在其流动资产和固定资产构成比重一定的前提下，仍然存在流动资产和固定资产的合理配比问题，否则会影响企业的正常生产。例如，某工业企业资产负债表反映固定资产净值2000万元，流动资产150万元（其中其他应收款130万元），显然，报表反映的企业资产配比极不合理，实际经营中必然表现为企业缺乏流动资金，无法启动生产，而固定资产又大量闲置，造成浪费。企业生产不能正常进行，纳税情况自然会受到影响。对该类企业进行实地检查时，如果发现该企业尚能维持生产、员工尚能按期领取工资，则企业的报表可能失真，纳税人可能账外有账。再如，某工业企业资产负债表反映其固定资产净值360万元，流动资产净值6000万元，这也是企业资产不合理的表现。遇到这类情况，我们必须深入分析资产的构成，如果流动资产中大量的构成是银行存款或现金，则可以通过银行对账单进一步检查，如果流动资产中大量的构成是存货，则可以通过点库发现问题；如果应收账款、预付账款构成了流动资产的主要部分，应该进一步查明其真实性，防止纳税人将销售收入长期挂账形成"流动资产"的假象。

（二）分析流动资产

1. 现金及银行存款

现金及银行存款是纳税人正常生产的资金保证，其存量直接反映了企业的经营现状和支付能力。从理论上讲，现金及银行存款不足，纳税人就无法启动生产，如果企业的实际情况不是这样，至少说明企业存在账外账。但是，根据我国的现金管理制度，纳税人的库存现金也不能过大，如果报表上反映的现金量大，则可能存在"白条"抵库的情况，纳税人可能在寻找机会把部分应该税后列支的费用挤进税前成本，影响企业所得税。还有一点需要提及，无论纳税人资产负债表如何显示，实地检查时，最好向纳税人索要"银行对账单"，查明企业在银行的未达账项，这有利于发现问题。

2. 应收账款和坏账准备

应收账款和坏账都与纳税人的成本有关，检查报表时要分析纳税人不同时期应收账款和坏账准备的数量变化以发现问题。检查应收账款的内容构成可以防止其他项目挤入应收账款，最终影响成本。

3. 应付货款和其他应收款

预付货款一般来说是企业购买生产材料或设备的预付款，而其他应收款是企业非经营性往来款项，正常情况下两者之间没有联系。按规定，其他应收款形成的坏账，只能在企业的税后利润中处理，不能在税前成本中列支。有些纳税人将非经营性往来形成的坏账计入成本，利用预付货款"过桥"。如果纳税人提供的负债表反映出预付货款与其他应收款有相互调整的迹象，检查时一定要注意预付账款的构成和票据以及其他应收款的去向。除此以外，对于在报表上以红字表现的预付货款也要认真检查，防止纳税人将预收货款计入预付货款内，不及时缴纳有关税金。

4. 存货

存货是资产负债表中较为复杂的项目。对存货的分析检查主要是两个方面：一是存货的构成问题，要严格划清流动资产和固定资产的界限，划清生产物资和专项物资的界限，对于生产物资还要分清其存在形式。二是存货变化问题。如果纳税人报表所反映的存货变化违反生产常规，特别是第四季度反映的变化异常，说明纳税人有可能人为调整当年的利润与成本。实地检查时应该详细检查存货的有关账户的情况，分析引起存货变化的原因，其中要特别注意材料的计价变化、产成品和在产品的成本划分等问题，有些纳税人往往通过这些项目的调整来逃税。

（三）分析长期投资

如果资产负债表反映长期投资减少，要追究其减少的原因，尤其要注意纳税人在转让其不动产股份时是否要缴纳有关税款。对于长期投资的增加，要注意是否存在从联营单位分回的利润增加投资而未补税情况。

（四）分析固定资产

从资产负债表分析固定资产有关项目最重要的是固定资产原值及折旧的变化。按有关规定，纳税人固定资产的总量和计提的折旧在不同年份及不同月份之间都有延续性和必然联系，如果报表提供的数字有变化，实地检查时要注意。

（五）分析在建工程

在建工程在报表上的表现形式只能是以下几种：①不同时期在建工程的金额不变，说明纳税人的在建工程处于停工状态；②在建工程的金额逐月增加，表明纳税人的在建工程处于不断施工状态；③纳税人的在建工程全部转入固定资产，说明在建工程已经完工，如果纳税人提供的资产负债表反映在建工程部分减少或为红字，纳税人可能有将在建工程的试运行收入冲减在建工程支出的行为，影响所得税收入。

（六）分析无形资产

1. 无形资产的构成

要检查企业有否把应计为无形资产的列作了费用。如按规定，土地使用权是无形资产的重要组成部分，但不动产开发企业除外。

2. 无形资产的价格

无形资产的来源决定其价格，这是税法规定的无形资产定价的原则。

3. 无形资产的摊销年限

税法对无形资产的摊销年限有严格的规定，如果纳税人违反规定必然存在税收问题。

（七）分析递延资产

递延资产的摊销影响纳税人税前成本，如果纳税人不同时期的递延资产发生变化，检查时应该注意，其中递延资产的内容和摊销年限是问题的关键。

（八）分析流动负债和长期负债

流动负债和长期负债反映了企业的负债水平和负债结构，往往也容易成为纳税人隐藏收入的地方。纳税人的预收货款和销售定金有固定的核算方法和科目，而长期借款和短期借款也有固定的核算内容和范围，虽然它们同属于企业的负债却不能混淆。按我国税法规定，纳税人商品课税的纳税义务时间与销售货款、销售定金、预收货款的发生或实现时间息息相关。有些纳税人为了少缴、迟缴或不缴税款，将有关经营销售收入计入长期借款或短期借款栏内以期达到逃税的目的，如果纳税人的资产负债率高于金融机构的贷款警戒线而纳税人的短期借款或长期借款仍然增加，可能存在纳税人隐匿收入的行为。

（九）分析所有者权益

所有者权益包括纳税人的实收资本、资本公积、资本盈余、未分配利润等内容，反映纳税人自有资金的实力和水平。对于所有者权益栏目应该重点分析以下内容：

1. 实收资本的构成

如果实收资本含有外方投资，应该确认外资的来源，防止纳税人假借外商名义享受税收优惠待遇。

2. 资本盈余

资本盈余是企业从利润中提取的，而且利润是资本盈余的唯一来源，这就说明没有利润分配就不会有资本盈余的增加，如果纳税人提供的非年末资产负债表资本盈余有增加，说明纳税人有违规操作或转移应税收入的行为。

（来源：中华会计网校）

【案例思考题】
1. 通过案例梳理三张基本报表与税务之间的关联。
2. 试着寻找出资产负债表与其他报表之间的钩稽关系。

【案例分析参考与提示】
1. 三张财务报表与税收关联程度有所不同，税收参与经济活动的分配，与反映企业经营状况的利润表有着直接的联系，如流转税与营业收入关系、所得税和利润关系。企业的主要税收违法行为主要体现在少计收入、多列成本，在借贷记账法下，涉税问题对应的科目绝大部分是资产负债表类科目，在利润表中少有体现，所以，财务报表的税务分析关注的重点不是利润表，而应当是资产负债表。现金流量表反映一定时期的现金流动情况，与税收无直接对应关系，一般作为辅助报表进行分析。具体关联关系学生可进行扩展学习。
2. 三者之间的钩稽关系如下：
（1）损益表及利润分配表中的未分配利润＝资产负债表中的未分配利润。
（2）资产负债表中现金及其等价物期末余额与期初余额之差＝现金流量表中现金及其等价物净增加。
（3）利润表中的净销货额－资产负债表中的应收账款（票据）增加额＋预收账款增加额＝现金流量表中的销售商品、提供劳务收到的现金。
（4）资产负债表中除现金及其等价物之外的其他各项流动资产和流动负债的增加（减少）额＝现金流量表中各相关项目的减少（增加）额。

利润表——杭州国税揭开一家教育咨询公司偷税内幕

教学目标

掌握利润表的编制方法。

基本理论

利润表是反映企业在一定会计期间经营成果的财务报表。当前国际上常用的利润表格式有单步式和多步式两种。单步式是将当期收入总额相加，然后将所有费用总额相加，一次计算出当期收益的方式，其特点是所提供的信息都是原始数据，便于理解；多步式是将各种利润分多步计算求得净利润的方式，便于使用人对企业经营情况和盈利能力进行比较和分析。

利润表是反映企业在一定会计期间经营成果的报表。由于它反映的是某一期间的情况，所以，又被称为动态报表。有时，利润表也称为损益表、收益表。

教学组织手段

课前复习利润表的编制原理，不看书，手动编制一张利润表，一边编制，一边回忆利润表包含的内容，试结合案例分析税务人员对该咨询公司是如何发现问题的。经小组讨论后，试分析税务机关该如何辨别企业利润的真虚。

案例介绍

随着110万元税款和罚款入库，浙江省杭州市国税局第二稽查局对杭州某教育咨询有限公司历时近两个月的专案检查终于圆满落下帷幕。

（一）疑点——营业收入增长企业却亏损

根据举报，浙江省国税局部署杭州市国税局第二稽查局成立专案检查组，联合杭州市地税稽查二局对杭州某教育咨询有限公司开展税务检查。该公司成立于2008年3月10日，注册资金50万元，主要从事成年人非文化教育，收入均为培训收入，成本主要是导师的授课费、授课场地费、导师住宿就餐费及公司管理人员工资。该公司2016年营业收入551万元，营业成本343万元，利润总额11万元；2017年营业收入658万元，营业成本609万元，利润总额亏损154万元。

检查人员在对该企业年度所得税申报表和财务指标进行分析后发现，该公司存在诸多纳税疑点。如，营业收入与营业成本不能配比。该公司2017年营业收入较2016年增加107万元，营业成本却增加266万元，利润总额亏损154万元。故判断可能存在少计收入或多计成本问题。此外，该公司利润率明显低于同类企业。根据教育咨询行业的特点，一般营业成本费用较低，且营业收入与营业成本之间呈现低弹性，即每增加一个学员带来的收入所产生的边际成本很低，因此成本的增速远低于收入的增速。但该企业在2008年反映的利润总额只有10多万元，利润率仅为1.93%；2009年更是在营业收入增长的情况下出现严重亏损，与同行业企业25%的平均利润率相差甚远。为此检查小组确定，对该企业的检查重点为核对营业收入与营业成本费用的配比。

（二）出击——内查外调获取翔实证据

2018年5月26日，杭州市国税局第二稽查局与杭州市地税稽查二局联合对该企业进行实地检查，按照预先的分工安排，分头对出纳员开具的收款收据进行全面收集，调取了2016～2017年收款收据197本，拷贝、打印了财务人员电脑上有关经营统计数据资料，并调取2016～2017年的会计账本、凭证、报表及有关年度财务、税务审计报告等相关资料，并采用内查外核的方式，对企业已入账成本费用进行详细逐一核实。

细心的检查人员发现，该企业分别于2017年6月、9月、12月取得深圳市服务业发票 3 份,金额分别为 50 万元、40 万元,30 万元,项目为咨询费,共计金额 120 万元,账款以现金支付,并在营业成本中予以列支。凭着丰富的经验,检查人员判断这笔业务存在疑点,遂连夜携带发票赶往深圳确认这笔业务的真伪。经深圳市地方税务局鉴定,此 3 份发票为假票,该笔业务也为虚构。

此外,检查人员还发现,2016 年 7 月该企业取得杭州市旅店业专用发票 1 份,金额为 6 万元,经检查人员仔细分辨,发现该份发票客户名称和项目金额等栏次的填写字迹深浅不一,笔迹也略有不同。在对开票单位进行外围取证时,发现存根联及记账联填开客户名称、项目金额与发票联填开不符,属于大头小尾发票,存根联和记账联上的金额仅为 600 元。

同时,检查组还奔赴河北省、上海市等地外调,共核实鉴定假票 20 余份。这些线索的发现让检查人员信心倍增,顺藤摸瓜牵出了该企业其他收受假票增加成本,并以预收账款隐瞒收入的问题。内查外调之后,检查人员取得了大量翔实的证据,经有关发票鉴定机关鉴定后认定假票 29 份,大头小尾发票 1 份,涉税金额 273 万元,隐瞒收入 14 万元。按照税收征收管理法和企业所得税法,共调增应纳税所得额 216 万元,补征企业所得税 54 万元,罚款和加收滞纳金共计 56 万元。

(来源:中华会计网校)

【案例思考题】

1. 结合利润表,分析企业亏损的原因有哪些。

2. 如果您是税务检查人员,该如何识别企业的虚增和虚减利润行为?

【案例分析参考与提示】

1. 企业亏损的原因有以下几点:

(1) 市场原因,需求不旺,订单减少,订单减少则导致收入减少。

(2) 竞争激烈,价格下降,导致收入减少。

(3) 管理不善,费用上升,库存积压,浪费严重,导致费用增加。

(4) 人力紧张,招工难,工资上涨,导致营业成本增加。

(5) 环保、安全方面的支出增加。

2. 虚假财务报表的常见表现形式一般分为两类,一类是人为编造财务报表数据;另一类是利用会计方法的选择调整财务报表的有关数据。

（1）人为编造的财务报表，往往是根据所报送对象的要求，人为编造有利于企业本身的财务数据形成报表。这种形式手段较为低级，或虚减、虚增资产，或虚减、虚增费用，或虚减、虚增利润等，但往往报表不平衡（子项之和不等于总数）、账表不相符、报表与报表之间钩稽关系不符、前后期报表数据不衔接等。

（2）利用会计方法的选择形成的虚假财务报表，手段较为隐蔽，技术更为高级，更难以识别，常见的手段如下：

其一，调整收入确认方式，使利润虚增或虚减。现行会计制度规定可以采取三种收入确定方式：①销售行为完成（商品已销售，商品发出，取得权利；劳务已提供），无论货款是否收到，即可视为收入实现；②按生产进度确认（完工程度或工程进度）；③按合同约定确认，主要指分期付款销售方式。同时规定，在确认营业收入时，还应扣除折扣、折让、销售退回。造假时，企业可根据需要随时调整收入确认方式，或调整扣除项目。

其二，调整存货等计价方法，从而虚增、虚减资产和费用。如通过选择先进先出法、后进先出法、加权平均法等，使账面资产或产品成本费用虚增、虚减。

其三，调整折旧计提方法，延长或缩短折旧年限，虚增、虚减成本费用，从而调整利润的高低。

还有其他手段由学生进行自由扩展。

第二篇　中级财务会计案例

案例一

不可小觑的现金账

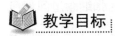 **教学目标**

掌握货币资金含义与内容，了解货币资金内部控制的重要性与要点、理解库存现金的管理和控制方法。

基本理论

现金是流动性最强的一种货币性资产，加强现金管理对保护企业资产的安全与完整、维护社会经济秩序、提高现金使用效率具有重要的意义。为此，企业应按照中国人民银行规定的现金管理办法和财政部关于各单位货币资金管理和控制的规定，办理有关现金收支业务，严格遵守国家对现金使用的管理制度，制定适合企业内部控制的制度。

为了健全货币资金的内部控制制度，保证货币资金的安全完整，企业还必须坚持和完善货币资金的清查盘点制度，由审计人员或其他人员定期或不定期地进行资金的清查盘点。

教学组织手段

课前预习关于货币资金管理的相关条例。引导学生讨论企业货币资金管理的目的，发动头脑风暴，每个学生发言，一个企业如何进行货币资金的正确管理。结合案例，要求学生分析案例中的企业违反现金管理制度的地方。

案例介绍

2017 年 10 月，东莞市税务检查组检查宏宇汽配公司，检查组老张发现，该公司现金日记账除月末余额外，月中各日的余额均未结出，逐日轧出了某月月中各日的余额，竟然发现了红字余额。

出纳员很谦虚，马上承认未能及时做到日清月结，并表示一定改正。老张再仔细查看现金日记账后发现，尽管账面上按序时记载，但有四个月出现了连续十多笔都是记载现金增加或现金减少的集中记账的情形。当老张再打开一些现金收支的记账凭证后发现，原始凭证上的收付日期与记账日期颠倒的情况很多，这证实了对现金收支未能日清、序时和及时记账，这样不仅很难保证现金日记账不出现红字余额，而且也无法结清和核对每日的现金余额。为此，老张继续追问如何保证每日余额的正确性？出纳说他每天都轧现金收支的票据，肯定一分不差，老张遂将计就计，叫出纳立马盘点现金，出纳说都认错了，盘点又麻烦，就不盘点了，老张当然不予认可。出纳无奈只好打开保险柜，取出了一大堆票据、现金借条及少量现金，但怎么轧就是对不上，而且差距都很大。老张询问一个月前一张以购货名义抵库的 185 万元现金借条是否真实？出纳不知老张问话的意图，立马予以了肯定，于是老张很快轧出借条日期前一天账面上的现金余额加上借款当天取现的总额才 6 万多元，说明当天账面上根本付不出 185 万元现金，如何能有这 185 万元借出呢？

出纳顿时目瞪口呆，但一会儿又辩解说，由于实际未能序时记账，所以不能按照账面记账顺序轧余额，老张领悟了他的意思，立马按照当月月初至借条日发生的现金收支票据重新排序后再轧余额，发现差额更大，这次出纳再也无言以对。

于是老张对其展开了攻势：按照自己的经验，你们公司肯定还有其他现金来源，即有账外账的现金收付业务，而且由你一人保管，如果一笔大额现金支出需在账内列支，且当时账内现金又没有那么多，只能由账外账的现金垫付，就肯定会造成账面现金余额红字。另外，由于账外账上的现金与大账上的现金长期混用，以及多笔现金收支集中记账，很难注意到大账上的现金余额是否足够支付日常开支，如果余额不足，则都会造成现金余额红字。总之，真的假不了，假的真不了，为了节约时间，希望你能够如实把 185 万元借条上的现金来源说明清楚。

最终，出纳不得不拿出了他个人名下的一张信用卡，在索取到该卡的交易明细后终于查明隐瞒销售收入偷逃增值税的真实情况。

原来宏宇公司在被检查年度，隐瞒了客户用现金购货的 900 多万元销售收入，平时均由出纳存入该信用卡，由于隐瞒了大量收入，降低了增值税税负，该公司就通过控制增值税发票入账抵扣的办法来调节，致使该公司增值税的税负仅为 0.5%，全年仅计缴了 30 多万元增值税。

由于上述行为违反了增值税和企业所得税税法的有关规定，税务机关不仅对宏宇汽配公司追缴了所偷逃的增值税和企业所得税，并按规定加收了滞纳金，而且还对该汽配公司所偷税款给予了罚款一倍的处罚，并移交司法机关处理。

【案例思考题】

1. 分析案例中宏宇公司违反了哪些现金管理制度？

2. 谈谈你对该案例有何感想。

【案例分析参考与提示】

1. 上述案例违反了一系列的现金管理制度，如，现金使用范围不规范，存款现金限额和备用金制度，没有坚持和完善货币资金的清查盘点制度，对货币资金的收入，企业必须在银行或其他金融机构开设账户，以办理银行存款的存入、付出和转账结算业务。除国家规定的现金开支范围以外的各项付款，应按照银行有关结算办法的规定，通过银行办理转账结算。对货币资金支出的审批、支票等的签发和使用都要完全分开。企业收入的一切款项，除国家另有规定外，都必须当日解缴银行，不得私设小金库。

2. 感想如下：

一是必须加强对企业货币资金的管理。从上述案例可以看出，现金检查不仅有很大的技巧。而且也可能从中发现大问题，千万不能小视。需特别注意的是，一些存在偷税行为的企业虽然很容易将账外账与大账分开。如将两本账上的收入、支出或往来分开，但很难做到账外账与大账没有一丝关联，而这种关联绝大多数情况就体现在资金的使用上。往往是大账没钱小账拿，小账没钱大账取，但这极易造成大账现金核算的混乱，从而露出蛛丝马迹。而且这几乎是大多数有账外账企业的共性。

二是要完善企业货币资金的收支流程制度，企业审计人员要善于发现和分析企业在日常会计核算中出现的异常情况。税务稽查人员往往不关心企业遵守会计准则或会计制度的情况，但是，如果企业存在偷税问题，则很可能出现在正常会计核算情况下不可能出现的异常情形。如异常的会计对应科目，异常的账务处理，异常的红字余额，异常的凭证附件等。对这些异常情况，不仅要善于分析其来龙去脉，而且还要多问几个为什么，如针对上述案例在现金核算中出现的红字余额以及现金收支集中记账的异常情形，就要能分析其症结所在，从中发现线索并揭示问题。

三是作为税务人员，在检查中不仅要善于与被检查对象进行必要的沟通和交流，更要根据检查过程的发展变化进行必要的心理攻势。但必须注意的是，检查中被检查对象主动承认问题的可能性很小，这就对检查人员提出了更高的要求，检查人员一定要善于分析和应对这些情形。但如果被检查对象辩解的理由成立（如上述对185万元借条的辩解），这时检查人员要仔细思考和分析，当重新找出证明其存在问题的证据后，对被检查对象将会产生更大的心理压力，从而更容易突破对方的心理防线，使检查工作取得突破性进展，正如上述案例中出纳最终不得不拿出信用卡一样。

案例二

应收票据"飞过海" 匿藏收入近千万

 **教学目标**

掌握应收票据的基本概念及我国票据管理制度。

基本理论

应收票据，是指企业持有的还没有到期、尚未兑现的票据。在我国，除商业汇票外，大部分票据都是即期票据，可以即刻收款或存入银行成为货币资金，不需要作为应收票据核算。因此，应收票据是指商业汇票。商业汇票按承兑人的不同，分为商业承兑汇票和银行承兑汇票。

在我国，商业票据的期限般较短（6个月），需要指出的是，到期不能收回的应收票据，应按其账面余额转入应收账款，并不再计提利息。企业持有的应收票据不得计提坏账准备，待到期不能收回的应收票据转入应收账款后，再按规定计提坏账准备。但是，如有确凿证据表明企业所持有的未到期应收票据不能够收回或收回的可能性不大时，应将其账面余额转入应收账款，并计提相应的坏账准备。为了便于管理和分析各种应收票据的具体情况，企业还应设置"应收票据登记簿"，逐笔记录每一应收票据的种类号数等资料。应收票据当期清票款后，应在应收票据登记簿内逐笔注销。

教学组织手段

课前预习关于应收票据的内容。邀请一名学生在黑板上绘画出一张商业汇票，其他学生观察不足，再通过讲解该票据的具体运用，结合案例要求讨论分析案例中企业在应收票据管理方面存在的问题。

 案例介绍

2017年10月，某市税务人员组成检查组，对销售建筑材料的商品流通企业——恒智公司进行检查。检查员小李通过初步观察发现，恒智公司的经营规模较大，财务人员整天忙碌，但是其账面业务收入少和会计核算量小。小李觉得事有蹊跷，于是自然联想到可能有账外经营的问题，但由于账面核算比较简单，而且可供分析比较的资料也不全，小李从多个角度分析并运用了多种分析方法，仍无法找出疑点或线索。小李又对恒智公司的现金、银行存款、预收账款、应付账款及其他应付款等科目进行了仔细检查，均未见异常，检查陷入了僵局。

就在一筹莫展之际，小李发现账面上有两笔应收票据明细账户的借方余额（共136万元）分别在被检查年度的1月、2月登账后至当年末一直未发生变化（系销售商品取得收入时作借"应收票据"，贷"主营业务收入"形成），早已超过了六个月的付款期限，小李遂询问财务处长，处长愣了一下说，可能是没有及时记账，小李追问究竟是如何没有及时？处长吞吞吐吐，再三催问，终于承认已背书出去进货了，当小李追问背书给了哪家企业时，处长含糊其辞，有点不耐烦地说，反正背书出去进货了还会有什么问题吗？小李又追问，既然已经背书出去也应该及时记账（一般应作"借：材料采购"，"贷：应收票据"等），而且还应在"应收票据备查簿"中及时登记背书转让的情况（"应收票据备查簿"已登记取得时对方单位的出票情况，但一直未登记背书转让情况）。

小李觉得在没有把情况搞明白以前，不能就这样被忽悠过去，遂与财务处长进行了谈话。小李说："税务部门可以去出票银行查询到背书票据的最终去向，还是希望您抓紧回忆。"时间不长，处长终于"回忆"起来，说背书给了一钢材供应商采购钢材，由于对方尚未开票结算，影响了对该账户余额的及时结转，听到此解释后，小李终于消除了疑虑且决定不再深追。但是，检查组长觉得问题并非如此简单，认为很有必要查明该企业与钢材供应商的结算情况，于是决定请钢材经销商所在地税务部门予以协查。

在钢材经销商所在地税务部门的积极配合下，不仅查明了钢材供应商对用这两张背书转让票据购买的钢材早已开票结算，但恒智公司未入账的情况，而且检查人员还了解到，从被检查年度的年初开始，除前述挂账的两笔应收票据在"应收票据备查簿"登记了出票情况外，恒智公司还将收到的十多张大额商业汇票直接背书转让给该钢材供应商采购钢材，但对收取票据和背书转让的情况均未在"应收票据备查簿"进行登记（而是另外用一练习簿登记，且仅单独向财务处长汇报），并将用背书转让票据采购的钢材专门用于销售给用现金购货且不需要开具发票的客户，这样从采购到销售都无须在账面反映。检查组同时还查明，恒智公司采用同样手法的还有向一家水泥供应商采购的水泥。

最终查明，恒智公司全年采取此"飞过海"方法销售的钢材和水泥累计达960万元，共隐瞒营业利润近200万元，偷逃了增值税和企业所得税。税务机关追缴了恒智公司的税款，按相关规定加收了滞纳金，并移交司法机关处理。

【案例思考题】

1. 分析案例中该公司违反了哪些票据管理制度？

2. 假设你是税务检查人员，通过这个案例你收获到哪些经验？

【案例分析参考与提示】

1. 该案例中，公司违反了票据的备查登记原则，涉及的票据背书业务核算不准确等问题。银行为了服务好市场经济，对企业之间的资金结算规定了多种灵活的方法（如银行本票、商业汇票的使用），但在给企业带来方便（如商业汇票、支票等可背书转让）的同时，也为企业会计或税务舞弊提供了方便。该部分由学生自由发散思维。

2. 有一部分企业习惯于将收到的应收票据直接背书转让且不入账，如可能直接背书转让给第三方用于交易，而第三者也可能不入账，再继续背书转让，以后收到此票据的企业均可以在该票据约定的期限内无限制地背书转让，而收到票据的各方均可能不入账也不在"应收票据备查簿"进行登记，由此可见，企业的应收票据很容易为一些企业的账外经营提供方便。这值得引起税务稽查人员高度重视。但是，在日常会计核算务中，由于应收票据一般不直接涉及税收事项，因此，多数税务检查人员往往不重视对应收票据的检查，在上述案例中，如果不是被检查单位在账面上留下了应收票据长期挂账的疑点，如果不是精明的小李发现了这两笔应收票据账户余额长期挂账的异常情形，就很难从账面找到问题的突破口。

由此可见，税务稽查人员不仅要熟悉《企业会计准则》和《企业会计制度》对会计核算的基本要求，而且还要善于分析和发现企业实施偷税可能在会计核算中暴露出来的各种蛛丝马迹，特别是当稽查工作陷入困境时，务必抓住检查会计资料这个检查工作的根本点和出发点，要从多方面、多角度进行分析和思考，以发现在会计核算中暴露的舞弊痕迹，这不仅是税收稽查工作的基本要求，而且实际上也是最根本的稽查方法和稽查技巧。

检查人员不能轻易放弃企业账面上出现的各种异常情形，更不能视而不见，这不仅是对检查人员基本素质的要求，也是检查人员应该掌握的基本方法和基本技巧。

对企业发生的表面上虽与税收无关的异常情形决不能简单处置，必须在查明情况，并判断是否与税收有无关系后才能做出最后结论。检查人员一定要透过现象看本质，千万不能被与税收无关的表面现象所迷惑。在日常检查实务中，许多问题的蛛丝马迹往往就是这样在检查人员的眼皮下闪去，稍纵即逝，如果检查人员能够及时抓住就会事半功倍，反之则会事倍功半，甚至前功尽弃。因此，作为税务稽查人员要有相当高的职业敏感及职业悟性，这是从事税务稽查工作必须磨炼并掌握的基本功和基本技巧。

案例三

原材料的核算方案选择

📖 教学目标

掌握原材料核算采用实际成本法与计划成本法的运用与区别。

📚 基本理论

实际成本核算法是材料采用实际成本核算时，材料的收发及结存，无论总分类核算还是明细分类核算，均按照实际成本计价。计划成本法是材料采用计划成本核算时，材料的收发及结存，无论总分类核算还是明细分类核算，均按照计划成本计价。实际成本法，在途货物使用"在途物资"；计划成本法，在途货物使用"材料采购"，也就是说，在计划成本法里，没有"在途物资"这一科目。实际成本和计划成本之间的金额计入"材料成本差异"（这是为了检验成本的超支或节约）。

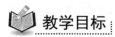 教学组织手段

课前预习关于原材料核算两种方法的内容。举行辩论赛，辩论企业到底是采用计划成本好还是实际成本好，从辩论的过程中发现两种方法的区别。再结合案例，分组讨论所设问题，发现存在问题，给予案例中的广义公司恰当的建议。

案例介绍

广义公司为了适应市场发展的需要，决定缩减部分老产品的生产，生产一些新品牌产品。产品的品种发生了变化，其所耗原材料的结构也随之变化。企业原材料品种由原来比较单一的情况，增加到现在十几个品种，材料收发也频繁起来，原先会计部门对材料的核算采用实际成本核算法，产品耗用材料品种增加后，财务部门没有改变材料的核算方法，感到工作强度一下子增加了很多，导致有时核算资料滞后，总经理对会计部门的工作很不满意。财务经理召集有关部门商讨解决办法。财务部主管提出要改变材料的核算方法，转而采用计划成本法核算原材料。大家对这个建议表示赞同。于是，财务经理让财务部主管一周内拿出原材料按计划成本核算的方案。财务部主管发动大家共同完成这一任务，将工作分工如下：①于威写出原材料按计划成本核算的前提条件以及该方法的优缺点；②戚瑞制订该方法会计科目的实施方案及业务流程图；③贾林设计一套业务。

一周后三个人提交了设计方案。其中，贾林设计的一套业务如下：

广义公司为增值税一般纳税人，增值税率为 16%（假设不考虑其他税费），材料按计划成本核算。材料按类别计算材料成本差异，A 类材料包括甲、乙两种（其他类别略），甲材料计划单位成本每千克为 100 元，乙材料计划单位成本每千克为 85 元。按每笔业务结转入库材料的计划成本，入库材料的成本差异于月末一次结转。发出材料按每笔业务结转材料的计划成本及应负担的材料成本差异。该公司 A 类材料的月初余额为 350000 元（计划成本），A 类材料的材料成本差异额月初余额为 6024 元（贷方余额）。该公司本月发生如下业务：

5 日，从外地采购甲材料 16000 千克，增值税专用发票上注明的材料价款为 1690000 元，销货方代垫运杂费 2000 元，材料尚未运到。根据货款、增值税额及代垫运杂费的金额，签发为期三个月的商业承兑汇票一张。

10 日，本月 5 日从外地购入的甲材料已运到，验收时实际数量为 15920 千克，经查实短缺的 80 千克材料为定额内自然损耗。

15 日，从本市购入乙材料 8080 千克，增值税专用发票上注明的材料价款为 646400 元，企业已用银行存款支付材料价款及增值税，材料已验收入库。

18 日，从外地购入乙材料 2500 千克，增值税专用发票上注明的材料价款为 220000 元，材料尚未运到，货款及增值税已通过银行汇出。

20 日，企业从外地购入甲材料 500 千克，材料已验收入库，但发票等单据尚未收到，货款未付。

31 日，本月 20 日购入并已验收入库的材料，发票等单据仍未收到。

结转本月入库材料的材料成本差异。

本月基本生产车间生产产品耗用甲材料 14000 千克，车间一般耗用乙材料 200 千克，管理部门耗用乙材料 800 千克。

本月在建工程领用乙材料 2000 千克，应由在建工程负担的增值税，按材料实际成本和规定的增值税率 17% 计算。

本月销售甲材料 3000 千克，每千克售价 120 元（不含应向购买者收取的增值税），销售价款及收取的增值税已收到并存入银行。

本月用甲材料 2000 千克向雅漾公司投资，双方协商投资额按材料的实际成本作价。计税价格为材料的实际成本，增值税率为 17%。

【案例思考题】

1. 产品耗用材料品种增加后，财务部门没有改变材料的核算方法，工作强度一下子增加很多，有时核算资料滞后，其原因是什么？

2. 你认为戚瑞需要设置几个会计科目，其结构和业务流程图是什么样子？请画图说明。

3. 按照贾林设计的经济业务，请你完成下列工作：

（1）计算 A 类材料本月材料成本差异率。

（2）编制有关的会计分录（"应交税费"科目应列出明细科目及专栏）。

（3）计算甲类材料月末库存材料的实际成本和期末资产负债表中甲类材料应计入"存货"项目中的金额。

4. 比较原材料两种计价方法的优缺点。

【案例分析参考与提示】

1. 产品耗用材料品种增加后，财务部门没有改变材料的核算方法，工作强度一下子增加很多，有时核算资料滞后，其原因是因为材料品种增加后，材料的收发业务增加，每次出入库的实际成本也不一致，大大增大了会计人员的工作量，容易造成核算混乱。

2. 戚瑞需要设置 4 个与计划成本相关的会计科目，首先是材料采购，然后是原材料、材料成本差异以及相应的成本费用类科目。流程图略。

3. （1）A类材料的成本差异率为：（期初原材料的差异额＋本期购入材料的差异额）/（期初原材料的计划成本＋本期购入材料的计划成本）×100％，具体计算过程学生可以自行计算。

（2）相关的会计分录略。

（3）期末原材料的实际成本＝期末原材料的计划成本±材料成本差异科目的余额。

4. 实际成本法和计划成本法是核算材料收发的两种方法。实际成本法根据实际金额核算入库，领用时一般采用加权平均单价核算出库金额；计划成本法是根据公司制定的计划单价核算材料的出入库金额，月末根据差异率计算出领用材料分摊的材差，将差异转入生产成本中。

实际成本法相对计划成本核算准确，但比计划成本工作量大。计划成本法核算简单，比较合适材料收发频繁、业务量大的企业，有利于采购价格对比，但短期没有实际成本法核算准确。

案例四

材料采购估价入账暗藏纳税玄机

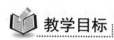 **教学目标**

掌握原材料估价入账的原理及其规定。

基本理论

根据企业会计制度的规定，对于已验收入库的购进商品，但发票尚未收到的，企业应当在月末合理估计入库成本（如合同协议价格、当月或者近期同类商品的购进成本、当月或者近期类似商品的购进成本、同类商品同流通环节当期市场价格、售价×预计或平均成本率等）暂估入账。

教学组织手段

组织学生讨论材料采购估价入账，对纳税的影响是什么。如何防范类似案例的情况出现。

案例介绍

2017 年 8 月，江西省某市税务稽查组检查位于老革命根据地井冈山的 A 公司，被检查年度 2016 年是 A 公司享受免征企业所得税三年的最后一年。检查组在进行检查前分析时发现，A 公司被检查年度的利润额比 2015 年度大幅增加，利润率奇高，检查组分析后认为，A 公司很可能为了充分享受免征企业所得税的优惠而在免税期的最后一年推迟成本结转或费用摊销，或提前实现了业务收入，由此决定将这方面的问题作为检查重点。

稽查组进驻后发现，A公司被检查年度的主营业务收入与2015年度相比不仅增幅不大，而且各项主要费用也未下降，但销售成本率却大幅下降，说明A公司利润额的增加主要来自产品销售成本的降低，由此推断A公司很可能存在少转产品销售成本的问题。仔细检查后发现，少转成本的问题主要发生在被检查年度的12月，尽管A公司当月的产品销售数量与结转产品销售成本的数量一致，但结转销售成本的产品平均单价明显偏低，从而使12月的产品销售成本少结转了约300万元。

检查组与A公司沟通此问题后，A公司做了如下解释：

在被检查年度的11月，A公司购进一批原协议价300万元的甲原材料，已验收入库并在当月全部耗用，生产的相关产品也于次月实现销售。但由于在甲原材料的价格问题上与供货方发生纠纷，直至2017年6月初双方才达成一致意见并结清了320万元货款，A公司也于6月中旬才收到了320万元原材料的发票。但是，在没有收到该发票以前，A公司每月均按计划成本暂估入账，作"借：材料采购——甲材料300万元"，"贷：应付账款——暂估甲材料300万元"，下期初做相反分录予以冲回。直至次年6月收到发票后正式做"借：材料采购——甲材料320万元"，"贷：银行存款320万元"后才处理完毕。检查组马上指出，按照正常会计核算流程不会造成少转产品销售成本的情况。但A公司又解释说，他们公司在进行涉税事项处理时实际上执行的是"税务会计"，即直接按税法的标准或规定执行，如上述甲原材料的发票在当年度的12月仍未收到，在结转当月相关产品销售成本时，就在结转产品销售成本的产品单价中直接扣除了其中耗用的甲原材料部分的成本，从表面上看造成了全月结转的产品销售成本降低了300万元，但实际上是对无发票购进的甲原材料按照税法规定进行了纳税调整，直到次年6月收到发票后再在当月结转的产品销售成本中增加了该320万元的原材料金额，并列入税前扣除。所以，A公司对该笔320万元的原材料仅是因发票问题而延迟了入账时间，并未重复列支。

至此，尽管对造成A公司被检查年度免征企业所得税计税所得额奇高的原因已经查明，但检查组内对此问题的处理却出现了两种不同意见：

第一种意见认为，A公司这样处理是正确的，没有购进发票就不好税前扣除，这符合税法以票管税的基本原则，再说是在汇算清缴以后收到发票，所以没有允许在被检查年度扣除是正确的，推迟到次年度扣除也是合理的。

第二种意见认为，根据企业所得税税前扣除原则中的权责发生制原则、配比原则、相关性原则和企业纳税年度内应计未计扣除项目，不得转移以后年度补扣的规定，上述 320 万元原材料的耗费应在耗用当年扣除，次年 6 月收到发票后应该做追溯调整，不可转移到以后年度扣除。

两种意见一时谁也说服不了谁，于是，检查组长决定先核实 A 公司解释的正确性。

核实的结果印证了那句老话：真的假不了，假的真不了。最终查明，上述所谓的原材料价格纠纷纯粹是一场骗局，是 A 公司为了所谓的"合理避税"而精心谋划的。为了达到充分享受减免企业所得税的目的，A 公司与其有多年购销关系的甲原材料供应商商定，以价格纠纷为由，将被检查年度 11 月的一笔 300 万元的购销业务推迟到次年 6 月开票并付款。A 公司以为这样可以通过税前扣除问题将次年度的征税利润变成前一年度（即被检查年度）的免税利润，达到少缴企业所得税的目的。另外，A 公司多付给对方的 20 万元，从表面上看是双方对纠纷协商后 A 公司妥协而多付了 20 万元，实际上是 A 公司为了感谢供应商对其所谓"避税"的配合及延迟付款的利息。因此，所谓因价格纠纷而估价入账纯粹是弄虚作假的偷税行为。

【案例思考题】

1. 分析暂估入库的实施条件是什么？

2. 如何保证发票到达的时候，将发票和原来的暂估入库对应上？

3. 假设你是税务机关检查人员，该如何看待这个问题？

【案例分析参考与提示】

1.《企业会计制度》规定：购入存货，月底时，若发票未到，应分别存货科目，抄列清单，暂估入账，借记"库存商品""原材料""包装物""低值易耗品"等科目，贷记"应付账款——暂估应付账款"科目，下月初用红字作同样的记录，予以冲回。

2. 暂估入账最容易产生的问题就是暂估容易冲销难，难就难在发票到达后找不到原来对应估入的是哪一笔，特别是客户很多或较长时间才收到发票的情况更易产生这种问题。解决方法一是按上面所说的月底暂估，月初冲回，保持账务的连续性以免因发票长时间未到而难以查对；二是设备查账（表），对每笔新发生的暂估入账及发票到达冲销后都要及时登记，将存货明细账与库房的明细账定期、不定期地核对，以减少差错的发生及尽早发现差错。

3. 此案例提示税务检查人员一定要重视对材料采购此类不经常涉及税收问题的会计账户的检查。不能认为这些账户很少涉及税收就不重视甚至放弃检查。如果企业在账面上利用会计核算进行逃税，一般都会出现违反会计核算规程或在正常会计核算情形下不可能出现的异常情形，而且这些违规行为或异常情形很可能就涉及一些平时很少与税收事项有关联的会计科目。

所以，检查人员一定要分析出这些异常变化是否会对税收产生重大影响。正如上述案例中 A 公司试图通过材料采购科目对原材料的估价入账来调节和影响企业的计税所得，最终达到多享受免征企业所得税的目的。因此，检查人员对被检查单位可能出现的利用会计核算方法精心策划的舞弊情形不仅要保持高度警惕，还要对违反会计核算规程或正常会计核算过程中不可能出现的异常情形予以高度的重视，同时更要具备必要的分析和专业判断能力。

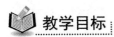

案例五

材料成本差异何以成为偷税工具

教学目标

掌握计划成本法的基本原理，以及材料成本差异的分摊与核算规定。

基本理论

材料成本差异账户用于核算企业各种材料的实际成本与计划成本的差异，借方登记实际成本大于计划成本的差异额（超支额）及发出材料应负担的节约差异，以及调整库存材料计划成本时，调整减少的计划成本。贷方登记实际成本小于计划成本的差异额（节约额）以及发出材料应负担的超支差异，以及调整库存材料计划成本时，调整增加的计划成本（节约用红字，超支用蓝字）。"材料成本差异"科目借方登记超支差异及发出材料应负担的节约差异，贷方登记节约差异及发出材料应负担的超支差异。

材料成本差异指材料的实际成本与计划成本间的差额。实际成本大于计划价格成本为超支；实际成本小于计划价格成本为节约。外购材料的材料成本差异，在一定程度上反映材料采购业务的工作质量。

教学组织手段

课前要求学生对材料计划成本法的核算进行复习，熟悉材料成本差异的处理方法，再分析案例中的纺织企业是如何利用材料成本差异成为偷税工具的，该如何解决类似的问题。

案例介绍

　　王科长曾作为检查组中的一员，去一家国有中型纺织企业检查，该企业的原材料采用计划成本核算。检查初始，厂长向检查组汇报情况时说："虽然原材料价格在被检查年度的上半年大涨了30%，但由于我们厂此前已购进了大量原材料，所以，原材料价格上涨对我们厂影响不大。"事实果真如此吗？待检查组检查后却发现该企业的利润还是下降了20%多，遂询问财务处长为何不一致，财务处长说，原材料价格上涨怎么能不对利润产生影响呢？财务处长认为厂长不懂财务，此问题还是以财务上的解释为准。问题果真如此简单？王科长心里泛起了嘀咕，决定重点加强对原材料及材料成本差异账户的检查。

　　王科长发现，原材料棉花在被检查年度期初的实际库存成本为3200万元，其中计划成本为2650万元，材料成本差异为借方余额550万元，而至被检查年度末，棉花的计划成本为950万元，材料成本差异为借方余额170万元，说明该厂全年度耗用了期初库存的低价棉花1700万元（计划成本），即使按照棉花价格在被检查年度均衡上涨的情形估算（生产领用棉花也均衡），因使用低价棉花至少也应该给该厂产生300多万元利润，于是，王科长又请财务处长予以解释。处长说，这虽是增利因素，但由于产品价格上涨滞后，产品价格的上涨幅度未能消化原材料价格的上涨，由此产生的减利因素不仅抵销了库存低价原材料带来的利润，而且下半年少数月份还出现了亏损，最终使全年度利润也大幅下降。财务处长如此解释，似乎不存在问题了。

　　然而，王科长仍是心存疑惑。在王科长继续分析后发现，该企业多年以来都是实际价格高于计划价格，材料成本差异也一直是借方余额，虽然被检查年度棉花的计划价格没有发生变化，但由于棉花的实际采购价格大幅上涨，所以，年末库存棉花的材料成本差异率应该是比年初的差异率更高才合乎情理。但是，棉花材料成本差异账户的核算情况反映其差异率并未提高，反而是由年初的20.75%（550万元/2650万元）下降为年末的17.89%（170万元/950万元），这就又出现了矛盾。王科长再次请财务处长予以解释，财务处长这次无言以对，只是搪塞了一句"可能是材料成本差异计算有误"。于是，王科长要求检查人员对该企业包括棉花在内的三大原材料账户相应的材料成本差异按照逐月滚动加权平均的方

法重新进行了计算，最终发现，该企业的这三大原材料在被检查年度共多结转材料成本差异409万元。

最终查明，该企业针对原材料涨价的情况，按照留有余地、以丰补歉的思路，决定把低价库存原材料带来的利润留到以后年度慢慢消化，所以，在领用原材料时，没有按规定结转材料成本差异，而是在以账面按逐月滚动加权平均法计算的差异率结转材料成本差异的同时，每月再故意多结转一部分借方差异，最终使得账面的差异率不但没有因原材料价格的上涨而提高，反而逐月下降，最终形成多转原材料成本借方差异409万元，不但虚增了企业产品的生产成本和销售成本，同时还降低了被检查年度企业的会计利润和计税所得额，并且偷逃了企业所得税。

【案例思考题】

通过本案例，您能总结出该如何发现材料成本差异账户存在异常问题吗？

【案例分析参考与提示】

在日常财税检查中，对材料成本差异账户的检查往往存在两大问题：一是怕麻烦，二是认识上存在误区。由于许多检查人员误认为，该账户只有贷方余额才可能隐匿利润，而且贷方余额越大存在问题的可能性越大，由此造成许多检查人员仅重视对贷方大金额余额的检查。实际上，检查人员也不能忽视对成本差异账户借方余额的检查。

虽然对材料成本差异账户按照逐月滚动加权平均复核差异结转的正确性比较复杂，但对材料成本差异账户的检查还是有章可循的。

首先，当发现被检查企业对其材料采取计划价格核算后，就应该对相关原材料的计划价格和正常的市场价格做一些初步了解和分析，据以初步确定材料成本差异账户应该是借方余额还是贷方余额以及差异率的基本幅度。如果材料成本差异账户出现与所分析的余额方向相反，则基本上可以断定存在问题。

其次，如果出现原材料的实际价格基本上围绕计划价格上下波动，难以确定材料成本差异账户是借方或贷方余额，此情形下应注意从两个方面进行分析：一是由于此情况下各月份的材料成本差异账户一般不可能一直是借方或贷方余额，而应该是借方或贷方余额不断变化，如果出现全年度大多数月份一直是借方或贷方余额，则存在问题的可能性较大（除非此前的借方余额或贷方余额特别大）；

二是不管是借方余额还是贷方余额，其成本差异率总体上应该在一个不大的区间内波动，如果差异率波动很大（不管是正差还是负差），则很可能存在问题。

最后，如果通过上述两点初步分析未发现异常，则可以从简实施对材料成本差异账户的检查；如果发现异常则应该按照逐月滚动加权平均的方法对材料成本差异账户的核算情况进行重新复核计算。

案例六

为什么频繁调整固定资产折旧年限

📖 教学目标

掌握固定资产的概念、分类及内容，掌握固定资产从取得、折旧到处置各个阶段的业务核算，且能对固定资产折旧的选择进行评价，特别要掌握固定资产的基本内容和变革。

📘 基本理论

固定资产折旧的计提原理，会计估计变更及会计政策变更原则。

✨ 教学组织手段

课前熟悉案例资料，补充并收集相关资料，小组围绕案例讨论该案例公司频繁调整固定资产的方式、目的和影响结果是什么，每个小组推荐一名学生进行演讲分析。

🔍 案例介绍

鞍钢股份有限公司（以下简称"鞍钢股份"，股票代码：000898）前身为"鞍钢新轧钢股份有限公司"。公司是依据《中华人民共和国公司法》经由中华人民共和国国家经济体制改革委员会〔1997〕62 号《关于同意设立鞍钢新轧钢股份有限公司的批复》的批准，以鞍山钢铁集团公司为唯一发起人，以发起方式设立的股份有限公司。公司是在鞍钢集团所拥有的线材厂、厚板厂、冷轧厂（"三个厂"）基础上组建而成的。根据自1997年1月1日起生效的分立协议，鞍钢集团已将与上述三个厂有关的生产、销售、技术开发、管理业务连同有关1996年12月31日的资产、负债全部转入公司。有关净资产折为公司股本1319000000股，每股面值人民币1元。公司于1997年7月22日发行了890000000股每股面值人民币1元的H股普通股股票，并于1997年7月24日在香港联合交易所有限公司上市交易。1997年11月16日，公司发行了300000000股每股面值人民币1元的人民币普通股，并于1997年12月25日在深圳证券交易所上市交易。2006年1月26日，公司向鞍钢集团以每股人民币4.29元定向增发2970000000股每股面值人民币1元的人民币普通股（共计人民币127.4亿元），用于作为收购鞍钢集团子公司鞍钢集团新钢铁有限责任公司100%股权的部分收购价款。2006年6月20日，公司年度股东大会通过特别决议，将公司更名为"鞍钢股份有限公司"。公司的主要业务为黑色金属冶炼及钢压延加工。

2008年7月11日，鞍钢股份发布第四届董事会第二十七次会议决议公告，宣布董事会批准了《关于调整部分固定资产折旧年限的议案》（以下简称《决议》）。《决议》规定，从2008年1月1日起对公司部分固定资产折旧年限进行调整，对2008年以后新增的电子设备和运输工具采用新企业所得税法规定的最低折旧年限，对常年处于振动、超强度使用的设备采取了缩短折旧年限的方法，具体调整方案如表2－1。

表2－1　鞍钢股份部分固定资产折旧年限调整

项目	财务分类	变更前折旧年限	变更后折旧年限
2008年新增电子设备	传导设备	15年	3年
	动力设备	11年	3年
	工具及仪器	7年	3年
	管理用具	5年	3年
2008年新增运输设备	运输设备	10年	4年
处于振动/超强度设备	动力设备	11年	6.6年
	工具及仪器	7年	4.2年
	机械设备	10年	6年

《决议》还公布了会计估计变更对公司的影响：此次会计估计变更对公司的主营业务范围无影响，预计将使公司 2008 年利润总额减少人民币 16800 万元，企业所得税支出减少人民币 4200 万元，净利润减少人民币 12600 万元，预计将使公司 2008 年末净资产减少人民币 12600 万元。鞍钢股份为什么要大规模调整固定资产折旧年限呢？鞍钢股份在《决议》中指出：本次会计估计变更有利于企业充分利用国家税收政策，实现公司固定资产核算与管理的一致性，并可减少企业所得税纳税支出，节省现金流量，加速设备、技术更新改造，从而提高公司的市场竞争力，符合企业可持续发展战略目标。

因此，此次会计变更的直接原因是国家税收政策的调整，即新企业所得税法对企业部分固定资产最低折旧年限及固定资产加速折旧等方面做了新的规定，如表 2 - 2。

表 2 - 2　新旧税法关于固定资产折旧的相关规定

序号	项目	原税收条例规定	新税法规定
1. 固定资产最低折旧年限	电子设备	最低折旧年限为 5 年	最低折旧年限为 3 年
	除飞机、火车、轮船以外的运输工具	最低折旧年限为 5 年	最低折旧年限为 4 年
2. 固定资产加速折旧		对促进科技进步、环境保护和国家鼓励投资项目的关键设备，以及常年处于振动、超强度使用或受酸、碱等强烈腐蚀的机器设备可进行加速折旧，但不允许采取缩短折旧年限法	由于技术进步，新产品更新换代较快、常年处于强振动、高腐蚀状态的固定资产，确需要加速折旧的，可采取缩短折旧年限方法，最低折旧年限不得低于规定折旧年限的 60%，或采取双倍余额递减法及年数总和法

近年来，鞍钢股份多次调整了固定资产折旧年限，见表 2 - 3。我们对2002 ~ 2007 年公司的固定资产折旧年限进行了统计发现，公司分别在 2003 年和 2006 年缩短了固定资产折旧年限。在 2007 年的年报附注中，公司还指出："本公司至少在每年年度终了对固定资产的使用寿命、预计净残值和折旧方法进行复核。"如

果说 2008 年的这次调整是因为税法的变更，那么鞍钢股份如此重视固定资产折旧年限，并且频繁地调整固定资产折旧年限，就不是税收因素所能完全解释的了。

表 2 - 3　2002 ~ 2007 年鞍钢股份固定资产折旧年限情况

年份	厂房及建筑物（年）	机器及设备（年）	其他固定资产（年）
2002	12 ~ 42	6 ~ 21	4 ~ 15
2003	10 ~ 40	5 ~ 20	4 ~ 15
2004	10 ~ 40	5 ~ 20	4 ~ 15
2005	10 ~ 40	5 ~ 20	4 ~ 15
2006	10 ~ 20	6 ~ 15	2 ~ 12
2007	10 ~ 20	6 ~ 15	2 ~ 12

【案例思考题】

1. 您认为鞍钢股份频繁调整固定资产折旧年限的内在动机是什么？

2. 鞍钢股份如此频繁地调整固定资产折旧年限，您认为这属于会计准则所允许的会计估计变更还是会计政策变更，还是有违背会计准则之嫌的会计操纵行为？

【案例分析参考与提示】

1. 对于鞍钢而言，当年是保牌的关键年。至 9 月为止，公司已实现扭亏为盈，保牌基本无忧，固定资产折旧年限的调整会影响本年利润。具体地说，折旧年限增加，每年的折旧额减少，本年利润增加；反之本年利润减少，但会计法规定，固定资产的折旧年限是不能随意调整的，否则要在财务报告中附注原因，并通过审计调整折旧，一般来说是折旧年限缩短，是为加速折旧，为了改造更新设备。另外，调整折旧直接影响到利润，所以，调整折旧也不排除为了把利润做漂亮或是做得不漂亮而避税。

2. 会计政策变更强调的是会计处理过程中原则、方法的变更；会计估计变更强调的是对某个数值估计的变更。会计政策变更是先变处理原则、方法，根据原则、方法的改变，后改变具体计量的数值；会计估计变更则是先对某一数值的估计发生了改变，后改变原则、方法或不涉及原则、方法的变更。折旧方法的变更，不能从字面看就认定是会计政策变更，而应该看本质，例如一台设备先前计划按照平均年限折旧，但是实际运行后发现前期折旧多后期折旧少，这时候就要改变折旧方法。

案例七

金融资产投资收益何去何从——雏鹰农牧被疑财务舞弊

📖 教学目标

　　掌握金融资产的分类、概念及内容，掌握金融资产从取得、持有期间收益的确认到处置各个阶段的业务核算，且能理解长期股权投资的成本法与权益法内容。

📑 基本理论

　　可供出售金融资产（类似新准则中的其他债权投资），一般采用公允价值进行后续计量，公允价值变动计入其他综合收益，不会影响当期损益，在该可供出售金融资产发生减值或终止确认时转出，计入当期损益。可供出售金融资产持有期间实现的利息（债权投资）或现金股利（股权投资），计入当期损益。

✨ 教学组织手段

　　课前熟悉案例资料，补充并收集雏鹰农牧的相关资料，小组围绕案例讨论该案例公司在金融资产和长期股权投资方面的核算有无问题，该公司具体的做法对公司有什么样的影响，每个小组推荐一名学生进行演讲分析。

案例介绍

雏鹰农牧集团股份有限公司始创于 1988 年，2010 年 9 月 15 日在深圳证券交易所成功挂牌上市（股票代码：002477），被业界誉为"中国养猪第一股"。2018 年 6 月 13 日晚间，雏鹰农牧发布公告表示，公司控股股东、实际控制人侯建芳及其一致行动人所持已质押的部分股票触及平仓线，可能存在平仓风险，股票自 6 月 14 日开市起停牌。屋漏偏逢连夜雨，当日晚间，财经自媒体市值风云又发文质疑上市公司涉嫌"财务舞弊"。质疑的内容包括可供出售金融资产和对应的投资收益以及非流动资产处置收益等。

雏鹰农牧是一家主要从事家畜、家禽养殖与销售的上市公司，公司宣称利用"互联网＋养殖"，打造生态养殖新模式。根据上市公司 2017 年年报显示，当年营收 56.98 亿元，同比下滑 6.44%。公司主营按行业划分，可分为畜类、互联网类金融及其他、粮食贸易三大类，2017 年占营收比重分别为 47.30%、29.94% 和 22.76%。雏鹰农牧是生猪养殖的标杆企业，这个行业的周期性特别强。因而，上市公司发展互联网类金融业务，应是逆周期操作，通过强周期时玩投资，弱周期抛售股权平衡财报。而相关媒体质疑的，正是这部分业务的真实性。其中，主要包括两部分：一是虚增可供出售的金融资产，从而虚增投资收益；二是"倒卖猪圈"。

以下是市值风云发文的部分内容：2016 年初，雏鹰农牧发起设立了深圳泽赋农业产业投资基金有限合伙企业（以下简称"深圳泽赋"），以自有资金认缴 9.5 亿元份额（其后多次追加投资，目前雏鹰农牧及旗下子公司认缴份额超过 50 亿元），自此开启了一幕华丽的投资大戏。也就是从这一年开始，雏鹰农牧账面上的长期股权投资和可供出售金融资产爆发式增长。表 2-4 雏鹰农牧的可供出售金融资产：

说明：2016 年雏鹰农牧年报存在重大错报，表 2-4 数据为追溯调整后数据。详细情况见 2017 年年报，这里不赘述。2015 年底，雏鹰农牧可供出售金融资产为 2.79 亿，到 2017 年底已经猛增至 18.27 亿，虽然占当年总资产比例仅 7.99%，但是当年带来的投资收益高达 2.47 亿，占当年税前利润总额的 171.20%，也就是说，没有这些投资收益，雏鹰农牧 2017 年要亏成渣渣。那么，问题来了：雏鹰农牧这 18.27 亿的可供出售金融资产里面到底是些什么？它们又

是如何给雏鹰农牧创造了如此丰厚的利润？（摘自蓝琼财经—百家号）

表 2 - 4　2015 ~ 2017 年雏鹰农牧可供出售的金融资产

	2015 年	2016 年	2017 年
可供出售金融资产（万元）	27927. 28	64506. 28	182685. 64
总资产（万元）	1018138. 19	1703598. 91	2285987. 62
占比（%）	2. 74	3. 79	7. 99
可供出售金融资产带来的投资收益（万元）	213. 92	9103. 21	24718. 55
税前利润总额（万元）	27428. 64	98370. 50	14438. 36
占比（%）	0. 78	9. 25	171. 20

数据来源：根据雏鹰农牧年报整理。

　　有人怀疑，雏鹰农牧一方面通过深圳泽赋到处购买资产，另一方面通过西藏九岭创业投资管理有限公司等企业接盘。据悉，西藏九岭成立于 2016 年 11 月，注册资金仅为 1000 万元。据统计，雏鹰农牧 2017 年出售了 7. 95 亿可供出售金融资产，其中超过 70% 都是卖给西藏九岭。随着深圳泽赋的成立，上市公司可供出售金融资产也持续大幅增加。2015 年底，雏鹰农牧可供出售金融资产为 2. 79 亿，到 2017 年底已经猛增至 18. 27 亿。而雏鹰农牧在这些公司里持有的股份也不少，最少的也有 33. 33%，最多的有 45%，这种持股比例，如果是一种正常的商业行为，那么它至少应该在这些被投资公司拥有一个董事席位。但是，这些注册资金高达数亿的公司，压根就没有董事会，这些公司有且仅有一名董事，那就是公司的大股东。也就是说，雏鹰农牧在这些公司里根本没有话语权。这也是雏鹰农牧将这些股权投资纳入"可供出售金融资产"核算而不是在"长期股权投资"核算的根本原因。

　　投资 6 年，不到一年产生的收益超过 5 亿元。如此神奇的投资亮丽了河南畜牧业公司雏鹰农牧，也招来了市场对其财务造假的质疑。2018 年第一季度，雏鹰农牧营业收入下降，净利润增长 2 倍至 3. 57 亿元，其原因就是出让基金公司股权产生的投资收益高达 5. 27 亿元，这笔发生在 2017 年 5 月的 6 亿元投资在 2018 年 3 月出手。

　　其实，近两年来，雏鹰农牧频频上演神奇的"成功"投资。2017 年，公司实现的投资收益高达3.73亿元，其中就有对四家公司进行投资一年内的股权出售，获得收益1.94亿元。如此巨额投资回报引发市场对其频繁腾挪股权、虚增利润的质疑，并指称充当公司接盘侠的系其关联方。公司发布的2017年经营业绩也是频频变脸，最终的净利润为0.45亿元，仅为最初预告的9亿~11.2亿元的5%至4.02%。2018年6月14日，针对市场质疑其财务造假等问题，雏鹰农牧一位证券部门的人士称，公司将征询监管部门意见，适时发布澄清公告。值得一提的是，第一季度净利暴增的雏鹰农牧股价跌至近三年低点，控股股东所持部分股权触及平仓线，公司无奈以停牌应对。

15个月投资收益高达9亿元，雏鹰农牧以畜牧养殖为主营业务，但其最令市场吃惊的是其对外投资，单纯从其财务报表披露的数据来看，其投资收益足够"亮瞎"人眼。2018年一季报显示，前三个月，公司实现营业收入11.36亿元，同比下降3.51%。营业收入下降净利润反而大增，得益于高达5.27亿元的投资收益，同比增长709.84%。根据财报披露，2018年3月2日，控股子公司出售了旗下基金公司宁波申星股权，从而使得2018年一季度投资收益大幅增长。这笔投资始于2017年5月24日，彼时，公司出资额为6亿元，至今年出售，投资时间仅为10个月。剔除投资收益等非经常性损益，公司净利润为亏损1.13亿元。这意味着，公司主营业务亏损较为严重。

其实，雏鹰农牧对投资收益高度依赖，2016年、2017年末，其债权投资（基金）分别高达48.94亿元、47.71亿元。数据显示，2016年、2017年，公司获得投资收益分别为1.53亿元、3.73亿元，其中，2017年至2018年一季度的15个月，投资收益高达9亿元。具体来看2017年3.73亿元的投资收益。年报披露，2017年9月，公司一口气出售了郑州雏牧香、苏州淘豆、噢麦嘎三家公司，分别为当年贡献净利润446.67万元、2344.46万元、4864.63万元，合计为7655.76万元。

当年，公司还处置了部分可供出售的金融资产。经监管问询，公司在回复时才进行了披露。回复公告显示，3.73亿元的投资收益中，1.94亿元来自处置可供出售金融资产取得的投资收益，包括出售平潭沣石基金、深圳汇生通、河南百顺农牧、上海脉森，分别获得投资收益9000万元、4925.33万元、500万元、5000万元，合计为19425.33万元。

雏鹰农牧频繁倒腾股权被指故意增厚业绩，一年获得高达数亿元的投资收益，而其年报中并未对相应的交易进行详细披露，并非专业投资公司的雏鹰农牧被指刻意倒腾股权增厚业绩。长江商报记者查询发现，巨额投资收益主要是雏鹰农牧通过控股子公司深圳泽赋（基金公司）实现，深圳泽赋快速巨资投资一家公司，多数情况下均未控股，几个月后快速转让，从中获利数亿元。这样一来，就不用纳入合并报表范围。

上述为公司贡献 1.94 亿元的四家公司中，去年 11 月，更是对河南百顺增资 8000 万元，年底卖出获利 500 万元。对上海脉淼的 1 亿元投资是 2016 年，去年转手，获利 5000 万元。对平潭沣石基金投资 1.2 亿元，一年之间获利 9000 万元。最令人称奇的是对深圳汇生通的投资。深圳汇生通曾是一家在新三板挂牌企业，去年 5 月定增，唯一的发行对象就是深圳泽赋。这笔 1.67 亿元的投资在当年 12 月 29 日就出货了，收回投资 2.17 亿元，半年时间，投资收益达 5000 万元。类似让人惊奇的投资不在少数。

2016 年 6 月，雏鹰农牧出资 1250 万元入股郑州牛师兄食品，持股比 41.67%。去年 11 月 6 日，又增资 1 亿元，持股比升至 70.83%，一年估值从 3000 万元升至 2 亿元。神奇的是，一个月之后的 12 月 25 日，公司全部清仓。如此一倒腾，为公司当年贡献了 2917 万元投资收益。预告净利超 9 亿元，最终仅 4518 万元。

依靠神奇投资获得巨额投资收益扮靓业绩，雏鹰农牧的这一获利模式难以持续。公司披露的 2017 年经营业绩频频变脸。2017 年三季报，公司预告全年净利润为 9 亿元至 11.2 亿元。2018 年 1 月 31 日，公司发布修正公告，将净利润下修至 6.3 亿元至 6.6 亿元，理由是生猪出栏数低于预期，价格下降，同时财务费用超过预期 60%。2 月 14 日，公司发布业绩快报时，披露的净利润为 6.46 亿元。两个月后，公司年报披露的数据令人大跌眼镜，净利润只有 4518.88 万元，同比下降 94.58%。从最少 9 亿元跌落至 4518.88 万元，源于财务核算方法的调整，将原本计入可供出售的金融资产调整为长期股权投资，去年半年报中出现的高达数亿元的分红不再计入投资收益了。如此一来，净利润大幅缩水。

二级市场上，公司的股价颇为惨淡。截至 2018 年 6 月 13 日，股价为 3.38 元，创下近三年新低。

【案例思考题】
1. 您认为雏鹰农牧频繁收购股权内在动机是什么？
2. 根据您搜索的资料，结合金融资产和长期股权投资相关理论分析本案例。

【案例分析参考与提示】

1. 雏鹰农牧收购股权是一种精心的设计，内在主要动机为募集资金。

2. 在各种投资中，占股 30% ~ 50%，因为如果拥有董事会席位，意味着这些投资必须纳入"长期股权投资"科目核算，且采用权益法核算，这样一来，这些公司每年的盈亏将对雏鹰农牧的净利润产生影响，并且要在财报中进行披露。而放在"可供出售金融资产"科目核算就方便多了，因为这些公司都不是上市公司，其公允价值难以判断，公允价值变动对当期损益也没有影响，雏鹰农牧可以根据自身需要来灵活调配。而计入可供出售金融资产，一般采用公允价值进行后续计量，公允价值变动计入其他综合收益，不会影响当期损益，在该可供出售金融资产发生减值或终止确认时转出，计入当期损益。可供出售金融资产持有期间实现的利息（债权投资）或现金股利（股权投资），计入当期损益。也就是说，对于股权投资而言，只有在被投资单位宣布派发现金股利的时候，才能确认为投资收益。

案例八

在建工程长期"在建"为哪般

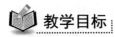 **教学目标**

掌握在建工程的确认原则及结转规定，了解会计法与税法对在建工程结转的处理异同。

基本理论

新《企业会计准则》附录规定，"在建工程"科目用来核算企业基建、更新改造等在建工程发生的支出。企业购入需要安装或自行建造固定资产的支出，先计入该科目，达到预定可使用状态时再转入固定资产科目。已达到固定资产预定可使用状态，但尚未办理竣工决算手续的在建工程，应按估计价值计入固定资产，待确定实际成本后再进行调整。该科目期末为借方余额，反映企业尚未达到预定可使用状态的在建工程的成本。但是，新《企业所得税法实施条例》规定，"自行建造的固定资产，以竣工结算前发生的支出为计税基础"（老企业所得税法也强调了在竣工使用时按实际发生的成本入账）。由此可见，《企业会计准则》对在建工程结转固定资产的时点是"达到预定可使用状态"，而税法对在建工程结转固定资产的时点是"竣工结算"。但是，在日常会计处理实务中，由于大多数中小企业基本上都是依据税法规定的时点对在建工程结转固定资产，企业很容易控制竣工决算的时间，这给一些想利用竣工决算时点调节固定资产折旧的企业提供了方便。

教学组织手段

课前让学生找一个有关工程的建造案例，熟悉在建工程的结转规定，然后分析本案例中在建工程达到预定可使用状态的标志。让学生分析到底是怎样达到预定可使用状态，分析在建工程与固定资产对税务的影响。

案例介绍

某税务检查组去一商品流通企业 H 公司例行检查，该公司坐落于某市市中心，所使用的九层营业用房系自行建造，并于六年前投入使用。检查员小周是在时隔两年后第二次到 H 公司检查，对该公司的基本情况有所了解。小周第一次检查时就发现 H 公司所使用的九层营业用房已投入使用三年多，但由于没有办理竣工决算，所以未结转固定资产，也一直没有计提折旧。小周当时就觉得房屋已投入使用三年，如果因没有办理竣工决算不结转固定资产不提折旧而多缴企业所得税，实在是不划算的事情。于是，小周当时就嘱咐 H 公司财务处朱处长尽快办理竣工决算或者先预估结转固定资产以正常计提折旧。

但是，三年过去，此问题"涛声依旧"。小周估计 H 公司可能在竣工结算上遇到一时无法解决的问题或困难，出于关心便主动询问了财务处朱处长，但朱处长只是出于对小周的关心表示了礼节性感谢，不仅没有对不预估固定资产的具体原因予以明确解释，而且也并未对因少提折旧多缴企业所得税一事表现出不太在意的样子。为了体现为企业服务的精神，小周开始从账面寻找有说服力的证据。他查阅了在建工程账户，如果按照账面近一个亿的在建工程结转固定资产，每年可以计提近 500 万元的折旧，按 25% 的企业所得税税率测算，应该少缴约 120 万元的企业所得税，如此大金额的企业所得税不是白缴吗？小周将此测算告诉了朱处长，但朱处长似乎很清楚，说不是白缴，仅是提前缴了而已，房屋折旧迟早要扣除。小周对朱处长如此怠慢自己的好心感到一种莫名的不解。但这促使小周对 H 公司长期不转固定资产到底是"葫芦里卖的什么药"开始了反向思维。他分析 H 公司一定深知不转固定资产对企业所得税的影响，既然对此影响毫无顾忌，说明其背后一定隐瞒了更大的利益，但究竟隐瞒了什么利益？小周思前想后不得其果。

为了弄清楚真实原因，检查组请承建 H 公司营业用房的 T 公司所在地的税务机关对 T 公司进行了调查。T 公司介绍说，在工程投入使用后不到一年的时间就完成了竣工决算，并且提供了竣工决算报告。H 公司也在两年内将工程款全部付给了 T 公司，但就是要求 T 公司不要急于开具工程发票。至此，可以肯定，不结转固定资产纯粹是 H 公司单方面的故意行为。为了查明最终情况，检查组长召开了检查人员会议，专题分析 H 公司不结转固定资产背后的原因，大家一致认为，此问题虽造成每年少缴 80 多万元房产税，但同时也要多缴 120 多万元的企业所得税，而由于多缴的企业所得税属于时间性差异，在将来正常计提折旧后多缴的企业所得税还会转回，所以，H 公司完全可能出于这样的考虑而不转固定资产。但问题并非如此简单，因为 H 公司近六年来每年账面实现的利润很少，根本没有在正常盈利水平之外再多出 500 多万元的利润。但精明的小周从 H 公司的成本核算中找到了答案。

原来，H 公司对因少提折旧和少缴房产税而增加的利润全部通过多结转商品销售成本进行了调整。所以，从营业用房投入使用六年来，H 公司根本没有因为少提折旧及少缴房产税多实现利润而多缴过企业所得税。最终，检查组对 H 公司因弄虚作假而偷逃的有关税款进行了查补和罚款，H 公司受到了应有的处罚。

【案例思考题】

1. 分析在建工程结转的确认条件？

2. 谈谈该案例对您的启示。

【案例分析参考与提示】

1. 在建工程结转时即为停止资本化的时点，根据会计准则规定，符合以下条件之一的即可停止资本化。

（1）符合资本化条件的资产的实体建造（包括安装）或者生产工作已经全部完成或者实质上已经完成。

（2）所购建或者生产的符合资本化条件的资产与设计要求、合同规定或者生产要求基本相符，即使有极个别与设计、合同或者生产要求不相符的地方，也不影响其正常使用。

（3）继续发生在所购建或生产的符合资本化条件的资产上支出的金额很少或者几乎不再发生。

在建工程转固定资产是一个系统工程，其涵盖的范围及方面较为广泛，加之对外需要多部门的协调，对内需要各财务岗的沟通，因此需要从整体上进行统筹，如此方能更好地从实务上进行处理。为明确责任，确保在建工程结转数据的准确性，对所有加工安装或是土建类项目建设的结转，由项目负责人进行项目完工及数据的确认，并在"在建工程结完工结转报告单"上签字确认。

2. 在建工程达到预定可使用状态时，不管有没进行完工决算，有无投入使用，都应当转入固定资产，进而计提折旧。在日常纳税检查中，许多检查人员关注的往往仅是企业有无少缴税款，而很少关注多缴税款利用了这一薄弱环节，而且在多年的纳税检查中都蒙混过关。所以，作为检查人员，当企业出现多纳税的异常情形时虽然应该有必要的服务意识，但同时也要保持应有的警惕性，要用反向思维去多问几个为什么。要知道，大多数纳税人不是傻子，多缴税款往往是一种假象，作为检查人员一定要善于分析这些假象。

众所周知，在日常税务检查实务中，如果被检查企业存在多纳税的情形，只要企业自己知道了，几乎所有企业的财务人员都会向税务检查人员主动提出存在的问题，或在检查人员面前不时提起，希望检查人员能够出谋划策，并帮助把税款退回来。一些企业的财务人员还常常表现出不满和忧虑的心情。而上述 H 公司虽存在多纳税的情形，但公司相关人员并未出现上述各种现象，公司财务处朱处长对检查员小周的关心也是不以为然，并不急于向检查人员诉说和探讨如何解决具体问题。这种不正常的态度不得不让检查人员产生疑问，并怀疑其背后是否有诈。

案例九

坏账准备核算应谨慎

教学目标

掌握应收账款计提、发生、转销坏账准备的规定及相关核算原理。

基本理论

坏账准备是指企业的应收款项（含应收账款、其他应收款等）计提的，是备抵账户。企业对坏账损失的核算，采用备抵法。在备抵法下，企业每期末要估计坏账损失，设置"坏账准备"账户。备抵法是指采用一定的方法按期（至少每年末）估计坏账损失，提取坏账准备并转作当期费用。实际发生坏账时，直接冲减已计提坏账准备，同时转销相应的应收账款余额的一种处理方法。

教学组织手段

从案例分析入手，引出坏账及坏账准备的概念，激发学生的探索欲望。通过坏账准备账户性质的讲解，把该账户与存钱罐的联系对比，加深学生对坏账准备账户的认识与理解；通过坏账准备账务处理的讲解、例题分析、课堂练习，帮助学生掌握计提坏账准备、发生坏账、转销后收回等情形的会计分录书写；最后由老师进行点评、总结，加强学生对该知识点的掌握。

案例介绍

　　某税务检查组去 A 公司检查所得税汇算清缴。检查员小王虽然工作时间不长，经验不太丰富，但对工作非常认真。在检查过程中，小王发现，A 公司被检查年度的坏账准备账户不仅发生额大而且业务发生频繁。小王认为，如此大的发生额可能会对计税所得额产生重大影响，遂决定对该账户全年度的发生情况逐笔进行检查。由于该账户不仅涉及本年度坏账准备的计提和核销问题，而且还涉及到以前年度核销的坏账在本年度又收回的问题，因此，小王花了很长时间也无法判断该账户核算的正确性。小王刚工作不久，碍于面子不好意思向老同志请教，直到检查工作接近尾声，检查组长老张汇总检查情况时，才发现小王还纠缠在对坏账准备账户的检查中。

　　为加快速度，老张直接接手了对坏账准备账户的检查。老张了解到，由于 A 公司在被检查年度对资产进行了大规模清理，核销了一部分债权债务，同时也收回了一部分早已核销的应收款项，使得被检查年度坏账准备账户借方、贷方的业务发生频繁且复杂，确实一时难以厘清。开始老张仅是简单查看了上述问题均已通过坏账准备账户核算的情况，并未做深入检查。而后，老张又简单复核了小王的检查情况，发现小王对最基础的计提坏账准备的范围还没有摸清，在计算计提坏账准备的基数时没有扣除对关联方的应收款项。于是，老张重新对计提的坏账准备进行分析，他很快将 A 公司 9000 万元应收款项中对其投资方的 4200 万元应收账款找出。A 公司在计提坏账准备时将包括对该关联方所欠应收账款在内的共9000 万元应收款项一并计提了坏账准备，从而多提坏账准备 21 万元（按照 A 公司自行制定的 5% 的坏账率会计政策计算多提）。

　　检查组最终决定直接按照计提的 45 万元坏账准备全额进行了纳税调整；只是在检查工作底稿中注明了 A 公司按照自行制定的会计政策应提和多提的坏账准备各是多少。至此，对 A 公司坏账准备的检查终告结束。

【案例思考题】

1. 你能告诉小王坏账准备的计提范围和业务处理方法吗？

2. 假设你是税务机关检查人员，谈谈该案例对你的启发。

【案例分析参考与提示】

1. 略。

2. 思路：实际上，在检查税收问题时，对于坏账准备这种备抵调整类账户的检查与对其他许多账户的检查要求有所不同。如对应纳所得税的检查，一般不需要对坏账准备账户全年度的核算情况做过多详细的检查，如对采用余额百分比法计提坏账准备的企业（实际上多数企业均采用此法），只要抓住核实计提坏账准备的范围和基数这两个关键问题，在一般情况下也只需要对年末所保留坏账准备的余额作出判断即可，而无须过多关注年度中间因各种原因产生的变化和影响。实际上，核实余额保留是否正确本身就是对坏账准备账户日常核算是否正确的一种快捷验证方法，检查人员要注意掌握对此类备抵调整账户的检查方法和检查技巧，以节省检查时间，提高检查效率（备抵调整账户还包括"累计折旧""存货跌价准备""长期股权投资减值准备"和"固定资产减值准备"等）。

案例十

无形资产研发——海正药业

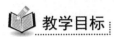 **教学目标**

掌握无形资产研发费用中的资本化支出与费用化支出确认条件与处理原则。

基本理论

《企业会计准则第 6 号——无形资产》对企业自行开发无形资产的研究阶段和开发阶段划分的规定如下：

研究阶段是指为了获取新的技术和知识等进行有计划的调查。研究阶段是探索性的，为进一步开发活动进行资料及相关方面的准备，已进行的研究活动将来是否会转入开发、开发后是否会形成无形资产等均具有较大的不确定性。

开发阶段是指在进行商业性生产或者使用前，将研究结果或者其他知识应用于某项计划或者设计，以生产出新的以及具有实质性改进的材料、装置以及产品等。

企业内部研发活动由研究活动和开发活动构成，研发阶段支出费用化，开发阶段支出资本化，以及开发支出资本化应满足的五个条件。如果企业难以区分研究阶段和开发阶段的支出，应当将研发活动中发生的所有支出计入当期费用，抵减当年的营业利润。

教学组织手段

课前提前熟悉海正药业公司及其相关无形资产研发业务，分组讨论该公司研发无形资产的支出资本化是否合理，最后由一名学生做出汇报。

 案例介绍

浙江海正药业股份有限公司（以下简称"海正药业"）始创于 1956 年，2000 年发行 A 股上市。2012 年与辉瑞公司在品牌仿制药领域合资成立海正辉瑞制药有限公司。入选国家首批"创新型企业""国家知识产权示范企业""全国工业品牌培育示范企业"，列入"全国医药工业百强企业""中国化学制药行业工业企业综合实力百强""2017 年医药国际化百强企业"。海正药业总部位于台州市，在浙江省台州市、杭州市富阳市以及江苏省如东市等地建有一体化制药基地，研发触角伸及知识、人才、技术密集的北京、上海等核心城市，形成了化学药、生物药、大健康三大业务群，营销网络覆盖全球 70 多个国家和地区，已发展成为由原料药、制剂、生物药、创新药及商业流通等业务组成的"医药产业集团"。目前海正已成为中国领先的原料药生产企业。海正共有约 3000 名员工，其中超过三分之一是科技人员。2000 年，海正在上海证券交易所上市，股票代码为 600267。

海正药业近年来不断培育新品种，大力进行研究开发活动，不仅使公司生产的临床药品走向产业化、市场化，更在许多制剂领域如化学原料药、化学制剂、抗感染、心脑血管、内分泌调节等药品领域取得了重大突破和发展。2016 年，海正药业全年获得了 35 个品种中的 66 个临床批件。海正药业在研究开发过程中全程参与临床试验，通过对研究开发活动的开展与创新，不仅缩短了时间、提高了效率，还能为研发过程中的科技创新提供帮助。海正药业对于研究开发的具体过程和步骤如表 2 –5 所示。

表 2 –5　研究开发具体步骤

序号	步骤	程序	目的
1	项目立项	靶标的确定	确定候选药物
		模型的建立	
		发现化合物	
2	临床前研究	原料药与制剂工艺研究	完成临床前研究，申请临床研究资格
		质量标准及稳定性研究	
		药理及机理研究	
		安全性评价	

序号	步骤	程序	目的
3	临床研究	Ⅰ期临床试验	药理学及人体安全性评价
		Ⅱ期临床试验	对适应证患者的治疗作用和安全性
		Ⅲ期临床试验	治疗作用的确证
4	药品申请与上市	申请与认证	获得药品上市条件
		Ⅳ期临床试验	考察药品效果与不良反应

海正药业的研究阶段起点为项目组将立项资料提交给研究院审核，如果审核通过，则研究阶段开始，当经过审核通过并且已经经过前期的开发阶段，在准备进行临床试验或者进入申报期时，则研究阶段截止。在研究阶段过程中，所有的内部研究开发投入，都将计入到当期损益当中去。海正药业对于开发阶段的判定，开发阶段的起点是项目进行可以达到临床阶段或者进入到申报期，当项目取得新药证书或者是生产批件时截止。公司在开发阶段的投入，首先计入到"开发支出"科目中，如果项目满足资本化条件并取得相应的新药证书或者生产批件时，转入"无形资产"科目，进行相应的核算。

海正药业近年来研发支出情况如表 2-6 所示。

表 2-6　海正药业近年研发支出资本化情况

年份	资本化金额（万元）	资本化率（%）	研发支出占净资产比例（%）	研发支出占营业收入比例（%）	研发支出总额（万元）
2012	5460.43	15.77	6.66	5.97	34634.31
2013	8329.69	17.36	8.06	5.58	47994.58
2014	1403.99	25.16	6.75	5.53	55803.08
2015	38220.93	46.17	11.96	9.44	82791.24

通过表 2-6 的数据，我们可以看出，海正药业在 2012 到 2014 年间研发支出程度较为平稳，不论从研发投入总额、资本化金额还是资本化率都是显示一个平稳上升的态势。但是自 2015 年起，海正药业研发支出上的各项指标均出现大幅度的上升，尤其是资本化率，从 2015 年开始就居高不下。

从 2015 年开始，海正药业的资本化率达到了惊人的 46.17%，相比于 2014

年同期将近翻了一番，一直到 2016 年也还是居高不下。海正药业在 2015 年末发布的财务报告显示，海正药业 2015 年的营业收入出现了下跌，为 87.67 亿，相比于 2014 年下降了 13.17%，净利润更是出现了断崖式的下降，只有 1356.67 万元，相较于 2014 年下降了 95.59%。然而海正药业当年年末报表却显示海正药业研发支出的账面余额达到了惊人的 3.34 亿元，相比与 2015 年初，海正药业研发支出惊人地增加了 452%。这件事的出现也引起了很大的话题，上交所也要求海正药业在年报事后审核问询函中要求海正药业对报告期内公司产品研发情况、研发项目进行信息披露，并且说明研发支出大幅度增加的原因。海正药业对此的解释是，之所以研发支出大幅度增加，主要原因是由于公司在进行生物药开发过程中，也在对相关仿制药与高端仿制药进行开发，由于品种过多，而且公司对于这些项目评估中认为大部分项目都已经进行到开发阶段并且很有可能形成无形资产，所以进行资本化处理。可是海正药业并没有对于每个项目是否已经取得临床批件或者新药证书做出回应，而媒体舆论对此也非常注意。

根据资料显示，海正药业 2015 年研发支出总额也达到了 82791.24 万元，相较于 2014 年同期增长了 48.36%。在行业中如此高的研发支出可以说是前所未闻的。对此，海正药业在 2015 年年报中解释道：主要是本期公司创新药及生物药的临床等研发投入增加导致研发支出的增加。而对于如此大的变动情况，海正药业解释道：报告期内，对于研究开发活动投入相比于上一年变动大的原因，主要是因为研发项目的施行阶段出现了变动，试验内容出现了变化，导致研发投入也产生了大幅度的升高。研发项目所处阶段的改变也是 2015 年资本化率骤升的直接原因。

表 2-7　医药行业研发支出会计处理方法选择　　　　　单位:%

年份	2010	2011	2012	2013	2014	2015
全部费用化	46	38	54	46	48	51
全部资本化	8	16	16	12	18	9
部分资本化	46	46	46	42	34	40

根据表 2-7 我们可以看到，医药行业近年来对于研发支出在会计处理方法的选择上还是多以选择全部费用化与部分资本化为主，这也意味着在医药行业对

于研发支出的会计处理非常谨慎，较为保守。而医药行业近年来研发支出资本化率如表 2 - 8 所示。

表 2 - 8　医药行业及其他行业研发支出资本化率　　单位:%

年份	2010	2011	2012	2013	2014	2015
医药行业	9	7	13	7	12	9
通用设备制造行业	9	6	11	12	15	29
计算机行业	24	22	20	27	24	27
软件通信行业	36	39	17	34	32	40

根据表 2 - 8 我们可以看出，相较于其他行业，医药行业的研发支出资本化率较低。然而海正药业却在 2015 年研发支出资本化率达到了 46.17%，2016 年达到了 46.97%，可以说与行业的整体水平与大趋势完全不符。

根据上述信息，海正药业在研发支出上的会计处理的确让人有诸多疑问，例如海泽麦布在三期临床时就已经将研发投入全部资本化，也与行业内以拿到 GMP 认证以及新药证书为时点开始资本化不符。天士力、沃森生物、复星医药、双鹭药业等上市公司自研项目的研究阶段和开发阶段划分标准具体以是否取得临床批件为准，即相关技术取得临床批件之前为研究阶段，相关技术取得临床批件以后进入开发阶段。而恒瑞医药更为保守，2012 ~ 2014 年研发投入金额分别为 5.35 亿元、5.63 亿元、6.52 亿元，其所有的研发投入均已被确认为费用，没有任何的资本化。而海正药业的资本化比重却接近五成，可见海正药业在研发支出的处理上有很大的漏洞与问题。

【案例思考题】

1. 分析案例中海正药业研发支出大量资本化的目的以及研发费用资本化的确认条件。

2. 分析讨论研发支出资本化和费用化的优缺点。

3. 你觉得该如何规范海正药业的研发费用规范化处理？

【案例分析参考与提示】

1. 研发支出大量资本化的目的：第一，研发费用资本化转入"开发支出"将直接增加资产价值；第二，研发支出资本化有利于减少费用对利润的摊薄；第三，增大税收优惠享受力度；第四，改变在职管理者业绩。

资本化的五个条件：第一，完成该无形资产以使其能够使用或出售在技术上具有可行性；第二，具有完成该无形资产并使用或出售的意图；第三，无形资产产生经济利益的方式，包括能够证明运用该无形资产生产的产品存在市场或无形资产自身存在市场，无形资产将在内部使用的，应当证明其有用性；第四，有足够的技术、财务资源和其他资源支持，以完成该无形资产的开发，并有能力使用或出售该无形资产；第五，归属于该无形资产开发阶段的支出能够可靠地计量。

2. 研发支出费用化的优缺点：使会计信息具有谨慎性，降低企业风险；处理简单，可行性强；为企业提供避税的可能；对企业努力创新产生一定的消极影响。资本化可能导致财务风险，忽视了潜在的研发风险，任何研究开发只要没有大功告成，都有可能会因为突发事故或计划预测的失误而导致全盘皆输，这对于无形资产的研发亦是如此。研发支出的资本化是管理人员潜意识地将企业研发的风险划分至零的代表，这并不与实际情况相符。对会计从业人员具有较高的素质要求。当今会计准则对于研发支出的资本化有很多条件的判定，无论是研究阶段与开发阶段的划分，还是在开发阶段满足条件与否的判定，都不是一个简单的是非选择客观题，而需要会计从业人员根据实际情况做出准确的判断，这种判断就对会计从业人员的会计能力与素质提出了一个相当高的要求。主观性强，为企业抬高利润提供了机会。正如同上文所说，企业研发支出资本化的条件判定，需要会计从业人员的主观判断，并没有一个十分明确的客观标准，在这样的情况下，企业管理层是否可能出于自己对利润的需求而过度对研发支出进行资本化，因为资本化越多，企业的利润就相对越高，这样企业的管理层就有可能对企业的利润提供操纵的空间。

3. 规范年报信息披露；坚持谨慎性原则；提高会计人员专业素质。

案例十一

长期股权投资
——雅戈尔"一惊一乍"为哪样

📖 教学目标

掌握长期股权投资成本法与权益法的确认标准，以及金融资产与长期股权投资之间的转换原则和会计核算原则。

📝 基本理论

根据相关准则规定，企业的股权投资初始确认主要依据《企业会计准则第2号——长期股权投资》和《企业会计准则第22号——金融工具确认和计量》，可分为长期股权投资、以公允价值计量且其变动计入当期损益的金融资产、以公允价值计量且其变动计入其他综合收益的金融资产（因准则是近期修改，本案例仍使用"可供出售金融资产"这一名称）以及以摊余成本计量的金融资产。其中长期股权投资后续可采用成本法或权益法进行计量。可供出售金融资产公允价值变动形成的利得或损失计入其他综合收益，直到金融资产终止确认时再转出，计入当期损益。可供出售金融资产公允价值变动如果认为是永久性变动，则需要计提减值准备，影响利润表。若企业因为增资等原因将股权投资从可供出售金融资产转为长期股权投资并按权益法计量，以前计入其他综合收益部分的也需要转入当期损益。

教学组织手段

课前让学生提前熟悉查阅关于雅戈尔的各种财务资料，熟悉长期股权投资及其余金融资产的转换关系和条件，分组讨论该公司变更会计核算方法前后的区别。

 案例介绍

雅戈尔集团股份有限公司（以下简称"雅戈尔"）于1998年在上海证券交易所上市。在全国拥有772家自营专卖店，主打产品衬衫曾连续17年获得市场综合占有率第一，西服连续12年保持市场综合占有率第一。经过30多年的发展，形成了以品牌服装为主业，涉及房地产开发、股权投资的多元并进、专业化发展的格局。在2018年业绩披露中，雅戈尔因为其酷炫的财技——通过多买1000股股票，使利润暴增93亿元，扭转了其预计利润下滑49%的颓势，引起广泛关注。

从2007年开始，雅戈尔借助股票市场的"牛市"，在股市中大展拳脚。2007年，雅戈尔通过持有百联股份、中信证券、宁波银行和交通银行等9家上市公司股票获得过5830.18万元的投资收益。更是通过出售中信证券部分股权，获得了16.51亿元的投资收益。2007~2015年，股权投资收益成为雅戈尔利润构成的重要组成部分，经计算发现，通过股权投资获得的收益占当期利润总额的平均为39.94%。2014年以前，对于股权投资分三种情况进行会计计量和确认。其中，没有控制或者重大影响的，若公允价值能够可靠计量（即市价可获得），按可供出售金融资产计量；若公允价值不能可靠计量，按长期股权投资中的成本法进行计量。对于有重大影响的投资，按照长期股权投资中的权益法进行计量。2014年准则进行修改以后，规定对没有控制或重大影响的股权投资纳入金融工具进行计量，雅戈尔将其全部从长期股权投资调整计入可供出售金融资产。

在阅读雅戈尔相关公告时发现，每年其出售可供出售金融资产的数额占总资产的比重并不高，却贡献了很大一部分利润。以2014~2018年为例，处置可供出售金融资产占总资产的比重不超过20%，但产生的投资收益占净利润的比重平均却有46.94%。

具体情况如图2-1、图2-2。从图2-2可以看出，2017年，雅戈尔利用相

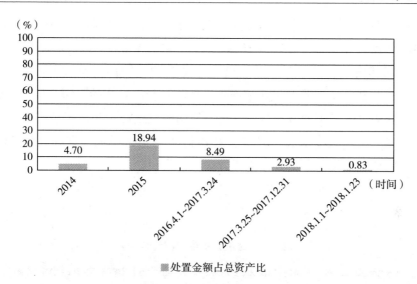

图 2 - 1　2014～2018 年 1 月处置可供出售金融资产占总资产比

数据来源：雅戈尔年报。

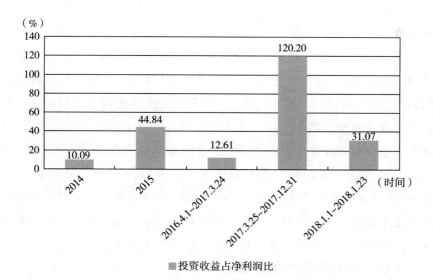

图 2 - 2　2014～2018 年 1 月处置可供出售金融资产产生投资收益占净利润

数据来源：雅戈尔年报。

关投资收益增加利润数额非常大，可供出售金融资产在其盈余管理中起到了重要作用。2017 年 1 月 30 日，雅戈尔公布 2017 年业绩快报，净利润下滑超九成。其中，主要原因是当期计提中信股份资产减值准备，影响金额达 33.08 亿元。实际上，2017 年雅戈尔税后净利润为 30.13 亿元，同比增长 25.93%。4 月 10 日，雅戈尔公布 2018 年一季度业绩预告，公司净利润预计增加约 86.80 亿元，同比增长 687.95%。实际上，雅戈尔业绩增长，并不是基于真实的利润增长，而是通过将上述投资从可供出售的金融资产调整为长期股权投资，并依据净资产核算造成的利润暴增。通过对中信股份投资会计科目的调整，增加当期净利润 93.02 亿元。以下是雅戈尔关于变更会计核算方法的公告：

股票简称：雅戈尔 股票代码：600177   编号：临 2018 - 016

雅戈尔集团股份有限公司

关于变更对中国中信股份有限公司会计核算方法的公告

本公司董事会及全体董事保证本公告内容不存在任何虚假记载、误导性陈述或者重大遗漏，并对其内容的真实性、准确性和完整性承担个人及连带责任。

重要内容提示：

●公司于 2018 年 4 月 9 日以通讯方式召开第九届董事会第八次会议，会议以 9 票同意、0 票反对、0 票弃权审议通过了《关于变更对中国中信股份有限公司会计核算方法的议案》，同意自 2018 年 3 月 29 日起对中国中信股份有限公司（以下简称"中信股份"）的会计核算方法由可供出售金融资产变更为长期股权投资，并以权益法确认损益。

●本次会计核算方法变更，根据《企业会计准则第 2 号——长期股权投资》的规定，公司所持中信股份对应的净资产可辨认公允价值与账面价值的差额 930210.84 万元，将计入 2018 年第一季度营业外收入；且公司在持有中信股份期间，将随着中信股份所有者权益的变动相应调整增加或减少对中信股份投资的账面价值，同时确认当期损益、其他综合收益以及资本公积等。

一、本次会计核算方法变更的概述

（一）公司投资中信股份的基本情况

公司于 2015 年通过新股认购和二级市场买入的方式投资中信股份，作为可供出售金融资产核算。

截至 2018 年 3 月 29 日，公司持有中信股份 145451400 股，投资成本 2036477.06 万港元，折人民币 1636309.31 万元；期末账面值 1597056.37 万港元，折人民币 1283234.80 万元；所持股份对应的净资产可辨认公允价值为 2754755 万港元，折合人民币 2213445.64 万元，与账面值的差额为 930210.84 万元。

（二）本次变更前，公司对中信股份采用的会计核算方法是可供出售金融资产

（三）变更时间：2018 年 3 月 29 日

（四）变更原因

鉴于：①公司副总经理兼财务负责人吴幼光先生于 2018 年 3 月 20 日获委任为中信股份非执行董事；②公司为中信股份第三大股东，且公司对中信股份的持股比例于 2018 年 3 月 29 日由 4.99% 增加至 5.00%；③根据《企业会计准则第 2 号——长期股权投资》的规定，投资企业对被投资单位具有共同控制或重大影响的长期股权投资，应采用权益法核算。公司董事会根据《企业会计准则》的相关规定，判定公司对中信股份的经营决策具有重大影响，应当将中信股份的会计核算方法由可供出售金融资产变更为长期股权投资，并以权益法确认损益，以更加合理、准确地反映公司对中信股份股权投资的会计核算情况。

二、本次会计核算方法变更对公司财务状况及经营成果的影响

（一）公司会计政策的相关规定

1. 关于联营企业的判断标准

重大影响，是指对一个企业的财务和经营决策有参与决策的权力，但并不能够控制或者与其他方一起共同控制这些政策的制定。本公司能够对被投资单位施加重大影响的，被投资单位为本公司联营企业。

2. 关于权益法核算的长期股权投资的后续计量及损益确认方法

对联营企业和合营企业的长期股权投资，采用权益法核算。初始投资成本大于投资时应享有被投资单位可辨认净资产公允价值份额的差额，不调整长期股权投资的初始投资成本；初始投资成本小于投资时应享有被投资单位可辨认净资产公允价值份额的差额，计入当期损益。

公司按照应享有或应分担的被投资单位实现的净损益和其他综合收益的份额，分别确认投资收益和其他综合收益，同时调整长期股权投资的账面价值；按照被投资单位宣告分派的利润或现金股利计算应享有的部分，相应减少长期股权投资的账面价值；对于被投资单位除净损益、其他综合收益和利润分配以外所有者权益的其他变动，调整长期股权投资的账面价值并计入所有者权益。在确认应

享有被投资单位净损益的份额时，以取得投资时被投资单位可辨认净资产的公允价值为基础，并按照公司的会计政策及会计期间，对被投资单位的净利润进行调整后确认。在持有投资期间，被投资单位编制合并财务报表的，以合并财务报表中的净利润、其他综合收益和其他所有者权益变动中归属于被投资单位的金额为基础进行核算。

（二）本次会计核算方法变更对公司财务状况及经营成果的影响

1. 公司所持中信股份对应的净资产可辨认公允价值与账面价值的差额930210.84万元，将计入当期营业外收入，相应增加公司净资产930210.84万元，增加公司净利润930210.84万元（以审计数据为准），对公司2018年第一季度经营业绩产生积极影响（具体内容详见公司董事会本日临2018-017《2018年第一季度业绩预增公告》）。

2. 公司在持有中信股份期间，将随着中信股份所有者权益的变动相应调整，增加或减少对中信股份投资的账面价值，同时确认当期损益、其他综合收益以及资本公积等，简而言之，自2018年3月29日起，对于因中信股份实现净损益和其他综合收益而产生的所有者权益的变动，公司按照持股比例，增加或减少长期股权投资的账面价值，同时确认投资损益和其他综合收益；对于中信股份宣告分派的利润或现金股利，不再计入公司当期损益，仅减少对中信股份投资账面价值；对于中信股份除净损益、其他综合收益以及利润分配以外的因素导致的其他所有者权益变动，公司调整对中信股份投资账面价值的同时确认资本公积。中信股份公开披露的定期报告显示，其最近三年的净利润情况如表2-9所示：

表2-9 中信股份2015～2017年净利润情况

币种：港元 单位：百万元

	2017年度	2016年度	2015年度
归属于普通股股东的净利润	43902	43119	41812
	2017.12.31	2016.12.31	2015.12.31
普通股股东权益及永久资本证券总额	543078	490633	492902

公司发布公告后，引起市场广泛关注。雅戈尔这一"会计魔术"也引起监管部门的注意。上交所4月24日向公司发出监管工作函，要求公司及会计师事务所本着对投资者负责的态度，核实并说明相关事项。监管工作函问询的重点，

主要围绕会计核算方法变更是否符合会计准则规定，是否对公司经营有实质性影响展开：一是变更会计核算方法的理由是否充分；二是相关会计计量是否准确；三是核算方法变更是否符合企业会计准则的规定，是否符合公司的经营实质，并要求公司年审会计师发表意见。4月26日，在收到工作函的两天内，公司即披露取消会计核算方法变更的公告，称经公司审慎核实，根据会计师的书面意见，公司拟取消对中信股份的会计核算方法变更事项，并且提示取消该变更后，公司2018年一季度净利润将同比减少7.5亿元，同比下降约60%。以下是取消会计核算方法变更的公告（节选部分内容）：

股票简称：雅戈尔　股票代码：600177　　　　编号：临2018－024

雅戈尔集团股份有限公司
关于取消对中国中信股份有限公司会计核算方法变更的提示性公告

本公司董事会及全体董事保证本公告内容不存在任何虚假记载、误导性陈述或者重大遗漏，并对其内容的真实性、准确性和完整性承担个人及连带责任。

重要内容提示：

●本次取消会计核算方法变更不会对公司2017年度业绩产生影响；变更后，公司2018年第一季度归属于上市公司股东的净利润预计较2016年同期减少约7.5亿元，降低约60%；待审批程序履行后，公司将及时披露《2018年第一季度业绩预告更正公告》。

近日，公司发布《关于变更中国中信股份有限公司会计核算方法的公告》，调整对所持中信股份股票的会计核算方法，受到市场和媒体较大关注。上海证券交易所向公司送达《关于雅戈尔集团股份有限公司变更会计核算方法事项的监管工作函》，要求公司及年审注册会计师审慎核实上述会计核算方法变更是否符合企业会计准则的规定，是否符合公司的经营实质。经公司与立信会计师事务所（特殊普通合伙）（以下简称"立信"）讨论，根据会计师意见，公司拟取消对中国中信股份有限公司（以下简称"中信股份"）的会计核算方法变更，继续以可供出售金融资产核算该项投资。

一、本次取消会计核算方法变更的概述

（一）公司认为对中信股份变更会计核算方法的原因：

①公司于2018年3月20日向中信股份委派了一名非执行董事，通过出席董

事会会议参与中信股份财务和经营政策的决策；②公司为中信股份第三大股东，且公司对中信股份的持股比例于2018年3月29日由4.99%增加至5.00%；③根据《企业会计准则第2号——长期股权投资》的规定，投资企业对被投资单位具有共同控制或重大影响的长期股权投资，应采用权益法核算。

公司董事会根据《企业会计准则》的相关规定，判定公司对中信股份的经营决策具有重大影响，应当自2018年3月29日起将中信股份的会计核算方法由可供出售金融资产变更为长期股权投资，并以权益法确认损益，由此公司所持中信股份对应的净资产可辨认公允价值与账面价值的差额930210.84万元，将计入2018年第一季度营业外收入，增加当期净利润930210.84万元；且公司在持有中信股份期间，将随着中信股份所有者权益的变动相应调整，增加或减少对中信股份投资的账面价值，同时确认当期损益、其他综合收益以及资本公积等。

（二）会计师事务所的意见

立信会计师事务所于2018年4月25日出具《关于雅戈尔集团股份有限公司变更会计核算方法事项的监管工作函的回复》（信会师函字〔2018〕第ZA193号），发表意见如下：

1. 2018年3月29日，雅戈尔在二级市场买入中信股份0.1万股，持股比例达到5%，该0.1万股本身并不会实质增加雅戈尔对中信股份的影响，且其增持并不足以表明公司已改变对中信股份的持有意图，其持有意图仍是作为财务投资者以获取中信股份的高额股息分配等收益。

2. 中信股份前两大股东持股比例达到78.13%，在其股东大会的表决权上前两大股东占有绝对优势，雅戈尔增持后持股比例仅为5%。在其他股东持有股份不是高度分散的情况下，5%有表决权的股份通常并不足以达到重大影响，因此，雅戈尔通过股东大会参与中信股份的经营及财务决策施加影响的重量级不够。

3. 中信股份于2018年4月18日发布《董事会名单与其角色和职能》的公告，公告显示雅戈尔副总经理兼财务负责人吴幼光先生由2018年3月20日起成为中信股份非执行董事。

中信股份董事会由17名董事组成，雅戈尔通过其在董事会中1/17的席位对中信股份实施的影响是非常有限的。此外，中信股份董事会设立的五个委员会，包括审计与风险委员会（监控公司的财务报告系统、风险管理及内部监控系统等）、提名委员会（制定董事提名政策、程序及准则、就董事的委任或重新委任向董事会提出建议等）、薪酬委员会（厘定各执行董事及高级管理人员的薪酬等）、战略委员会（考虑公司的重大战略方向、中长期发展计划及五年发展计划，并向董事会作出建议）和特别委员会［处理对公司及董事进行的所有调查（包括协助调查）和涉及对公司及其董事的法律程序］，董事会将相关职能授权给该五个委员会。

除执行董事外，13 名非执行董事中有 11 名非执行董事均在相关委员会中任职，但雅戈尔派出的吴幼光先生在上述委员会中未担任任何职务，表明相对绝大多数非执行董事而言，雅戈尔派出董事无法参与中信股份的重大经营及财务决策相关专委会职责的履行。

综上所述，我们认为，雅戈尔简单地以上述对中信股份增持并委派 1 名非执行董事而判断其能够对中信股份施加实质性重大影响的依据不充分，因此不建议雅戈尔对中信股份改按权益法核算。

（三）经审慎核实，公司拟根据立信会计师事务所的书面意见，取消对中信股份的会计核算方法变更事项，继续以可供出售金融资产核算该项投资。

……

2018 年 4 月 26 日，雅戈尔发布取消对中信股份会计核算方法变更的公告，为其变更会计核算方法一事画上句号。

4 月 28 日，公司进一步根据《企业会计准则》和公司的会计政策（如果可供出售金融资产的公允价值发生严重下降，或在综合考虑各种相关因素后，预期这种下降趋势属于非暂时性的，就认定其已发生减值，将原直接计入所有者权益的公允价值下降形成的累计损失一并转出，确认减值损失），认定公司投资的中信股份（HK. 00267）已发生减值，基于谨慎性原则，拟对其计提资产减值准备 21270. 87 万元。

【案例思考题】

分析案例中雅戈尔两次变更会计核算方法的动机和理论依据。

【案例分析参考与提示】

可供出售金融资产在平时持有期间不会对损益产生影响，只会对资产负债表产生影响。但是，在其出售时，原计入其他综合收益的数额要转入投资收益，以此来影响损益。其次，可供出售金融资产在转换为长期股权投资并采用权益法核算时，转换时公允价值与账面价值之间的差额，以及原计入其他综合收益的累积公允价值变动会计入投资收益，影响当时损益。

2014～2017年，雅戈尔采用了有目的的会计政策选择并且通过控制交易时间来达到盈余管理的目的。首先，在初始分类时，选择将没有控制或没有重大影响的股权投资分类为可供出售金融资产而不是以公允价值计量且其变动计入当期损益的金融资产。因为可供出售金融资产在持有期间公允价值变动不计入当期损益，而是计入其他综合收益。因市场股价的波动对公司利润的影响较小，除非可供出售金融资产发生减值。其次，雅戈尔每年都会进行相关的买卖可供出售金融资产的业务，通过控制交易发生的时点，将其他综合收益转换为投资收益，慢慢释放以前期间累积的盈余，达到操作利润的目的。例如，在2014～2017年发布的公告中，每年都会出售一定数额的浦发银行的股份，通过处置可供出售金融资产慢慢释放盈余，增加利润。在2018年4月10日，雅戈尔宣布对中信股份的持股变更核算方式，从可供出售金融资产变更为长期股权投资，按权益法确认。通过长期股权投资和可供出售金融资产的转换形成非经常性收益达到操纵利润、扭亏为盈的目的。

案例十二

投资性房地产——方大集团

📖 教学目标

掌握投资性房地产采用公允价值模式进行后续计量的相关问题，自用与非自用投资性房地产的转换处理，以及其对利润表和资产负债表的影响。

✒ 基本理论

投资性房地产的后续计量模式有成本模式和公允价值模式，投资性房地产的后续计量模式一旦选定，就不可以再随便更改。尤其是开始使用公允价值计量的，之后不可以转成本模式计量。由成本模式转变为以公允价值计量投资性房地产的操作要当作会计政策变更来处理，账面价值和转为公允价值计量模式的公允价值之间的差额，要及时调整期初的留存收益和未分配利润。

✨ 教学组织手段

课前让学生提前熟悉查阅关于方大集团的相关投资性房地产财务资料，熟悉投资性房地产的两种计量模式，采用抢答题的方式，对两种后续计量模式的复习，并结合案例分析模式之间的转换以及自用与非自用之间的业务处理，分析案例的动机以及合理性。

案例介绍

方大集团股份有限公司是我国第一家 A + B 股上市的民营企业。方大集团是我国规模最大的新材料高新技术企业，主要经营单层铝板、采暖散热器、建筑幕墙等建材、化工和光电子产品。方大集团总部位于深圳，在全国多地和境外地区设有子公司和分支机构，并且在多地有大型生产基地，现其主要经营活动为中新型建材产业、半导体照明及光电子产业和机电一体化工程产业，形成了稳定的产业体系。值得注意的是，方大集团所处行业并非房地产，投资性房地产不是其主营业务，但是由于其属于新材料高新技术企业，有多处用以生产的房产用地，并且从它的历年年报来看，投资性房地产所占比重较大。方大集团在 B 股也同样上市，也就是说需要按照国际会计准则出具财务报告，在 CAS3 发布之前，就已经有公允价值计量相关业务经验，只是没有在国内的财务报告中应用过。同时在投资性房地产后续计量方面，该公司是自从 2007 年执行新会计准则以来第一批更改计量模式的 18 家公司之一，这提供了足够的数据让我们从时间序列的视角研究该公司 2007 ~ 2016 年十年公允价值的应用情况。

2006 年，方大集团就已经在为 2007 年的计量方式转换做准备，在 2006 年度的财务报告中，方大集团明确将在下一年转换投资性房地产的计量方式为公允价值计量，按照准则规定，会把 2007 年 1 月 1 日的公允价值与账面价值差异调整留存收益。方大集团详细列示了拟以公允价值计量的投资性房地产的情况，主要包括坐落在深圳的整栋职工宿舍楼（出租）、专业厂房两栋、科技大厦一栋，还有小部分坐落在武汉市和广州市的商业广场楼层、写字楼楼层，这些固定资产原值为 204810678.78 元，占其总共拥有的固定资产总额的 53% 左右，其差额调整的期初留存收益达到了 4238 万元，不计入当期损益。通过以上内容可见投资性房地产计量方式的变动对方大集团的影响不容小觑。

方大集团 2007 ~ 2016 年投资性房地产具体情况，如表 2 - 10 所示。

2009 年公司发布了关于资产以公允价值计量的内部控制制度，规范了包括投资性房地产在内的相关会计处理。2013 年以前，方大集团投资性房地产项目较为稳定，数额保持在 2600 万元左右。2013 年，投资性房地产减少 816 万，主要是因为公司决议将部分出租物业的厂房和宿舍转为自用。2015 年投资性房地产与 2014 年相比增加了 48.19%，主要系用于出租的房产增加和公允价值变动所致。对于大额的投资性房地产变动，方大集团都对相关业务做出了说明解释。在公允价值具体数值的确定上，方大集团采用了估值技术并进行了相关披露。房地产估价公司来进行估值工作，是广为上市公司青睐的确立资产公允价值数值的方式，在2007年的18家采用公允价值计量模式的上市公司中，有10家公司是采用这种方式，约占56%。方大集团2007年开始公允价值取得具体情况见表2-11所示。

表 2 - 10　　2007～2016 年方大集团投资性房地产情况　　　　单位：元

年份	年初公允价值	本期增加额	本期减少额	年末公允价值
2007	223029458.35	42431760.27		265461218.62
2008	265461218.62	4533824.53	8260642.83	261734400.32
2009	261734400.32	6322964.35	8559685.87	259497678.80
2010	259497678.80	13921217.90	2192563.97	271226332.73
2011	271226332.73	11550311.20	3301500.00	277705949.35
2012	277705949.35	15613064.34	38552757.36	254766256.33
2013	254766256.33	1639371.55	81626871.26	174778756.62
2014	174778756.62	34897632.10	11162802.57	198513586.15
2015	198513586.15	106101626.38		304615212.53
2016	304615212.53	11558304.10	13082954.01	303090562.62

数据来源：方大集团财务报表附注。

表 2 -11　　方大集团公允价值取得情况

年份	公允价值取得依据	是否披露报告编号及评估公司	评估方法
2007	评估报告	是	市场法
2008	评估报告	是	市场法
2009	评估报告	是	市场法
2010	评估报告	是	市场法
2011	评估报告	是	市场法
2012	无披露	否	市场法、收益法、成本法
2013	无披露	否	市场法、收益法、成本法
2014	无披露	否	市场法、收益法、成本法
2015	评估报告、购置成本	是	市场法、收益法、成本法

经查阅方大集团近十年财务报表发现，只有第一年其转换计量方式时与深圳市国政房地产评估公司合作，之后一直通过深圳市同致诚土地房地产估价顾问有限公司来进行公允价值的评估，并且对评估报告编号以及公允价值取得方法有持续披露。独立的资产评估机构能够较为客观地对公允价值进行估值，这种方式也广受上市公司欢迎，符合《投资性房地产评估指导意见》和 CAS39 的要求。方大集团对持有的投资性房地产一直在拆分为自用和投资或者在投资与自用之间来回转换，无法持续对某个特定的投资性房地产项目进行十年来价值变动的研究，不过方大集团名下的主要投资性房地产项目都位于深圳地区，可以通过整个深圳地区房地产市场的商品房平均销售价格来侧面了解其投资性房地产的价值情况。在中国统计年鉴上搜集了深圳市近十年来的商品房平均销售价格的情况，如图 2 - 3 所示。

图 2 - 3　深圳市商品房平均销售价格

按照深圳市的平均水平来看，除了 2008 年和 2012 年房地产市场不太景气外，其他年份房地产价格都在迅速上升，方大集团在年报中也披露其方大科技大厦等房地产项目的地理位置和周边环境都可以保证其未来有增值空间。可见其投资性房地产总体资产情况良好，所处交易市场活跃，公允价值处在上升期间。

通过 2007 ~ 2016 年，方大集团的投资性房地产、非流动资产、资产总额、占比情况的变化可以观察其在 10 年间投资性房地产公允价值计量对资产的影响情况，具体数额见表 2 - 12。

表 2 - 12 投资性房地产对资产影响   单位：万元

年份	投资性房地产	非流动资产合计	在非流动资产中占比（%）	资产总额	在资产中占比（%）
2007	26546.12	72324.30	36.7	131690.39	20.16
2008	26173.44	65865.32	39.74	139557.09	18.75
2009	25949.77	67049.01	38.70	148281.40	17.50
2010	27122.63	73186.27	37.06	199116.12	13.62
2011	27770.59	83442.96	33.28	216332.56	12.84
2012	25840.58	91845.06	28.13	232780.29	11.10
2013	19524.91	82176.39	23.76	259955.75	7.51
2014	22627.95	95269.82	23.75	366271.99	6.18
2015	33532.88	110454.24	30.36	446414.78	7.51
2016	33379.56	118572.56	28.15	678705.13	4.92

可以得知，资产总额总体一直处于上升趋势，由于其所处行业并非房地产，其投资性房地产的项目与其主营业务并无直接关系。在 2013 年以前，投资性房地产在非流动资产中的比重一直保持 35% 左右，占资产总额比重一直随着资产总额上升而稳定下降，由 20.16% 逐步下降到 11.10%。2013 年投资性房地产项目部分转为自用，数额变化较大，随后至 2016 年，其资产规模扩张较快，投资性房地产所占的非流动资产比重和总体资产比重都保持在 25% 和 8% 左右的平稳水平。对于非房地产行业的公司来说，2007 年投资性房地产占资产总额比重高达 20.16%，是非常值得关注的。对此，比较方大集团近十年的资产结构情况，选取资产负债率和资本固定化比率两项指标作为代表说明，资产负债率可以反映企业的偿债能力，资本固定化比率反映公司自有资本的固定化程度，生产型企业一般维持在 70% 左右为佳。

2007 ~ 2016 年公允价值变动损益与利润的关系如 2 - 13。

由表 2 - 13 可以看出，方大集团的投资性房地产公允价值变动损益除 2008 年外全部为正向变动。在 2007 年初次尝试将投资性房地产转换为公允价值计量后，其对净利润的贡献率高达 180.58%，当年的账面本来出现亏损 2007.53 万元，经过公允价值计量的引入使企业扭亏为盈，减缓了业绩的下滑幅度。而 2008 年，由于金融危机的影响，房地产市场的价格大幅度下挫，方大集团的业绩也出现大幅下降，在这种情况下，公允价值计量使公司的利润亏损更为严重，贡献率

为 −25.68%。2012 年和 2015 年中投资性房地产对净利润的贡献率再次达到了 100% 以上，也就是和 2007 年相似的情况：如果没有投资性房地产的公允价值提升，公司的净利润本来是负数。

表 2−13　2007～2016 年公允价值变动损益对利润的影响　　单位：万元

年份	公允价值变动损益	净利润	占比情况（%）
2007	4243.18	2349.80	180.58
2008	−493.55	1922.25	−25.68
2009	632.29	3693.69	17.12
2010	1392.12	4828.61	28.83
2011	1081.51	5938.01	18.21
2012	1229.08	644.32	190.76
2013	1664.79	8140.07	20.45
2014	3489.76	9268.93	37.65
2015	8579.38	6821.53	125.77
2016	1755.01	65599.04	2.68

【案例思考题】

1. 分析案例中方大集团采用公允价值作为后续计量模式的动机。

2. 分析案例中方大集团采用公允价值模式计量对资产负债表及利润表的影响。

【案例分析参考与提示】

1. 方大集团转变计量模式动因，提高借款抵押的通过率和额度是方大集团进行转换的一个不容忽视的动因。基于以上两种内部动因，加上方大集团的投资性房地产满足公允价值计量的基本条件，方大集团于 2007 年将投资性房地产的计量方式由成本计量转换成了公允价值计量。

2. 投资性房地产在以成本模式计量情况下，与固定资产的计量相似，对资产负债表不产生影响。但在以公允价值模式计量情况下，特别是房地产价格变化较大的环境下，影响会非常明显，企业通过不合理的评估价格提高投资性房地产价值，从而提高企业资产规模、减少资产负债率，公允价值变动来虚增利润，以达到融资及股价变动等目的。

投资性房地产价值变化对负债的影响主要反映在"递延所得税"科目中。投资性房地产公允价值高于账面余额的部分计入"公允价值变动损益"科目，提高了企业营业利润，但这部分收益并没有产生实际现金流入，所以税法规定这部分收益暂时不交企业所得税，在未来处置投资性房地产，真正实现收益时缴纳所得税，故反映在"递延所得税负债"科目中。

　　对利润表的影响：按照准则规定，当企业在将投资性房地产的成本法计量转换为公允价值计量后，每个资产负债表日要重新确定公允价值，调整投资性房地产的账面价值，其差额计入公允价值变动损益，这就会影响当期的会计利润的数额。对于投资性房地产金额较大或者占资产比重较大的公司，我国房地产市场的迅速发展会使其房地产公允价值发生较大变化，对于企业会计利润产生不可忽视的影响。

案例十三

资产减值——彩虹股份

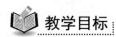 **教学目标**

了解资产减值的相关概念和基本理论，了解各种资产减值计提的处理以及减值转回的条件。

基本理论

资产可收回金额的计量方法、资产的公允价值减去处置费用的净额、资产预计未来现金流量现值、资产减值损失的确认与计量、资产组的认定及其减值处理。

教学组织手段

课前要求学生查阅好关于彩虹股份的一些资料，特别关注涉及资产减值方面的信息。课中引导学生对比分析表格中的数据关联，理解不同的资产计提减值对公司利润的影响，最后要求学生做一份较为详细的报告。

案例介绍

彩虹显示器件股份有限公司是经陕西省经济体制改革委员会批准，由彩虹电子集团公司陕西彩色显像管总厂、中国工商银行陕西省信托投资公司、中国人民建设银行陕西省信托投资公司三方共同发起，以募集方式设立的股份有限公司。

公司于 1992 年 9 月 8 日在陕西省咸阳市注册登记正式成立。

彩虹股份是中国显示器件行业的一支重要力量，是我国显示器件领域中最具竞争力的企业之一，公司主要业务为液晶基板玻璃的研发、生产与销售。液晶基板玻璃是平板显示产业不可或缺的关键性材料，是液晶面板的重要组件。彩虹股份由于自身先决条件较好、起步早，在中国液晶基板行业中占有重要的位置，同时在该行业不断革新的环境下，彩虹股份填补了国内在该领域的空白，多年来，彩虹股份通过不断的创新，培养了众多的人才，开拓了业务范围，解决了很多技术难题，是国内最具竞争力的专一电子平板玻璃制造商。彩虹股份主要生产的产品为 G5、G6 和 G8.5 液晶基板玻璃，产品主要销往国内外液晶面板厂商用于液晶面板的制造。随着中国液晶面板行业竞争力的提高，中国液晶面板行业在资本市场所占份额也有一定幅度的提高，资本市场对中国液晶面板也越来越重视，在彩虹股份的液晶基板玻璃业务范围逐渐发展的过程中，不少投资者对于彩虹股份液晶基板的前景和公司未来发展表示了认同。

彩虹股份公司净利润在盈亏边缘徘徊多年，业绩于 2009 年再一次大幅度跌落，2009 年主营业务收入 13 亿元，同比下降了 56.74%；由于彩管行业的不断萎缩，公司对 CRT 生产线设备计提资产减值准备 4.8 亿元，使得归母净利润为亏损 7.15 亿元，同比下降幅度巨大。2009 年初，彩虹股份选择转型，彩虹股份与深圳虹阳工贸公司（彩虹集团全资子企业）合资设立了彩虹（佛山）平板显示有限公司，发展 OLED 业务。2009 年 9 月，彩虹股份披露非公开发行股份预案，拟非公开发行股票数量不超过 5.4 亿股，募集资金净额不超过 35 亿元。2010 年，彩虹股份完成 35 亿元定增，用于建设 8 条五代、2 条六代基板玻璃生产线，预计将实现年平均销售收入 25.88 亿元，平均税后净利润 9.47 亿元。然而在转型之后，彩虹股份的业绩并没有之前预期那么好，且接连计提大额的减值准备。2011 年，彩虹股份资产减值损失共 4.16 亿元，净利润为亏损 5.67 亿元。在二级市场上，公司股价也是一路向下，2011 年初到年末，跌幅为 66.47%。2012 年，彩虹股份再计提资产减值损失约 19 亿元，净利润为亏损 22.16 亿元。2014 年，彩虹股份进一步计提减值损失 6.85 亿元。其中，控股子公司基板玻璃线体计提固定资产减值准备 3.27 亿元，计提在建工程减值准备 3.01 亿元。自 2011 年到 2016 年，公司累计计提资产减值损失 31 亿元，累计归母净利润亏损为 34 亿元，彩虹股份连续六年被事务所出具非标准审计意见。由于本公司 2011 年度、2012 年度经审计后的净利润连续为负值，根据《上海证券交易所股票上市规则》的相关规定，公司股票从 2013 年 4 月 1 日起被实行退市风险警示的特别处理，股票简称由"彩虹股份"变更为"＊ST 彩虹"。

　　作为宏观环境与市场前景都被看好的行业，彩虹股份的业绩却一直处于下坡，不仅不能完成业绩承诺，还出现了很多令人质疑的地方。根据彩虹股份 2010 年到 2016 年的年报，这七年以来，彩虹股份的营业业绩基本都处于亏损状态，且有持续下滑的现象，在 2012 年和 2014 年彩虹股份分别计提了巨额的资产减值，而在计提之后，彩虹出现了业绩反转的局面，由此看来，彩虹股份的巨额亏损和减值引人深思，存在着很明显的过度盈余管理的行为。＊ST 彩虹 2013 年年报披露，2013 年公司归属于上市公司股东的所有者权益为 204452 万元，2013 年实现营业收入 23959.90 万元，实现归属于上市公司股东的净利润 7479.56 万元。符合撤销退市风险警示特别处理的条件。

　　在衡量企业的盈利能力时，营业收入和利润都是反映企业经营能力最直观的数据。从彩虹股份的年报中给出的数据，我们截取了 2011～2015 年部分利润表的数据，从表 2-14 中可以看出，彩虹股份的营业收入自 2011 年到 2014 年持续呈下降的趋势，情况不容乐观，虽然在 2015 年有所上升，但是上升的幅度较小，远低于往年的营业收入水平，相对于彩虹股份在募集资金时做出的收入预期，彩虹股份在近年来的收益都没到达当时所给的承诺。通过对比这几年来彩虹股份的利润也可以发现，彩虹股份在 2011～2015 年不仅归属于股东的净利润寥寥无几，甚至连年为负值，归属于上市公司股东的扣除非经常性损益的净利润也是连续呈亏损状态，且亏损的金额巨大，同时，彩虹股份的毛利率也不容乐观，在 2014 年甚至达到了 -45.47%，也就是说，彩虹股份在转型之后并没有达到业绩预期，盈利能力相对较弱。以上都表明彩虹股份在最近几年里主体业务处于亏损状态。综上我们可以了解到，彩虹股份作为一家上市公司，在市场发展前景较好的当下，公司的盈利能力并不强，安全性较低，竞争力低。

　　由表 2-15 可见，大多数年份的利润呈亏损状态，且亏损较为严重，同时，彩虹股份的资产减值准备不仅每年都有提取，资产减值的增长率更是变化很大，我们可以了解到彩虹股份在 2011 年、2012 年以及 2014 年都出现了巨额资产减值的情况，尤其在 2012 年，彩虹股份计提资产减值损失合计高达近 19 亿元，虽然 2012 年年报中明确指出这些在建工程计提减值都是经过资产评估师评估以后的结果，但是报告显示彩虹股份在前三季度只计提了 900 万元的资产减值损失，剩下的巨额损失都是集中在第四季度进行的一次性计提，这不禁让人怀疑彩虹股份为什么要在年末做出这样的行为。

表 2 – 14　彩虹股份 2011 ~ 2015 年主要财务数据表　　　　单位：元

主要会计数据	2011 年	2012 年	2013 年	2014 年	2015 年
营业收入	357689810.33	248692338.02	239598985.24	159557602.14	234899471.66
归属于上市公司股东的净利润	– 517713940.31	– 1722424577.38	74795629.90	– 1024332779.38	50215832.47
归属于上市公司股东的扣除非经常性损益的净利润	– 525210568.71	– 1692734673.79	– 225809646.24	– 938647079.96	– 325023937.04
归属于上市公司股东的净资产	3692149416.34	1969724838.96	2044520468.86	1411193870.69	1562759703.16
销售毛利率（%）	– 6.6	– 8.26	16.1	– 45.47	– 24.71

表 2 – 15　彩虹股份近六年的资产减值和净利润的报表数据　　　　单位：元

年份	资产减值	净利润	资产减值增值率（%）	净利润增值率（%）
2011	415767242.92	– 567334760.59	– 7614.64	– 10234.55
2012	1899726940.35	– 2216037309.43	356.92	290.60
2013	24430615.88	21968062.85	– 98.71	– 100.99
2014	684959961.58	– 1144224580.83	2703.70	– 5308.58
2015	29248027.31	42556334.46	– 95.73	– 103.72
2016	49670275.27	– 30989971.32	69.82	– 821.37

【案例思考题】

1. 分析表 2 – 16 至表 2 – 19，分析案例企业是如何利用资产减值进行盈余管理的？

2. 怎样防范企业利用资产减值进行盈余管理？

表2-16　存货跌价准备净计提额占净利润的比重　　　单位：元

年度	存货跌价准备	净利润	存货跌价准备/净利润（%）
2010	3329018.78	5598026.69	59.47
2011	38461828.33	-567834760.59	-6.78
2012	48259446.63	-2216037309.43	-2.18
2013	1598092.22	21968062.85	7.27
2014	9293459.68	-1144224580.83	-0.81
2015	29135988.86	42556334.46	68.46
2016	42082418.78	-306989971.32	-13.71

表2-17　固定资产减值净计提额占净利润的比重　　　单位：元

年度	固定资产减值	净利润	固定资产减值/净利润（%）
2010	350390.88	5598026.69	6.26
2011	96106423.35	-567334760.59	-16.94
2012	232062222.43	-2216037309.43	-10.47
2013	3345514.79	21968062.85	15.23
2014	3269099.74	-1144224580.83	-28.57
2015	0	4255634.46	0.00
2016	2242016.35	-306989971.32	-0.73

表2-18　在建工程减值准备计提额占净利润的比重　　　单位：元

年度	在建工程减值准备	净利润	在建工程减值/净利润（%）
2010	0	5598026.69	0.00
2011	271361773.01	-567334760.59	-47.83
2012	1471609817.57	-22160377309.43	-66.41
2013	16449782.72	21968062.85	74.88
2014	301174899.77	-1144224580.83	-26.32
2015	0	42556334.46	0.00
2016	0	-306989971.32	0.00

表 2-19   坏账准备净计提额占净利润的比重   单位：元

年度	坏账准备计提额	净利润	坏账准备/比重（%）
2010	-9212171.37	5598026.69	-164.56
2011	837218.23	-567334760.59	-0.15
2012	572485.30	-2216037309.43	-0.03
2013	3037226.15	21968062.85	13.83
2014	242135.82	-1144224580.83	-0.02
2015	112038.45	42556334.46	0.26
2016	9331.25	-306989971.32	0.00

【案例分析参考与提示】

1. 由表 2-16 可见，由于在 2011 年和 2012 年计提的存货跌价准备数额较大，如果在正常计提减值准备的前提下，彩虹股份的存货减记至可变现净值，未来销售时按照账面价值结转营业成本，那么在 2013 年的销售毛利应该接近零。通过查看 2013 年彩虹股份的年报可以发现，彩虹股份的主营业务产品仍然是彩色显像管、OLED 和基板玻璃，没有发生产品的更新，同行业的彩管、玻璃基板等产品的市场价格在这一年没有大的波动，同时报表披露，彩色显像管要消化库存，彩虹股份的产品是具有持续性的，但是该年彩管的毛利率大幅增加是不合理的。同时，综合资产负债表和利润表发现，彩虹股份 2013 年初库存产品为 1238 万，年末的库存产品为 1266 万，本年的产品成本大约为 2010 万，也就是说，彩虹股份在 2013 年销售时先处置了上年减值的库存商品，上期存货所占比重在一半左右，但是在这种情况下，毛利率却突然从 -8.26% 变成 16%，这证明了彩虹股份存货跌价准备确实被高估，这种高估存货跌价准备的行为一方面掩饰了该年度公司利润的恶化状况，另一方面也为 2013 年减少资产减值准备的计提做了铺垫，从而使 2013 年得以扭转业绩，避免了退市。

由表 2-17 可以看出，固定资产减值准备的计提数额变化主要集中于 2011～2014 年，而这四年恰好也是彩虹股份经历被 ST 处理后成功摘帽的年份。在 2011 年，彩虹股份的计提额为 9600 万元，到了 2012 年，计提额高达 2.32 亿元，2012 年是彩虹股份盈利状况严重低迷的一年，根据公司的报表显示，在 2013 年彩虹股份存在 1000 多万元的固定资产的处置收益，那么其毛利率在 2013 年直线上升至 16.1% 显然也是不合理的，这种现象是因为 2012 年计提了过度的减值准备所致，彩虹股份在 2012 年选择了将亏损达到极致，过度计提了固定资产减值，目的是为 2013 年的业绩洗澡做好准备，而在经历了 2012 年固定资产巨额减值后，彩虹股份披露出的盈利状况确实明显好转，也得以成功摘帽。

如图 5 所示，在建工程的巨额减值也集中于 2011 ~ 2014 年，虽然彩虹股份在相应的年报中都给出了在建工程减值的依据，但通过对比数额还有净利润的变化额可以发现在建工程的减值是其进行过度盈余管理的重要手段之一。

从表 2 – 16 中可以看出，除了 2010 年和 2013 年的坏账准备计提金额较大外，其余年度的坏账准备所占比重很小，且趋于稳定的状态，对于 2013 年的坏账准备计提较为合理，在 2014 年的年报中显示彩虹股份本年实际核销坏账的金额为 61.5 万元，与 2013 年的计提额相差不大，但是 2010 年的巨额坏账还是令人怀疑。2010 年是彩虹股份转型后的第一年，在定增 35 亿元完成后，彩虹股份营业利润却始终亏损，对此，公司表示，外部借款偿还压力较大，持续经营能力存在重大不确定性，其解释也存在一定的合理性。从报表中看，2009 年的巨额坏账准备计提还是有合理理由，2009 年是彩虹股份的业绩低谷年，年报显示杭州金利普电器有限公司拖欠应收款项，因对方经营情况恶化，难以收回全额，计提坏账准备达 11.53 万元，但是，2010 年杭州金利普电器有限公司进行了债务重组，彩虹股份得以收回 80% 的货款，核销剩余债权债务，2010 年大额转回坏账准备极有可能是为了弥补 2009 年亏损而进行的盈余管理，因此，彩虹股份也存在利用坏账准备的计提进行过度盈余管理的嫌疑。

2. 防范企业利用资产减值进行盈余管理：

（1）继续规范资产减值准则。现有减值准则限制了长期资产减值的转回，但企业还可以利用流动资产减值来调节利润，粉饰报表。为此，可以对 ST 公司、亏损公司等类似情况具有较强盈余管理动机的企业，在计提资产减值和转回时，执行较严格的审批程序，抑制其在强烈动机下利用流动资产减值进行盈余管理。采用定量和定性相结合的办法，制定更为具体的操作要求，减少主观性。在信息披露时，不仅仅要披露期初、期末、本期计提和转回的减值金额，还要详细披露资产减值准备计提和转回的依据，内部审批说明以及当期计提和转回前后净利润的对比说明。

（2）完善内部控制制度和强化社会审计监督。利用资产减值操纵利润，与内部控制不完善或者失效不无关系。管理层在对资产减值做出判断，尤其是计提大额减值时，要详细说明资产组的划分、计提的必要性、计提依据和审批流程，董事会和监事会要发挥应有的作用，内部审计机构应出具意见说明。外部审计机构要客观公正，取得充分的审计证据，考虑被审计单位是否存在业绩承诺、是否是 ST 公司等，必要时可以利用专家的工作，取得专业机构出具的估值报告，以确定减值金额的合理性，是否存在不合理的减值转回情况。

（3）重视现金流量表的信息，增加非财务业绩指标，完善企业的经营业绩考核，体系现金是企业正常运转的"血液"，企业能够利用一些规则粉饰资产负债表和利润表，但不容易操纵现金流量表，信息使用者不仅仅要关注净利润指标，更要关注现金流量表的数据。经营活动产生的现金流量更能反映企业的运营质量。从长期来看，若经营活动产生的现金流量净额低于净利润，企业很可能粉饰了财务报表。除此之外，信息使用者还可以通过非财务指标，比如关键客户保持率、创新能力、产品和服务质量等作为有益补充，或者按照重要性分别给予上述指标一定的权重，将各指标和权重综合考虑，来完善企业的经营业绩考核体系，这也可以在一定程度上弱化企业进行盈余管理的可能。

（4）大力培育信息市场和价格市场。计提资产减值，需要从市场获得资产的公允价值、预计未来现金流量等有关数据，因而，充分有效的资产信息和价格信息是资产减值准则顺利实施的重要保障。

当前，我国资产交易市场发展缓慢，信息和价格市场不透明，不成熟，企业不容易获得公开有权威的资产公允价值和未来现金流量信息。虽然资产评估机构能够提供价值评估，但时间成本和经济成本都较高。因此，国家要大力鼓励和健全生产资料市场等各行业市场价格信息系统，使企业在计提资产减值时能够找到资产价格的各种信息资料，减少资产减值中的主观因素，压缩企业利用资产减值进行盈余管理的空间。

（5）提高财务人员的综合素质和职业判断力。在进行资产减值业务处理时，确定资产公允价值、未来现金流量信息、资产组的分类和对折现率的选择都具有一定主观性，需要大量客观资料，因而财务人员需要有较高的财务专业知识、熟悉计提减值资产和资产组的使用情况及市场价格信息和丰富的分析判断力，充分考虑管理层对资产的持续使用方式和处置方式，积极听取资产管理和使用部门的意见，形成书面结论，力求客观、公正做出职业判断。要注重业财融合，加强培训，提高财务人员的综合素质和职业判断力，从财务层面避免盈余管理行为发生。

案例十四

借款费用——A 股份有限公司

📖 教学目标

了解借款费用的概念、相关会计准则，熟悉借款费用资本化及费用化情况的确认时点以及会计处理。

📖 基本理论

专门借款是指为构建或生产符合资本化条件的资产而专门借入的款项。专门借款通常应当有明确的用途，即为构建或生产某项资本化条件的资产而专门借入的，并通常应当具有标明该用途的借款合同。一般借款是指除专门借款之外的借款，相对于专门借款而言，一般借款在借入时，其用途通常没有特指用于符合资本化条件的资产的构建或生产。

借款费用，是指企业因借款而发生的利息及其他相关成本。借款费用包括借款利息、折价或者溢价的摊销、辅助费用以及因外币借款而发生的汇兑差额等企业发生的借款费用，可直接归属于符合资本化条件的资产的购建或者生产的，应当予以资本化，计入相关资产成本；其他借款费用，应当在发生时根据其发生额确认为费用，计入当期损益。符合资本化条件的资产，是指需要经过相当长时间的购建或者生产活动才能达到预定可使用或者可销售状态的固定资产、投资性房地产和存货等资产。

借款费用同时满足下列条件的，才能开始资本化：①资产支出已经发生；②借款费用已经发生；③为使资产达到预定可使用或者可销售状态所必要的购建或者生产活动已经开始。

 教学组织手段

课前学生熟悉案例资料，补充及收集相关资料；课中学生分为几个案例小组，围绕案例思考题进行分析案例，讨论借款费用涉及的知识点，形成意见稿，推荐一名学生将其讨论的结果及分歧提出来大家分析。

 案例介绍

A 股份有限公司是中国半导体器件专业生产企业之一。公司集科、工、贸于一体，是由多个工厂、技术开发研究所、分公司、子公司、联营企业和中外合资（控股）公司组成的大型综合电子企业。

根据 2016 年度、2015 年度 A 股份有限公司年度报告数据，合并报表显示，公司这两年实现的营业收入分别为 2176956280.41 元、1674224256.00 元，而利润分别为 46232672.87 元、661843552.91 元。2016 营业收入比 2015 年同期增长 30.03%，而利润比 2015 年同期却下降 93.01%，具体见表 1。

结合 2014～2016 年 A 股份有限公司年度报告中利润表部分项目数据，发现近几年来合并报表中公司营业收入一直呈稳定上升状态，但财务费用和营业利润却显示异常，其中尤为异常的是，公司的财务费用自 2013 年开始大幅度增长，导致营业利润出现非常大的负增长。

表 2-20 2014～2016 年度 A 股份有限公司利润表 单位：元

项目	2014 年度	2015 年度	2016 年度
营业收入	1257394232.00	1674224256.00	2176956280.41
营业成本	46895273.83	53290366.45	66741825.99
财务费用	65760895.58	69560763.07	213617622.00
营业利润	773645812.35	661843552.91	46232672.87

A 股份有限公司一共有四笔借款费用，其中在 2012 年 9 月 11 日，A 公司与中国建设银行股份有限公司福州分行、中国农业银行股份有限公司厦门分行等 7 家金融机构签署银团贷款合同，由银团成员向 A 股份有限公司提供最高不超过

23 亿元的项目建设贷款和 3 亿元的流动资金贷款。截至 2016 年报告期末，A 股份有限公司已累计提取项目建设贷款本金 226603.21 万元，已累计归还项目建设贷款本金 170000.00 万元。

A 股份有限公司因为基本建设和项目建设需要，分别于 2014 年 11 月 20 日，2015 年 10 月 20 日，2016 年 4 月 23 日累计提取贷款本金 6500 万元、60000 万元、18000 万元。那么，为什么公司的财务费用在 2015 年、2016 年会出现这么大的增长动态呢？

A 股份有限公司 2016 年度的财务费用主要由利息支出、利息收入、汇兑净损失和其他构成，具体金额见表 2 - 21。

表 2 - 21　2016 年度 A 股份有限公司财务费用构成表　　　　单位：元

项目	本期发生额	上期发生额
利息支出	17257394232.00	674224256.00
利息收入	42821347.83	57460376.66
汇兑净损失	27372292.23	812940.46
其他	1548123.97	1593350.21

2016 年董事会报告解释，报告期内，实现销售收入 21.80 亿元、净利润 4600 万元和归属于上市公司股东的净利润 14.62 亿元，与 2015 年同期相比，销售收入增长了 22.71%，净利润增长了 46.62% 和归属于上市公司股东的净利润增长了 41.15%（包含了确认参股 B 公司汇兑亏损和转入可供出售金融资产确认亏损 0.75 亿元），其中非公开发行股份募集资金项目之一 "LED 产业化项目" 基础建设已实施完毕，购置的 50 台（折算成 2 英寸 54 片机，相当于 100 台）MOCVD 设备已经到达 7 台，且已完成安装调试，后期将会逐步释放产能，贡献效益。由于公司在前两年新建项目已完工并投入使用，发生的四笔借款费用予以费用化，所以导致本期费用增加，利润减少。

但是经过 C 会计师事务所的审计人员调查发现，新建项目并没有投入使用，仍在在建过程中，因此这四笔借款仍需资本化而不应费用化。

【案例思考题】

1. 借款费用资本化与费用化将如何影响该公司的利润？

2. 如何界定借款费用的资本化与费用化？

3. 借款费用资本化的会计后果是什么？其与财务后果有什么不同之处？

【案例分析参考与提示】

1. 借款费用的资本化与费用化将对公司利润产生很大的影响，若公司将本应费用化的借款费用资本化计入在建工程，那么就会减少本期费用，从而使利润激增；相反，若公司将本应资本化的借款费用化，则会使本期费用增加，利润减少，从而可以逃避税款等。因此，对借款费用进行资本化与费用化的区分是十分重要的。由于借款费用数目庞大，公司常常利用借款费用的资本化与费用化来调节公司的利润，借款费用因此成为许多公司调节利润的"蓄水池"。

2. 一般来说，借款费用的金额都十分巨大，可以对本期利润造成巨大影响。因此，借款费用资本化与费用化的界定就十分重要，恰当地按借款费用的用途等对借款费用进行资本化与费用化的划分可以避免利润出现"过山车"的现象。一般情况下，借款费用允许资本化必须满足以下三个条件：第一，资产支出已经发生，资产支出包括为购建或者生产符合资本化条件的资产而以支付现金、转移非现金资产或者承担带息债务形式发生的支出；第二，借款费用已经发生；第三，为使资产达到预定可使用或可销售状态所必要的构建或生产活动已经开始。除了根据以上条件来判断之外，还要根据公司的具体情况来判断。二安光电股份有限公司的上述三笔借款费用因在建工程没完工也没达到预定可使用或可销售状态，因此不能将借款费用化，而应将其借款费用资本化。

3. 资本化的效应：

（1）资本化的会计效应。资本化可以使得筹建期较长，且通常需要企业巨额融资的资产在可投入使用或出售前不会因为其巨额费用而给企业带来经营上的巨大压力，避免给外界造成盈利少的错误印象，使公司有积极性去对外投资。

（2）资本化的财务效应。巨额的费用在资本化之后会大大降低节税效应，利润越高，税费也越高。财务费用的增多有利于企业减少应纳税费，但资本化使财务费用减少而不利于公司节税，即抵税效果大大减小。

案例十五

利润分配——A 公司的利润分享计划

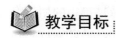 **教学目标**

了解利润分享计划的适用对象、利润分配的三个维度、利润分享的形式、利润分享计划方案的设计及其适用性、利润分享计划与利润分配方案的比较。

基本理论

利润分享计划，是指因职工提供服务而与职工达成的基于利润或其他经营成果提供薪酬的协议。按照时间长短划分，将小于 12 个月的归为短期薪酬，超过 12 个月的归为长期职工福利。企业核算时应当将利润分享和奖金计划作为成本费用处理，不能作为净利润的分配。利润分享计划同时满足下列条件的，企业应当确认相关的应付职工薪酬：

（1）企业因过去事项导致现在具有支付职工薪酬的法定义务或推定义务。

（2）因利润分享计划所产生的应付职工薪酬义务金额能够可靠估计。属于下列三种情形之一的，视为义务金额能够可靠估计：①在财务报告批准报出之前企业已确定应支付的薪酬金额。②该短期利润分享计划的正式条款中包括确定薪酬金额的方式。③过去的惯例为企业确定推定义务金额提供了明显证据。

职工只有在企业工作一段特定期间才能分享利润的，企业在计量利润分享计划产生的应付职工薪酬时，应当反映职工因离职而无法享受利润分享计划福利的可能性。如果企业在职工为其提供相关服务的年度报告期间结束后十三个月内，不需要全部支付利润分享计划产生的应付职工薪酬，该利润分享计划应当适用本准则其他长期职工福利的有关规定。

课前学生熟悉案例资料，补充及收集相关资料；课中学生分为几个案例小组，围绕案例思考题进行分析案例，讨论利润分配涉及的知识点及会计处理，并让学生进行发散性思维，讨论一下还有哪些相关的利润分配方式，形成意见稿，推荐一名学生将其讨论的结果及分歧提出来大家分析。

案例介绍

职工薪酬是企业会计核算的重要内容之一，在当今社会越来越强调"以人为本"的背景下，劳动者的个人权益越来越受到社会关注。利润分享制这一概念由威茨曼首先提出，其核心思想是将员工的薪酬与企业利润联系起来，让员工参与到企业的经营管理和利润分配中去，既增强了员工对企业的归属感，又充分调动了员工的积极性，实现公司效益最大化。现如今，利润分享制在国外已经得到广泛普及，已经成为企业的有效激励手段之一，在美国、英国、日本等发达国家有了一定的历史，且收效显著。在我国，随着员工知识水平的提高、经济的发展变化，也会使得实施利润分享制的一些障碍减弱、条件成熟，逐渐推广开来。在此，我们以三家公司作为案例分析对象，阐述利润分享计划的相关问题。

（一）A公司利润分享计划

1. 背景介绍

A公司是一家美国的世界性连锁企业，属于家族控股企业。A公司主要涉足零售业，是世界500强企业。零售巨头A公司之所以能够取得成功，和它的员工有很大关系。公司一贯坚持客户至上的原则，让顾客感受到宾至如归的周到服务。满意的服务所带来的高回头率自然也给公司带来高利润率，显然A公司抓住了客户的心。优质的服务也需要激励来保证，A公司推出的利润分享计划使员工以管理层对待他们的方式来对待顾客，这样顾客越多，利润越多，分红越多，如此循环，员工和公司实现了双赢。

2. A 公司的具体利润分享计划

（1）分享对象。凡加入公司 1 年以上、每年工时数不低于 1000 小时的所有员工。

（2）总利润分配（固定比例法）。总体来看，公司每年提留的金额大约是工薪总额的 6%。

（3）个人利润分配（综合法）。公司根据利润情况和员工工资数的一定百分比提留。

（4）发放方式（延期支付）。当员工离开公司或退休时，可以提取这些提留，提取方式可选择现金，也可选择公司股票。

3. 实施效果

1980 年，用于该计划的金额是 17. 2 万美元，共 128 人获益。随着公司销售额和利润的增长，所有员工的红利也在增加。员工为公司发展努力，也因此获益。由于计划中的提留基金主要部分被投在了公司的股票上，而 A 公司股票 20 年里随公司业绩的成长不断飘升，这使许多在 A 公司长期工作的员工退休后拥有一笔可观的财产。一位在 A 公司工作了 20 年的货车司机说，他 1980 年进公司时，参加了公司的补习班。公司在培训时对他们说："如果你们在公司持续工作 20 年以上，你们将能领到 10 万美元以上的利润分红。"这位司机当时根本不相信，因为他刚从一家工作了 13 年的运输公司辞职，只拿到 700 美元。如今 20 年过去了，他的利润分享金不是 10 万美元，而是 70. 7 万美元。

（二）B 公司利润分享计划

1. 公司简介

B 公司是汽车制造企业之一，建立了世界上第一条汽车生产流水线，改变了原来手工生产汽车的格局，大大缩短了汽车装配时间，由于流水线生产的进一步应用，汽车的生产速度快速增加，伴随着汽车的大批量生产，汽车价格急剧下降，但销量大幅上升，利润增加。然而，随着财富和产能的大幅度提高，B 公司却面临着用工难的问题：在工人劳动强度增大和工资水平未改善的情况下，企业内部员工流动频繁，员工的旷工率达到 12%，而一些熟练工人的流失使生产效率变得低下。培训新工人带来的高昂成本也是一个很大的问题。流水线生产的推广和发展使汽车的生产速度超过了销售速度，大量的汽车积压，无形中也增加了库存成本。为了解决这些问题，B公司提出了利润分享计划。

2. 利润分享制的具体实施

B公司的利润分享制主要包括两个方面的激励：一是对员工的激励，二是对顾客的激励。

（1）员工激励。1921年，B公司在考虑了员工和公司共同利益的情况下宣布：一是将公司工人的工资提高近100%，将员工的工资提高到每天5美元，为每位员工提供利润分成。二是将原来的每天工作9小时降低到8小时。三是将原来的两班倒变成三班倒。B公司公开招聘新员工来弥补缩短工时所带来的工人不足。按照当时的工资标准计算，B公司的新工资标准是其他汽车公司的2倍。同时，公司对5美元日薪有严格限制，公司规定在公司至少工作6个月的三类人能够得到最低5美元的日薪：其一，已婚男士，和家人生活在一起，并且需要能够好好照顾家人的；其二，低于22岁的男青年和有至亲需要赡养的妇女；其三，单身但是生活节俭的22岁及以上的男性。这个规定限制了许多人拥有高薪的机会，但是，随着"5美元日薪"的消息被广泛传播，很多求职者慕名而来。此外，B公司还宣称，"5美元日薪"有1年的试验期，如果达不到预期收益，公司将取消5美元日薪的工资制度，工资将回到原来水平。此举极大提高了员工的工作积极性，使原本在B工作的老员工更加忠诚于自己的公司，每一个B公司员工都以在B公司工作为荣。

（2）顾客激励。1921年7月，B公司宣布：如果公司在未来的一年之内，能够达到预定的销售目标，那么每个购车的顾客都可以得到50美元的回报，这相当于利润的10%。如此一来，汽车购买量大大增加，而B公司的"5美元日薪"使B公司工人的购买力增强，也加入了新的购车一族。这实际上也为B企业的汽车销售开辟了一个新的市场。

3. 实施效果

利润分享制实施后，B公司的旷工率明显降低，工人工作积极性提高，市场份额增加，利润上涨。

（三）C公司利润分享计划的设想

C公司是中国通信设备供应商，智能手机供应厂商，同时也是信息与通信解决方案供应商。在企业网络、电信网络、消费者和云计算等领域构筑了端到端的解决方案优势，致力于为电信运营商、企业和消费者提供有竞争力的解决方案和服务。C公司设计薪酬时将企业的远景战略和企业文化植入其中，充分考虑企业的竞争力和员工的成就感。C公司员工薪酬的基本组成为基本工资＋奖金＋补助＋加班费＋福利＋股票期权。C公司的奖金通常针对工作满1年的员工，有30000元、20000元、10000元三个档次。补助分为出差补助和常驻补助。令很多人向往的是股票期权，入职满1年后，拥有C公司的内部职工股，股票按照每股一元向公司购买，不得转让，离职时必须卖给公司。2015年6月，C公司CEO在C公司激励导向和激励原则汇报会上发表讲话。C公司要落实"获取分享制"，管理好员工的薪酬分配结构，让人人都能分享到公司成长的收益。以下截取部分讲话内容："……我们已初步确定了员工的激励结构分配系数，这个比例可以继续摸索下去，这就是两个大包的分享机制。具体到每个人的纵向分享机制，可以再进一步研究。这样，让拉车的人比坐车的人拿得多，以'获取分享制'的价值分配理念驱动公司长期健康发展。同时还要区分时间段，拉车人在拉车时比不拉车的时候要拿得多。比如，中国远洋船，船员上岗津贴税后5万多元，下来待岗休息时的基本工资只有1800元。员工中凡是有从事第二职业、赌博行为的，道德遵从委员会一旦发现，就可以直接辞退、清退……"

【案例思考题】

1. 企业对利润分享计划应如何进行会计处理？

2. 利润分配须把握哪三个维度？

3. 怎样设计利润分享计划？

4. 实施利润分享计划应注意哪些问题？

5. 利润分配方案与利润分享计划有什么区别？

【案例分析参考与提示】

1. 利润分享计划，是指因职工提供服务而与职工达成的基于利润或其他经营成果提供薪酬的协议，企业核算时应当将利润分享和奖金计划作为成本费用处理，不能作为净利润的分配。

借：管理费用或生产成本等

贷：应付职工薪酬——利润分享计划

目前广泛使用的基本利润分享制有两种：第一种是现金现付制，通常是每季度或每年发一次现金奖励；第二种是递延制，将对员工的奖励存在其各自的账户中，作为他们退休后的收入。

2. 对于利润的分配，通常需要把握三个维度，即总利润分配、个人利润分配以及利润的发放。

总利润分配包括固定比例法、分段比例法和获利界限法。个人利润分配包括岗位贡献法、个人贡献法、综合法。利润的发放有现金发放和延期发放。

3. 企业的利润分享计划可以根据企业的生命周期来选择合适的方案。以 A 公司为例，从员工角度来说，采用延期支付的发放方式，对员工起到长期激励作用，但从短期来看，员工更关注的是自身温饱问题，注重的是短期利益是否得到满足。但从企业角度来说，成熟期的企业利润的增加和股票价值的升值并不取决于员工的努力，而且成熟期的企业股票升值潜力小，这并不会为员工带来太多利益。显然对于现在的 A 公司，利润分享计划已不适用，根据最新报道，A 公司欲结束利润分享计划，以刺激公司利润的增长。A 公司的员工利润自动分享渠道已经开设长达 44 年之久。A 公司认为，这个渠道的现金流计划过早地被员工分享了。针对企业背景和不同发展阶段的需求，有效实施利润分享计划。首先，确定可分配利润总额和分配对象；其次，确定激励对象的绩效评估体系，选择合适的分享方式和分享方案，实施方案并进行评估。

4. 利润分享计划在国内还没有受到足够重视，具体实施起来要考虑多种问题，为此本案例提出以下几点建议：

第一，利润分享计划要向核心员工倾斜。企业的核心竞争力体现在核心人才上，激励在体现团队精神的基础上应有轻重之分，激励要突出"四个倾斜"：一是向高技术关键岗位倾斜，二是向高级科技人才倾斜，三是向高级管理岗位倾斜，四是向高级销售人才倾斜。

第二，建立合理的考核制度。人才是企业的重要战略性资源，建立合理公正的绩效考核制是保证利润分享计划顺利实施的关键。以员工贡献大小作为利润分享计划的分配依据，因此对员工价值的评估、考核是否公正合理，直接影响到了利润分享计划的"公平"性，影响到员工的满意度。此外，考核制度要依据员工的特征、工作性质制定。如知识型员工应以目标管理作为主要考核方法，以应对其工作过程不确定，自主性较强的工作性质。

第三，将企业的实际经营状况传递给员工。在不泄露公司机密的前提下，可以让员工了解企业的实际经营状况，使员工真正了解公司的真实经营情况，从而提升其对公司的责任感，努力提高业绩，实现双赢。利润分配与利润分享虽然只差一个字，意思却相差很大。利润分配是指将企业实现的净利润，按照国家财务制度规定的分配形式和分配顺序，在企业和投资者之间进行的分配。而利润分享计划是指员工根据其工作绩效而获得一部分公司利润的组织整体激励计划，是由企业建立并提供资金支持，让其员工或受益者参与利润分配的计划。比较两者定义，我们不难发现两者的区别：首先，从对象来看，利润分配的对象是投资者和企业，利润分享的对象是公司雇员。其次，从本质来看，利润分配方案的本质是对企业缴纳所得税后的净利润的分配，是在弥补亏损和提取法定盈余公积之后向股东分配利润；利润分享计划的本质是对企业税后利润的一种内部再分配，是对工资和奖金的一种补充形式，是另一种方式的薪酬分配。最后，从会计确认来看，利润分配方案应设置"利润分配"科目，并分别设置"提取法定盈余公积""提取任意盈余公积""应付现金股利""盈余公积补亏"和"未分配利润"等明细科目进行核算。在提取盈余公积和分配股利或利润时，通过该科目进行会计处理。而利润分享计划应将利润分享和奖金计划作为成本费用处理，同时确认相关的应付职工薪酬。

5. 利润分配方案与利润分享计划不属于同一个概念。利润分配方案是指企业将企业在生产经营过程中获得的利润总额应当按照国家规定作相应的调整，然后按照税法缴纳所得税。企业缴纳所得税后的利润一般按照下列顺序进行分配：

（1）被没收的财产损失，支付各项税收的滞纳金和罚款。

（2）弥补企业以前的年度亏损。《企业财务通则》规定，企业发生的年度亏损，可以用下一年度的税前利润等弥补；下一年度利润不足弥补的，可以在5年内延续弥补；5年内不足弥补的，可以用企业的税后利润等弥补。

（3）提取法定盈余公积金。可以按企业税后利润扣除前两项后的10‰提取，盈余公积金已达到注册资金50%时可不再提取。法定公积金可以用于弥补亏损，也可以用于转增资本金等，但转增资本金后，企业法定盈余公积金一般不得低于注册资金的25%。

（4）提取公益金。这主要用于企业职工的集体福利设施支出。

（5）向投资者分配利润。企业以前年度的未分配利润，可以并入本年度向投资者分配。如果企业是股份有限公司，在提取公益金以后，可以按照下列顺序分配利润。由此可见利润分配方案考虑了所有者对利润的要求权。

利润分享计划是指员工根据其工作绩效而获得一部分公司利润的组织整体激励计划，是由企业建立并提供资金支持，让其员工或受益者参与利润分配的计划，着重点在于员工对利润的分享，属于一种激励方式。

案例十六

递延所得税——乐视网

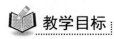

教学目标

熟悉理解递延所得税的基本原理和核算原则。

基本理论

暂时性差异的含义。暂时性差异是指资产或负债的账面价值与其计税基础之间的差额：未作为资产和负债确认的项目，按照税法规定，可以确定其计税基础的该计税基础与其账面价值之间的差额也属于暂时性差异。

暂时性差异的分类。按照暂时性差异对未来期间应税金额的影响，其分为应纳税暂时性差异和可抵扣暂时性差异。应纳税暂时性差异，是指在确定未来收回资产或清偿负债期间的应纳税所得额时，将导致产生应税金额的暂时性差异。可抵扣暂时性差异，是指在确定未来收回资产或清偿负债期间的应纳税所得额时，将导致产生可抵扣金额的暂时性差异。

递延所得税的确认。企业应当将当期和以前期间应交未交的所得税确认为负债，将已支付的所得税超过应支付的部分确认为资产。存在应纳税暂时性差异或可抵扣暂时性差异的，应当按照规定确认由此产生的递延所得税负债或递延所得税资产。

所得税费用的计算：

税后净利润 = 利润总额 − 所得税费用 = 利润总额 − 当期所得税费用 − 递延所得税费用

本期所得税费用＝本期应交所得税费用＋本期递延所得税费用＝本期应交所得税费用＋（期末递延所得税负债－期初递延所得税负债）－（期末递延所得税资产－期初递延所得税资产）

教学组织手段

课前学生熟悉案例资料，补充及收集相关资料，采取你问我答对垒式形式，复习递延所得税的相关理论知识，再组织学生对案例进行分析，分析乐视网在递延所得税上是怎样运用的。

案例介绍

乐视网近年来财务情况也备受质疑，经营状况更是深陷沼泽。通过查阅巨潮资讯网发布的年报中发现，继乐视网2016年被审计机构出具了"带强调事项段"的审计报告，引发业界强烈关注后，去年贾跃亭远走海外，乐视网2017年的年度报告报再被审计机构出具了"无法表示意见"审计结果。如若乐视网两次被出具"无法表示意见"的审计结果，其将会面临被退市的风险。从中可看出乐视网财务状况不容乐观。然而，其财务状况的下滑并非突然出现，通过分析2014～2017年的年度报告可以发现其早已露出端倪。下面通过分析乐视网2014～2017年的经营情况、递延所得税资产确认情况，分析其如何利用递延所得税操纵利润。相关数据如表2－22所示。

表 2 – 22　乐视网 2014～2017 年的经营情况、递延所得税资产情况

单位：亿元

年份	2017	2016	2015	2014
营业利润	– 174.1	– 3.73	0.70	0.48
利润总额	– 174.6	– 3.29	0.74	0.73
减：所得税费用	7.226	– 1.07	– 1.43	– 0.56
递延所得税资产	0.53	7.63	5.07	1.96
净利润	– 181.8	– 2.22	2.17	1.29
归属于所有者母公司净利润	– 138.8	5.55	5.73	3.64

数据来源：巨潮资讯网。

据年报数据显示，乐视网在 2015 年可抵扣亏损确认了将近 5.07 亿元的递延所得税资产，期末余额较 2014 年末增长 159%；在 2016 年时，又确认了递延所得税资产将近 7.63 亿元，原因是企业可抵扣亏损增加，与 2015 年相比，年末余额大约增长了 50.49%；2017 年确认了约 0.53 亿元的递延所得税资产，比 2016 年末减少了 92.77%。企业在确认了递延所得税资产的同时，在每年年末也相应地冲减了企业的所得税费用。然而递延所得税资产的确认与转回是建立在未来期间子公司能够产生足够应纳税所得额的假设基础上的。通过相关数据及以上分析可以看到，乐视网将绝大多数的可抵扣亏损都确认了递延所得税资产。但是从其当前的经营状况以及后期的成长发展上看，乐视网对其递延所得税资产确认及处理的合理性有待考究。

根据准则规定可知，递延所得税资产的确认为：企业在资产负债表日，分析和比较资产的账面价值以及其计税基础，用可抵扣的暂时性差异乘上企业所得税税率进而得到递延所得税资产账户上应有的余额，用该账户上应有的余额减去原账面上的余额就可以得出当期产生或转回的递延所得税资产，同时企业应当根据计算结果确认相应的递延所得税费用。

由此得知，企业对很可能取得可扣暂时性差异，确认相应的递延所得税资产的会计处理的确是符合准则规定的。然而乐视网对可抵扣亏损的递延所得税资产的处理是否符合准则的要求，还需要站在当时的角度分析乐视网未来的经营状况和盈利能力。只有当乐视网能提供足够的证据证明其在未来的期间内很有可能获得足够的收益，取得足够多的应纳税所得额时，它所确认的巨额递延所得税资产的会计处理才可以判断是合理的。

据历史报道显示，乐视网在 2015 年被卷入欠款的风波，一时间引发了财经界的广泛关注，其财务状况的恶化在其财务报告中也有明显的体现，综合其经经营发展和财务报告的分析，可以发现乐视网经营存在以下问题：

（一）资金周转困难

通过观察乐视网的运营情况和发展历程可以发现，乐视网自 2010 年上市开始，其在云视频、超级电视、影视文化以及造车等业务板块投入了大量资金，公司生产经营业务飞速扩张。因此资金的急剧短缺是乐视网急需解决的严峻问题。据报表数据计算可得，乐视网 2014 ～ 2017 年流动比率分别为：0.81、1.22、1.35、1.12，而行业平均水平分别为：1.48、1.56、6.74、3.52。从中可以看出，企业历年来流动比率均在行业水平之下，短期偿债能力较差，资金周转情况不佳。2014 年，乐视网分销人气大剧《芈月传》，也从侧面揭示了乐视网在当时资金严重短缺的窘境。虽然 2015 年依托股东的无息借款以及发行的两次私募债使资金窘境稍有缓解，但由于 2016 年于其仍处于高速扩张的状态，资金的短缺状态并未能扭转。观测其发展资产不断扩张的方式，可以看到，乐视网明显已经从轻资产的网络公司演变成了实际意义上的"重资产"网络公司，企业资产负债率在 2012～2015 年，从 56% 增长到了 78%，持续走高负债率，反映出了公司较高的财务风险，在其资金缺口日益增大的期间，很难找到足够充足的证据证明乐视网在未来期间有能力产生足够的应纳税所得额来抵扣其所确认的递延所得税资产。

（二）合并利润质量存疑

根据对合并报表的合并利润表的分析可以发现，企业在合并报表时，以集团母子公司的个别报表为基础，调整抵销集团内部企业间的交易后，分别将整个集团资产、负债、收入以及费用合并起来。而归属于母公司所有者的权益和净利润则是按照母公司的持股比例进行分配。因此，乐视网将子公司可抵扣亏损所形成的递延所得税资产和相应的所得税费用全额计入了合并报表中。然而合并报表中归属于母公司所有者的净亏损只是依照母公司的持股比例计算了其应当承担的部分亏损额。由此，乐视网通过把母公司的亏损转移到了集团的非全资子公司中，母公司只需要承担持股比例的部分亏损，剩余的部分自然而然地转移到了少数股东的身上，从而形成利益的输送，弥补了母公司的巨额亏损，归属于母公司的净利润大幅增加，进而粉饰了利润。

（三）盈利能力较差

近 4 年乐视网的相关财务数据如表 2－23 所示。

从表 2－23 中可以看出，乐视网的销售毛利率 2014～2016 年均稳定在 15% 左右，2017 年大幅下跌至 -8.61%，多年来均低于行业水平，说明乐视网在行业中盈利水平一般。在 2014～2017 年，净利润率逐年下降，且明显低于整个行业净利润的平均水平，从而可以看出企业净利润占营业收入的比重低，企业通过扩大销售获取报酬的能力弱。与企业的净利润发展趋势相似，企业的总资产收益率也在逐年下降，且均在行业水平以下，进而反映了乐视网的竞争实力和发展能力弱，盈利能力低下。

表 2-23　乐视网的相关财务数据

	2014 年		2015 年		2016 年		2017 年	
	乐视网	行业	乐视网	行业	乐视网	行业	乐视网	行业
毛利率（％）	14.53	33.28	14.63	33.5	15.64	42.47	-8.61	42.22
净利率（％）	1.89	13.70	1.67	11.2	0.58	-151.45	-77.82	8.94
总资产收益率（％）	3.47	5.38	3.28	4.8	1.3	2.6	-66.18	4.05

数据来源：巨潮资讯网。

【案例思考题】

1. 递延所得税资产、递延所得税负债与暂时性差异有何关系？

2. 根据本案例中提供的资料，乐视网对可抵扣亏损的递延所得税资产的处理是否符合准则的要求？

3. 结合本案例，说说企业确认递延所得税资产时存在的问题。

4. 试分析递延所得税资产的确认、计量与上市公司盈余管理有何关系。

5. 试探讨如何提高递延所得税资产会计信息的质量。

【案例分析参考与提示】

1. 暂时性差异是指资产或负债的账面价值与其计税基础之间的差额，分为可抵扣暂时性差异和应纳税暂时性差异。

可抵扣暂时性差异是指在确定未来收回资产或清偿负债期间的应纳税所得额时，将导致产生可抵扣金额的暂时性差异。它产生于资产账面价值小于计税基础，或负债账面价值大于计税基础。

应纳税暂时性差异是指在确定未来收回资产或清偿负债期间的应纳税所得额时，将导致产生应税金额的暂时性差异。它产生于资产账面价值大于计税基础或负债账面价值小于计税基础。

可抵扣暂时性差异和应纳税暂时性差异分别乘以未来适用税率便得到了递延所得税资产和递延所得税负债。

2. 通过案例资料分析判断，乐视网经营状况不佳，企业大量举债，且债务成本高昂，日常经营存在较大的财务风险。在深陷资金困境时依旧快速扩张，很有可能导致进一步增加企业的经营风险，很难判断未来能否顺利走出困境。虽然乐视网每年的营业收入有增长的趋势，但分析其利润构成可以看到，其利润的质量是值得怀疑的。同时，乐视网每年的盈利状况均处于行业平均水平以下，盈利能力较差。在财务处理的过程中，企业确认递延所得税资产是建立在企业未来期间有较好的盈利能力，能够在未来期间产生足够多的所得税费用的基础上的。然而，纵观其近年的年度报告，每年确认递延所得税资产时，都没有提供确凿的证据来证明企业有足够的盈利能力，能够在未来期间产生足够的应纳税所得额来抵扣其所确认的递延所得税资产，难免令人怀疑公司存在过度利用准则赋予的职业判断来操纵利润的嫌疑。

根据递延所得税资产的一般财务处理过程可以知道，企业在确认递延所得税资产时的会计分录为：借记递延所得税资产，贷记所得税费用——递延所得税费用。若贷记的所得税费用大于当期应当缴纳的所得税费用，那么利润表上的所得税费用就呈现为一个负的数值。由于净利润等于利润总额减去所得税费用，当企业的所得税费用为负时，净利润相当于是利润总额加上一个递延所得税资产，如同乐视网上述数据显示，当确认的递延所得税越大，企业净利润就远大于企业当年的利润总额，进而达到粉饰利润的目的。

3. 准则规定，如果企业在未来期间很可能无法获得足够的应纳税所得额用以抵扣递延所得税资产的利益，应当减记递延所得税资产的账面价值。在很可能获得足够的应纳税所得额时，减记的金额应当转回。

但是准则中所指的很有可能，很难有合理可靠的评价标准，这就使得递延所得税资产的确认及转回存在非常大的主观性，很有可能成为企业过分利用职业判断，通过过度确认递延所得税资产，作为企业进行操纵利润的手段，从而使得报表朝着管理当局期望的方向平滑。

虽然准则明确规定，企业应当在有确凿证据证明企业在未来期间很可能获得足够多的应纳税所得额用来抵扣可抵扣暂时性差异时，才可以确认以前期间尚未确认的递延所得税资产，但很多企业在披露相关报表信息时，对其递延所得税资产确认和转回的报表披露表述不清，信息不对称，且没有提供充足证据证明其对递延所得税资产的会计处理的合理性。

4. 对递延所得税资产的确认与计量意味着所得税费用的减少和净利润的增加，这便让上市公司有了利用递延所得税资产进行盈余管理的动机，同时企业会计准则的制定也为这种盈余管理提供了可能性。其主要体现在以下两个方面：

一方面，递延所得税资产确认时的利润操纵。首先，企业会计准则对递延所得税资产的确认并没有提出非常明确的要求，企业的确认依据是未来期间很可能取得用来抵扣可抵扣暂时性差异的应纳税所得额，这就需要管理层对未来的应纳税所得额进行估计，而这种估计无疑给管理者很大的主观性，为上市公司滥用对未来可供抵扣的应纳税所得额的估计，进而操纵利润提供了可能性。其次，会计准则还规定，有确凿证据表明未来期间很可能获得足够的应纳税所得额用来抵扣可抵扣暂时性差异的，应当确认以前期间未确认的递延所得税资产，上市公司可以利用该条规定有意识地调节各年度的利润。

另一方面，递延所得税资产减值及其转回过程中的利润操纵。现行会计准则规定，在资产负债表日，企业应当对递延所得税资产的账面价值进行复核：如果未来期间很可能无法获得足够的应纳税所得额用以抵扣递延所得税资产的利益，应当减计递延所得税资产的账面价值；而在很可能获得足够的应纳税所得额时，减计的金额应当转回。然而，对未来期间应纳税所得额的估计在很大程度上依赖于会计人员的职业判断，且极容易受管理当局意图的影响，其结果主观性很强，无论是对递延所得税资产减值还是转回，其幅度都没有衡量标准或规范要求，很有可能成为上市公司平衡各年利润、营造目标业绩、完成保牌指标的手段。

5. 提高递延所得税资产会计信息的质量可以从以下几方面着手：

首先，提高企业会计人员和外部审计人员的职业判断能力。对递延所得税资产的确认与计量需要以未来期间可能取得的应纳税所得额为依据，较强的职业判断能力是做出合理估计的保障，会计和审计人员只有不断提升自身的业务能力，才能最终提高企业递延所得税资产的信息质量。

其次，制定切实可行的量化标准确认递延所得税资产的限额。现行的会计准则更多是以描述性语言规定递延所得税资产的计量依据，如果能对企业未来生产经营实现的应纳税所得额的预测值采用量化标准进行规范，将有助于降低上市公司对递延所得税资产限额估计的随意性，限制其利用递延所得税资产进行盈余管理的可操作性。

最后，加强对确认递延所得税资产合理性的监督。企业在判断递延所得税资产实现的可能性时，往往具有不确定性，这其中有预测性误差、不可抗力因素等原因，但也不排除是企业的刻意主观行为。有关部门应加强对各企业，尤其是上市公司确认递延所得税资产合理性的监督，对利润操纵行为、主观恶意披露行为进行处理。

案例十七

所有者权益——格林柯尔

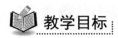 **教学目标**

了解所有者权益的相关概念，实收资本和资本公积的区别等。

基本理论

所有者权益是所有者在企业资产中享有的经济利益，其来源包括所有者投入资本和留存收益。所有者投入资本又分为实收资本（或股本）和资本公积。在有限责任公司中，投资者依其出资份额对企业经营决策享有表决权，依其所认缴的出资额对企业承担有限责任。而在某些情况下，例如，由于加入时间先后不同、出资方式不同等原因，投资者的实际出资额并不等于其在注册资本中所占有的份额。为了明确反映投资者的实际出资额及其所享有的权利和义务，我国会计制度规定将投资者享有的注册资本份额作为实收资本，实际出资额大于享有的注册资本份额的差额作为资本溢价，计入资本公积。

股份有限公司通过发行股票筹集资本，股东以其所持股份享有表决权。为了更明晰地反映企业股本总额及各股东的持股比例等信息，我国会计制度规定，按发行股份总数与股票面值的乘积计入股本。在采用溢价发行股票的情况下，实际发行收入（扣除发行费用后）超过面值的部分作为股本溢价计入资本公积。

实收资本（或股本）与资本公积虽然都属于投入资本范畴，但两者又有所区别。法律或公司章程对实收资本（或股本）的来源和变动有着严格的限制。

例如，为了保护债权人利益，许多国家的法律都规定，不得通过发放股利或向股东回购股票而使所有者权益总额低于法定资本或注册资本，而法规制度对资本公积的限制就较为宽松。在我国，其来源除了投入资本以外，还有股权投资准备、债务重组收益等渠道。资本公积的用途也较为灵活，主要包括转增资本（或股本）和弥补亏损。

投资者可以货币资金出资，也可以固定资产、材料、库存商品等实物资产及专利权、土地使用权等无形资产出资。《中华人民共和国公司法》（以下简称《公司法》）规定，作为出资的实物资产及无形资产，必须进行资产评估，不得高估或低估资产价值。而我国现行会计制度又规定，企业接受投资者投入的实物资产及无形资产，按投资各方确认的资产价值入账，投资各方确认的资产价值与其在注册资本中所享有的份额之间的差额计入资本公积。由于我国目前资产评估市场还不够规范，以上规定就使某些投资方在公司注册中利用资产评估虚增资产价值、进行资本包装有了可乘之机。

教学组织手段

课前学生熟悉案例资料，补充及收集相关资料，收集案例公司在所有者权益上的数据，复习所有者权益的相关理论知识，教师设计连连看游戏令学生熟悉相关的原理，再组织学生对案例进行分析，分析案例中公司在所有者权益上涉及的问题及处理方式。

案例介绍

2000 年，顾雏军投资的格林柯尔在中国香港创业板上市，一举融资 5.5 亿港币，并由此在内地资本市场开始了翻云覆雨。自 2001 年起，顾雏军控制的格林柯尔系公司先后收购了广东科龙电器、美菱电器、亚星客车、ST 襄轴等多家上市公司，控制的总资产达到 130 多亿元。2005 年 1 月 20 日，顾维军登上第二届"胡润资本控制 50 强"榜首。格林柯尔系是如何扩张的？下面讲两个小故事：

（一）顺德格林柯尔的身世

2001 年 10 月 1 日，顺德格林柯尔企业发展有限公司（简称顺德格林柯尔）

成立，注册资本为 12 亿元人民币，顾雏军以 10.8 亿元出资额拥有 90% 的股权，包括以 1.8 亿元的货币和 9 亿元的知识产权出资。顾善鸿（顾雏军父亲）以货币出资 1.2 亿元拥有 10% 的股权。当月，顺德格林柯尔收购科龙电器 20.6% 的股权。

2002 年 5 月 14 日，顾雏军从科龙电器划拨 1.87 亿元资金到设在天津的格林柯尔制冷剂（中国）有限公司（简称天津格林柯尔）的账户上，当日天津格林柯尔与顺德格林柯尔发生数额为 1.8 亿元、1.7 亿元、1.6 亿元、1.5 亿元的四笔资金对倒，合计放大为 6.6 亿元。顾雏军将此 6.6 亿元作为天津格林柯尔对顺德格林柯尔的现金出资。同时，顾雏军及顾善鸿原享有的货币出资 3 亿元也转让给天津格林柯尔。随后，顺德格林柯尔变更工商登记，天津格林柯尔以货币出资 9.6 亿元人民币拥有 80% 股权，顾雏军则以其专利投入享有 20% 股权。

（二）江西格林柯尔的创业史——"资本包装术"的范本

江西格林柯尔于 2002 年 6 月 24 日成立。公司最初注册资本为 2400 万美元，股东为天津格林柯尔和注册于英属维尔京群岛的格林柯尔企业控股有限公司（简称格林柯尔企业控股），两公司均为顾雏军私人所有的格林柯尔系公司。前者以现金 1080 万美元入股，后者以 120 万美元现金加一项专利入股，专利估值 1.26 亿元人民币（折合 1521 万美元），其中 1200 万美元作为注册资本。

一年后，格林柯尔企业控股的此项专利名为"顾氏热力循环热工装置的工作介质"，被再度估值为 5.32 亿人民币，作为顾雏军个人出资，注入 2003 年 6 月成立的扬州格林柯尔创业投资有限公司（简称扬州格林柯尔）。

江西格林柯尔创立未久，第三家股东进入。这家股东名为格林柯尔资本有限公司（简称格林柯尔资本公司），注册地为英属维尔京群岛，与格林柯尔企业控股同为顾雏军私人公司。2002 年 9 月，这家公司在南昌经济技术开发区获得 2378 亩熟地，格林柯尔资本公司一次付清 476 万元土地出让金。当年 11 月，上述土地被估值为 4.71 亿元人民币，折合美元 5689 万金。其作为格林柯尔资本公司对江西格林柯尔的注资，其中 5100 万美元作为实收资本。

【案例思考题】

1. 顺德格林柯尔的出资存在什么问题？为什么要变更工商登记？如果你是一个注册会计师，通过哪些审计手段可以查出这些错弊？

2. 在江西格林柯尔的案例中，经过两次增资后，最终江西格林柯尔的实收资本和资本公积分别是多少？站在市场监管者的立场，你认为江西格林柯尔资本扩张过程中有哪些不合法以及合法但不合理的地方？

3. 实收资本对于公司的意义何在？顾雏军为什么要在顺德格林柯尔、江西格林柯尔的实收资本上做文章？

4. 在本案例中，你觉得顺德格林柯尔、江西格林柯尔资本扩张中出现的问题，相关责任应该由谁来承担？

5. 本案例对你未来的职业生涯有何启示？

【案例分析参考与提示】

1.（1）顺德格林柯尔股东出资存在以下问题。

1）专利权出资比例不符合公司法规定。根据《公司法》规定，无形资产出资比例不得超过注册资本的 20%。而 2001 年 10 月 1 日顺德格林柯尔初始注册时，知识产权的出资比例达到注册资本的 75%，远远超过《公司法》规定的比例。

2）天津格林柯尔存在虚假出资行为。2002 年 5 月 14 日，顺德格林柯尔为了解决知识产权的出资比例不合法的问题，通过以天津格林柯尔的货币出资置换顾雏军的知识产权出资，并进行了变更登记。《公司法》规定，股东应当足额缴纳各自所认缴的出资额。但在顾雏军的操纵下，天津格林柯尔对顺德格林柯尔的货币出资 6.6 亿元根本没有实际到位，是利用资金对倒放大实际出资额以骗取注册。因此，顺德格林柯尔在变更注册中存在严重的虚假出资行为。

（2）如果我是一名注册会计师，通过以下审计手段可以查出以下错弊。

1）索取公司章程、营业执照，查阅关于出资方式、出资金额的规定。

2）检查出资额是否经过验资，索取并查阅初始登记和变更登记的验资报告。

3）对出资期间的资金往来应特别予以关注，核对出资期间的银行存款账和银行对账单，检查该期间大额银行存款往来是否存在异常情况，并追查原因。

通过以上审计手段，可发现无形资产出资比例不合规定以及利用资金对倒虚假出资等问题。

2.（1）江西格林柯尔经过两次增资后，其实收资本为 9500 万元（ = 2400 + 5100 + 2000），资本公积为 910 万元（ = 321 + 589）。

（2）站在市场监管者的立场，我们认为江西格林柯尔资本扩张过程中有以下不合法之处：

1）江西格林柯尔设立注册时，专利权出资占注册资本的比例达到 50%，超过《公司法》规定的 20%。增资后，全部注册资本中专利权出资作价 8300 万元，实际现金出资仅为 1200 万元，专利权出资比例达到 87.4%，大大超过《公司法》规定的 20%。

2）同一专利重复出资，可能没有办理产权转让手续。根据《公司法》的规定，股东以实物、工业产权非专利技术出资的，应当依法办理其财产权的转移手续。格林柯尔企业控股的出资包含专利"顾氏热力循环热工装置的工作介质"。而一年后，这项专利被再度估值为 5.32 亿元人民币，作为顾雏军个人出资，注入 2003 年 6 月成立的扬州格林柯尔，上演了"一女二嫁"的怪剧。由此推断，相关专利在出资时可能没有办理产权转让手续。

（3）根据案例资料，我们认为江西格林柯尔资本扩张过程中还存在如下合法但不合理之处：

1）作为格林柯尔公司资本出资的土地使用权取得时仅花费 476 万元，而出资时评估作价 4.71 亿元，两个月内升值 100 倍，明显存在高估嫌疑。

2）专利权评估存在高估的可能。《公司法》规定："对作为出资的实物、工业产权、非专利技术或土地使用权，必须进行评估作价，核实财产，不得高估或低估作价。"而我国《企业会计制度》规定，投资者以非现金资产投入的资本，应按投资各方确认的价值作为实收资本入账。由于我国的资产评估市场还不规范，而江西格林柯尔出资方都属于格林柯尔系，土地使用权专利评估作价可以自己说了算，这样，顾雏军就名正言顺地利用资产评估达到了其虚增注册资本的目的。

3. 首先，实收资本的大小直接决定公司的债务融资能力。在公司制下，股东以其出资额为限对公司承担有限责任。也就是说，一旦公司破产，债权人只能对公司实体的资产行使要求权，而不能追及股东个人的资产。实收资本是所有者投入资本中的最稳定的部分，其减少受到严格的限制，因此对债权人而言是最基本的保障。实收资本的大小直接影响公司的债务融资能力，实收资本越大，债权人的风险就越小，公司进行债务融资的能力就越强。实收资本越小，债权人的风险就越大，公司进行债务融资的能力就越弱。顾雏军之所以千方百计虚增顺德格林柯尔、江西格林柯尔的实收资本，就是为了搭建更多、更大的资本运作平台，为其争取更多的银行融资服务。

其次，实收资本的大小也代表了企业的规模和实力。事实证明，顺德格林柯尔、江西格林柯尔的外资背景、庞大的注册资本规模在获取地方政府的信任、争取优质项目资源和优惠政策中发挥了重要作用，使顾雏军收购科龙电器、美菱电器，建立南昌科龙工业园等计划得以顺利实现。

4. 首先，在本案例中，两家公司的股东公司违反《公司法》关于公司股东交付出资的相关规定，应承担相应法律责任。《公司法》第200条规定："公司的发起人、股东虚假出资，未交付或者未按期交付作为出资的货币或者非货币财产的，由公司登记机关责令改正，处以虚假出资金额百分之五以上百分之十五以下的罚款。"若相关行为触犯《中华人民共和国刑法》（以下简称《刑法》），相关责任人应负刑事责任。《刑法》第159条规定："公司发起人、股东违反公司法的规定未交付货币、实物或者未转移财产权，虚假出资，或者在公司成立后又抽逃其出资，数额巨大、后果严重或者有其他严重情节的，处五年以下有期徒刑或者拘役，并处或者单处虚假出资金额或者抽逃出资金额百分之二以上百分之十以下罚金。"

其次，我们还应清醒地看到，在本案例中，除了顾雏军及其公司应承担法律责任外，也暴露出中介机构和某些行政管理部门的工作存在很多缺陷，甚至触犯了法律。

如果有证据表明本案例中的土地使用权、专利评估结果的情况，相关资产评估机构应承担确实存在提供虚假法律责任。《公司法》第208条规定："承担资产评估、验资或者验证的机构提供虚假材料的，由公司登记机关没收违法所得，处以违法所得一倍以上五倍以下的罚款，并可以由有关主管部门依法责令该机构停业吊销直接责任人员的资格证书吊销营业执照。"

负责为两家公司年报审计的注册会计师分别在验资和审计过程中存在重大失误或过错，他们均应承担相应的法律责任。

工商管理部门在工商登记注册管理中，在专利权出资比例、专利权转让等问题上未尽审查职责也应承担相应责任。《公司法》第209条规定："公司登记机关对不符合本法规定条件的登记申请予以登记，或者对符合本法规定条件的登记申请不予登记的，对直接负责的主管人员和其他直接责任人员，依法给予行政处分。"

5. 虽然我们还不能肯定将来会从事哪一类职业，但本案例对于我们有很多值得借鉴的地方。如果我们成为注册会计师，我们应该严守职业道德规范，并依据《独立审计准则》和《中国注册会计师执业规范指南》等规范开展业务，因为我们的工作关系到广大投资者的利益。如果我们成为企业会计人员，我们首先要明确自己的岗位职责，严格遵守《会计法》的规定。如果遇到像顾雏军这样的老板，还要有自我保护意识，谨防被人利用。

案例十八

会计差错更正——山东黑豹

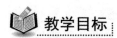 **教学目标**

了解会计差错更正的原因，会计差错的更正方法，会计差错更正的意义。

 **基本理论**

（一）会计差错发生的原因

引起会计差错的原因有很多，可以归为几大类：由于会计确认不当形成的会计差错；由于会计计量环节形成的会计差错；由于会计记录错误造成的会计差错；其他原因造成的会计差错。

（二）会计差错的更正方法

更正会计差错的方法从技术角度看包括画线更正法、红字注销法、蓝字反方向更正法（蓝字更正法）、红蓝字更正法（综合调整法）等。会计差错更正按是否追溯到差错发生的当期或尽可能的早期，分为追溯重述法和未来适用法。

（三）会计差错更正的意义

会计差错特别是重大差错若不及时、正确地更正，不仅影响会计信息的可靠性，而且可能误导投资者、债权人和其他信息使用者，使其做出错误的决策或判断。

教学组织手段

课前学生熟悉案例资料，补充及收集相关资料，收集案例公司在会计差错方面的数据，复习会计差错更正的相关理论知识及处理方式，让学生发散思维想想发生不同的会计差错时应当如何处理。并结合案例进行分析，回答问题。

案例介绍

山东黑豹是山东黑豹集团公司（原山东文登农用运输车厂）为发起人，以定向募集方式设立的股份有限公司。1996 年 8 月 28 日，经中国证券监督管理委员会证监发〔1996〕172 号文批准向社会公开发行 1750 万股普通股股票，并于1996 年 10 月在上海证券交易所挂牌交易。公司经营范围：生产销售微型汽车、柴油载重汽车及其配件、厢式柴油专用汽车等。公司主要产品：黑豹农用车、轿卡车系列、旅行车系列黑豹微卡等。

作为我国农用车行业的首家上市公司，山东黑豹借助上市募集的资金创造了一系列辉煌，然而，山东黑豹未能将绩优高价的"光环"长久地戴在头上。自上市以来该公司主业每况愈下，业绩单边下滑。

山东黑豹 2002 年实现主营业务收入 21621 万元，主营业务利润仅 417 万元，分别同比降低了 23.5％和 45.63％，该公司生产经营呈现困顿局面。而在应收账款、存货、长期投资等方面计提的巨额资产减值准备，使其继续身陷亏损的泥潭中。该公司近年来股票投资失误给经营发展带来的负面影响至今仍未消除。对应收账款计提坏账是导致该公司 2002 年亏损的另一重要原因。报告期内，公司对应收账款、其他应收款增加坏账计提 1301 万元，并由此导致管理费用大幅上升。该公司年报中另一值得关注的问题是报告期内进行的重大会计差错调整。

山东黑豹在 2002 年年报中披露："2001 年之前年度，将价值 32240404.02 元的辅助材料用于产品生产，但由于发票未到等原因，在成本核算时未将其转入相应期间的生产成本，不符合《企业会计制度》关于成本核算的相关规定。公司对该项会计差错进行了追溯调整，在 2002 年年报中调整了期初留存收益及相关项目的期初数、利润及利润分配表的上年数。该调整事项的累积影响数为27404343.42 元，公司调减了 2001 年期初留存收益 27404343.42 元，其中：未分配利润 23293691.91 元，盈余公积 4110651.51 元；调减了相关年度应交税金应交所得税 483660.60 元，调减了相关年度存货 32240404.02 元；同时调减了 2002 年度期初留存收益 27404343.42 元，其中：未分配利润 23293691.91 元，盈余公积 4110651.51 元。

经过调整，山东黑豹 2000 年、2001 年、2002 年、2003 年净利润分别为 15994794.01 元、–62442594.44 元、–71889714.13 元和 4803671.08 元。

资料来源：山东黑豹股份有限公司 2000 年、2001 年、2002 年、2003 年、2004 年年报。

【案例思考题】

1. 关于会计差错的原因，并结合原因简述会计处理方法。

2. 试分析山东黑豹发生此项会计差错更正对其有关年度财务状况和经营成果的影响。若山东黑豹蓄意发生此项会计差错，试分析其动机。

3. 简述如何区分会计政策、会计估计变更和差错更正？

【案例分析参考与提示】

1. 以下是几种常见的导致会计差错的原因：

（1）由于会计确认不当形成的会计差错。会计确认就是依据一定的标准识别和确定发生的经济业务是否可以作为会计要素进入会计系统和其数据应否列入会计报表的过程。它解决的是会计的定性问题，即为会计计量确定空间范围、时间界限。根据会计确认标准对会计确认产生的影响，会计确认标准可以分为基本确认和补充确认两大类。

与基本确认标准不符的会计差错有：①与权责发生制确认时间基础不符的会计差错，例如，提前或推迟确认收入或不确认实现的收入；在期末应计项目与递延项目未予及时调整等人为舞弊、欺诈行为。②与会计要素的定义和特征不符的会计差错，账户分类不当，资产性支出和收益性支出划分的差错等。

与补充确认标准不符的会计差错有：①与真实性不符的会计差错，如企业对某项建造合同本应按建造合同规定的方法确认营业收入，但该企业按确认商品销售收入的方法确认收入。②与合法性不符的会计差错，例如，为购建固定资产而发生专门借款，企业将固定资产达到预定可使用状态后发生的借款费用，也计入该项固定资产的价值，予以资本化。

（2）由于会计计量环节不当形成的会计差错，主要包括：①与实物数量不符的会计差错，例如，对发出材料的计量不准确，导致期末存货出现盘盈或盘亏现象，从而使会计报表发生错报。②与计量属性和计量单位不符的会计差错，例如，接受捐赠或盘盈的固定资产，是以历史成本计价还是以现行市价或未来现金流量的现值计价等。

（3）由于会计记录错误造成的会计差错，主要包括：①操作性错误，即财务人员操作不当出现的错误，如按错计算器键、算盘误计、眼误或笔误等。②技术性错误，即财务人员由于对财务工作的不熟练而造成的会计差错，如凭证填写不准确、小数点错记、红笔运用不当等。③习惯性错误，如将"6"的上面写得太短而被错认为"0"等。④条件性错误，即由于客观条件不好，如复写纸质量低劣而造成的复写下联字迹不清，或纸质较差发生的字迹变形而造成的错认。

（4）其他原因造成的会计差错。例如，对于经济业务中不确定因素的会计估计差错；由于管理薄弱、基础工作差，有关人员的职责权限范围不明，而使财务人员犯的错误；由于财务人员责任心不强造成的会计差错。

处理方法：略。

2. 根据上述案例，如果山东黑豹未将2001年之前年度价值3224万元的辅助材料转入相应期间的生产成本，引起2000年生产成本少计3224万元，存货虚列3224万元，销售成本少计3224万元，净利润因此虚增2740万元。公司2002年按照会计差错调整了2000年的利润，依此计算的每股收益、每股净资产、净资产收益率均有所下降，见下表2-24所示：

表2-24 山东黑豹2002年所有者收益指标对比表　　　单位：元

项目	每股收益	每股净资产	净资产收益率
调整前	0.076	2.92	2.60
调整后	0.059	2.77	2.07

同时，2001年、2002年期初留存收益及相关项目的期初数、利润及利润分配表的上年数也相应作了调减。

由于山东黑豹2000年未将用于产品生产的辅助材料转入相应期间的生产成本，当期销售收入和销售成本的确认与计量不匹配，造成2000年、2001年利润虚增，违背了配比原则，使其提供的会计信息缺乏真实性，客观上侵害了广大投资者的权益。此项会计差错反映出山东黑豹存货的确认有误；反映出山东黑豹的内审制度欠缺或者执行的效果欠佳；反映出山东黑豹会计基础工作的不规范，特别是未有效定期实施库存盘点制度，存货发出的凭证手续不完备，或凭证的传递未有效实施，仓库存货的管理制度不完善等。对于未收到发票的购入存货，会计一般月末应暂估入账，下月初红字冲回，待收到发票再及时调整数额，这是会计中最基本的业务处理。而对于如此巨大的会计差错公司在当年并未发现，公司内审人员也竟未查出，足以反映山东黑豹公司的会计基础工作、会计管理工作的薄弱，内审制度等形同虚设。当然，我们也不得不怀疑这种会计差错的"真实性"。

作为我国农用车行业的首家上市公司山东黑豹，近几年的经营业绩每况愈下，并且在 200 年出现了首次亏损。2002 年国内农用车市场竞争激烈，该公司生产经营继续呈现困顿局面。而在应收账款、存货、长期投资等方面计提的巨额资产减值准备，使其继续身陷亏损的泥潭中；另外，公司近年来股票投资失误是导致 200 年亏损的另一重要原因。2003 年 3 月 14 日山东黑豹被戴上"ST"帽子。

由于我国公司法对股票暂停上市或者终止上市的情形作了规定，其中一条为"公司最近 3 年连续亏损"，可以看出，2003 年公司只有扭亏为盈，才能摆脱暂停上市的困境。

调整后，公司 2000 ~ 2004 年各年的净利润分别为 1599 万元、– 6244 万元、– 7189 万元、480 万元和 – 5067 元。然而若山东黑豹"蓄意"发生此项会计差错，而该计入事项原属于 2003 年，则企业应相应调减 2003 年利润，由于 2003 年调整前净利润为 480 万元，远小于其应调整数 3224 万元，调整后公司 2003 年净利润将为 – 2744 万元，如此，山东黑豹公司 2001 年、200 年、2003 年均亏损，将面临暂停上市的处境。在这种情况下，公司为了避免困境，有可能将本应在 2003 年调整的事项作为 2002 年重大会计差错更正处理。由于调整前公司 2000 年盈利，2001 年、2002 年均亏损，而按照 2002 年重大会计差错更正调整后，情况依旧，从而保证了 2003 年利润的增长，且不会改变 2003 年的盈利状况，企业可暂时缓解退市的压力。根据以上分析，我们不得不为公司的未来担忧，同时对 2002 年此项重大会计差错处理的真实性发生质疑。

3. 会计政策就是指企业在会计确认、计量和报告中所采用的原则、基础和会计处理方法。企业采用的会计计量基础也属于会计政策。会计政策变更，是指企业对相同的交易或事项由原来采用的会计政策改用另一会计政策的行为。

区分会计政策变更和会计估计变更要以会计确认、计量基础、列报项目是否发生变更作为判断基础，其相应的变更是会计政策变更。根据会计确认、计量基础和列报项目所选择的，为取得与资产负债表项目有关的金额或数值（如预计使用寿命、净残值等）所采用的处理方法不是会计政策而是会计估计，其相应的变更是会计估计变更。

前期差错，是指由于没有运用或错误运用下列两类信息而对前期财务报表造成省略或错报：①编报前期财务报表时预期能够取得并加以考虑的可靠信息；②前期财务报告批准报出时能够取得的可靠信息。前期差错通常包括计算错误、应用会计政策错误、疏忽或曲解事实及舞弊产生的影响，以及存货、固定资产盘盈等。采用追溯重述法或未来适用法更正前期差错即为差错更正。

第三篇　高级财务会计案例

债务重组——佳兆业集团

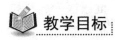

教学目标

了解债务重组的前提条件和债务重组的会计处理。

基本理论

债务重组是指在债务人发生财务困难的情况下，债权人按照其与债务人达成的协议或者法院的裁定做出让步的事项。债务人发生财务困难，是指因债务人出现资金周转困难、经营陷入困境或者其他原因，导致其无法或者没有能力按原定条件偿还债务。债权人做出让步，是指债权人同意发生财务困难的债务人现在或者将来以低于重组债务账面价值的金额或者价值偿还债务。债权人做出让步的情形主要包括：债权人减免债务人部分债务本金或者利息，降低债务人应付债务的利率等。

债务重组的方式主要包括：①以资产清偿债务；②将债务转为资本；③修改其他债务条件，如减少债务本金、减少债务利息等，不包括上述两种方式；④以上三种方式的组合等。

教学组织手段

课前学生熟悉案例资料，补充及收集相关资料，课中学生分为几个案例小组，围绕案例思考题进行案例分析，讨论相关债务重组涉及的知识点，形成意见稿，推荐一名学生将其讨论的结果及分歧提出来大家分析。

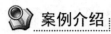 案例介绍

（一）公司简介

佳兆业集团控股有限公司，成立于 1999 年，总部位于香港，2009 年 12 月在香港联交所成功上市，股票代码为 1638. HK。作为中国大型综合性投资集团，佳兆业集团控股旗下拥有二十多家集团及专业公司，分公司超 100 家，员工数达 12000 多人，总资产超 2200 亿元人民币。

目前，佳兆业集团逐渐打造成为涵盖综合开发、财富管理、城市更新、文化体育、商业运营、旅游产业、酒店餐饮、物业管理、航海运输、健康医疗、科技产业、公寓办公、足球俱乐部等超 20 个产业和细分领域的大型企业航母。佳兆业集团以"专业、创新、价值、责任"为企业核心价值观，以远见全球的视野，以矢志不移的创新精神，从集约智能、绿色低碳、品质服务等多重角度关注中国城市化的发展，在推动产业升级，促进城市发展、提升城市价值等方面做出了积极贡献。

佳兆业集团在发展过程中获得无数荣誉，"2010 中国房地产上市公司综合价值中资港股 TOP 10""2010 中国蓝筹地产最具投资价值上市公司""2010 年中国最佳雇主企业""2010 年度最具投资价值地产上市公司"，2005 ~ 2010 年，连续六年获得中国华南房地产公司品牌价值 TOP10；2007 ~ 2011 年，连续五年获得中国房地产百强企业，并于 2011 年 3 月以卓越的表现荣列中国房地产百强企业第 30 名；2012 年跻身全国房地产企业综合实力 20 强——在"2012 中国房地产开发企业 500 强"测评中位列第 17 名。

（二）案例介绍

1. 佳兆业集团债务重组背景

2014 年底，佳兆业集团在深圳的若干物业遭到"锁盘"。2014 年 12 月 10 日，佳兆业集团创始人之一郭英成卸任董事会主席及执行董事。2015 年 1 月 1 日，这一卸任事件触发了一项与汇丰之前签订的融资协议中的强制性提前还款条

款，公司未能还款，构成违约。12 日，公司发布公告，其未能按期支付一笔美元优先票据的利息以及汇丰豁免了卸任触发的违约事件，并确认了债权人资产保全申请以及部分银行账号遭到冻结等重大事项。2015 年 2 月 6 日，公司发出融创公司有计划用现金收购郭氏持有股份的公告，这也是佳兆业集团公司债务重组的开端。

自签订融创中国收购佳兆业股份的协议以来，停牌多日的佳兆业于 2 月 9 日复牌，当日股价则上涨三成，但之后的股价相比于事件发生前处于低位徘徊状态。

交易量较大的 2018 年、2019 年、2020 年到期票据的债券价格在 2014 年 11 月底至 2015 年 1 月初均呈现下降趋势，而在公告融创公司的收购计划后债券价格开始小幅上升但并不稳定。

2. 佳兆业集团债务重组经过

佳兆业集团的境内外债务重组的总体思路是保本、削息、展期。

（1）境内债务重组。佳兆业集团计划境内债务重组的方式是利息削减和债务展期，属于修改其他债务条件的方式。佳兆业集团于 3 月 2 日公布境内债务重组计划，境内涉及的债务为两笔贷款，包括银行债务和非银行金融债务，总计 479.7 亿元，占其境内外计息债务总额 650.09 亿元的 73.79%。计划方式是不削减本金，利息予以减少，减少后利息不低于中国人民银行贷款基准利率的 70%。一般而言，房地产企业开发贷款一般不超过三年（含三年），贷款利率执行中国人民银行规定的贷款利率，因此，境内债权人的利息最多将削减 30%。年期予以延长，延长后剩余年期在 3 ~ 6 年，但原有债务剩余期限多于六年的债务，仍按照原有期限执行。

（2）境外债务重组。佳兆业集团计划境外债务重组的方式是利息削减和债务展期，属于修改其他债务条件的方式。佳兆业集团于 3 月 8 日公布境外债务重组计划，涉及的债务包括 5 笔高息票据、1 笔可转换债券及境外贷款，合计约 170 亿元人民币。佳兆业集团拟计划的重组方案为：对于 5 笔高息票据和 1 笔可转换债券，不削减本金，但票息率由原来的 6.875% ~ 12.875% 大幅下降为 2.7% ~ 6.9%，票息降幅超过 50%，还款年限也将延长五年。如果超过 50% 的现有高息票据及超过 66% 的现有可转债持有人签署重组支持协议，则所有的重组债券持有人将额外获得 50 个基点；对于两笔汇丰贷款和工银贷款，将会通过与汇丰及工银的双边磋商而予实施。

佳兆业境外债务重组计划遭到了逾 50% 以上的境外债权人的反对。公司在 3 月 22 日发布公告称，公司仍在与境外债券持有人进行磋商，还未与境外债权人就债务重组初步计划达成任何协议。

（3）再次债务重组计划。由于境外债权人感到可以争取更多利益，首轮债务重组宣告失败。佳兆业的境外债务结构相对简单，主要分为银行贷款（Bank - loans）和债券（Bonds），其中，银行贷款有三笔，分别是汇丰银行的 4 亿港币、汇丰银行的 7.5 亿港币（不同期限）和工银亚洲的 2.5 亿港币，三笔银行贷款本金共计约 1.8 亿美金；除了银行贷款，佳兆业还有 6 笔境外债券，分别是 18 亿人民币点心债、15 亿人民币可转债和 4 笔高收益美金债，这 6 笔境外债券的本金合计约为 24.5 亿美金。境外债券加上银行贷款，佳兆业的境外债务共计约 26.3 亿美金。佳兆业集团在 2015 年 3 月 22 日又发布了新的债务重组公告，为境外债权人提出了三种方案。

方案一，新债券 + CVRs（New HY Notes and CVRs）。在这种方案下，境外债权人可以按照 1∶1 的比例将索赔金额（Allowed Claim）置换成新的债券，同时获得或然价值权（Contingent Value Rights，CVRs）。顾名思义，CVRs 的价值可能存在，也可能不存在，是否存在取决于某些条件是否得到满足（Triggering Event）。在佳兆业重组方案中，CVRs 的存在取决于它的市值（Implied Market CApitalization of the Shares）。

即如果佳兆业的市值超过 100.75 亿港币，佳兆业 CVRs 的持有人将获得 14 美金；当它的市值超过 125.94 亿港币后，CVRs 的持有人将再获得 14 美金。以此类推，当佳兆业的市值超过 205.42 亿港币时，CVRs 持有人一共可以获得 70 美金的赔偿，因为 CVRs 的赔偿是基于佳兆业新美金债最小面额 1000 美元，所以，在最理想的情况下，CVRs 的持有人将获得额外 7% 的赔偿。

方案一是默认选项。如果债权人不做选择，在重组方案实施时，佳兆业将默认债权人（除可转债债权人）选择了方案 1。

方案二新债券（New HY Notes only）。在这种方案下，债权人可以按照 1∶1.02598 的比例将索赔金额置换成新的债券。相比方案一，方案二少了 CVRs，但赋予债权人更多的新债券。

方案三强制性可交换债券（Mandatorily Exchangeable Bonds，MEB）。在该方案下，债权人可以按照 1∶1 的比例将索赔金额置换成 MEB。MEB 的换股价格为每股 2.34 港币，低于原可转债每股 2.64 港币的换股价格。

方案三是可转债债权人的默认选项，其他债权人也可以选择方案三，但是 MEB 的总量是有上限的。在满足原可转债债权人后，剩下的 MEB 额度将按照比例分配给申请的债权人。没有分到 MEB 的债权人将重新选择方案一或方案二。

【案例思考题】

1. 公司债务重组的方式有哪些？案例公司选择了怎样的重组方式？

2. 结合案例说明，公司应如何做债务重组的会计处理？

3. 结合案例分析，对我国企业进行债务重组的启示是什么？

【案例分析参考与提示】

1. 根据我国的新会计准则，债务重组是指在债务人发生财务困难的情况下，债权人按照其与债务人达成的协议或者法院的裁定作出让步的事项。它包含以下两个基本特征：①债务人发生财务困难，指因债务人出现资金周转困难或者经营陷入困境等，导致其无法或者没有能力按原定条件偿还债务的情况；②债权人作出让步，指债权人同意发生财务困难的债务人现在或者将来以低于重组债务账面价值的金额或者价值偿还债务。

债务重组的方式主要包括以下几种：①以资产清偿债务；②将债务转为资本；③修改其他债务条件，如减少债务本金、减少债务利息等；④以上三种方式的组合。

佳兆业集团选择的债务重组方式为：修改其他债务条件，如减少债务利息，债务展期等。

2. 公司应作如下债务重组的会计处理：

（1）债务人的会计处理。债务人应当将修改其他债务条件后债务的公允价值作为重组后债务的入账价值。重组债务的账面价值与重组后债务的入账价值之间的差额，计入当期损益。修改后的债务条款如涉及或有应付金额，且该或有应付金额符合《企业会计准则第 13 号——或有事项》中有关预计负债确认条件的，债务人应当将该或有应付金额确认为预计负债。重组债务的账面价值，与重组后债务的入账价值和预计负债金额之和的差额，计入当期损益。

（2）债权人的会计处理。债权人应当将修改其他债务条件后的债权公允价值作为重组后债权的账面价值，重组债权的账面余额与重组后债权的账面价值之间的差额，计入当期损益。债权人已对债权计提减值准备的，应当先将该差额冲减减值准备，减值准备不足以冲减的部分，计入当期损益。修改后的债务条款中涉及或有应收金额的，债权人不应当确认或有应收金额，不得将其计入重组后债权的账面价值。

3. 案例对我国企业进行债务重组的启示如下：

（1）在公司面临财务困境的时候，应力争减少债权人和债务人的损失。在本案例中，佳兆业首先制订了一个债务重组计划，但在其中对于境外债务重组的计划中，有损境外债权人利益，所以，又对境外债务重组计划进行了修改，并尽更大的诚意为境外债权人提出了三种方案，最大限度地保证了境内境外债券人的利益。所以，可能出现类似财务困境的企业要尽力维护债权人的利益，而相对于破产清算和破产重整来说，维护债权人利益最好的方法是债务重组。

（2）面临财务困境时，企业应学会与利益相关者进行博弈，维护多方利益。本案例中，涉及佳兆业集团、融创中国、佳兆业的境内外债权人等，佳兆业充分考虑了自身利益问题，如果不能正常进行债务重组，融创不会对佳兆业进行收购，佳兆业也就会陷入破产清算的境地。而境外债权人最初也不同意其债务重组计划，通过多方磋商协调，两方都做出了让步，使重组计划得以实行。

（3）对于可能到期的债务做好准备。本案例中，引起佳兆业集团债务重组的导火索是郭英成辞任而触发的一项与汇丰签订的定期贷款融资协议中的强制性提前还款条款，最终佳兆业也没能还上贷款，构成了违约。若不是最终汇丰银行决定不再索要，就可能会对佳兆业的财务造成巨大的负面问题。因此，为避免突发性的还款要求，企业可以做好必要准备，预提出一部分资金以防万一。

案例二

非货币性资产交换——广钢股份

教学目标

了解非货币性资产交换的形式和相关的会计处理。

基本理论

非货币性资产交换是一种非经常性的特殊交易行为。按照《企业会计准则第7号——非货币性资产交换》（以下简称为"准则"），非货币性资产交换，是指交易双方主要以存货、固定资产、无形资产和长期股权投资等非货币性资产进行的交换。该交换不涉及或只涉及少量的货币性资产（即补价）。非货币性资产交换准则规定，认定涉及少量货币性资产的交换为非货币性资产交换，通常以补价占整个资产交换金额的比例是否低于25%作为参考比例。

教学组织手段

课前学生熟悉案例资料，补充及收集相关资料，课中学生分为几个案例小组，围绕案例思考题进行分析案例，发散思维，考虑多种情况，讨论相关非货币性资产交换涉及的知识点，形成意见稿，推荐一名学生将其讨论的结果及分歧提出来大家分析。

案例介绍

(一) 公司简介

广州钢铁股份有限公司（以下简称广钢公司）于 1993 年 6 月 21 日经广州市股份制试点企业联审小组"穗改股字〔1993〕24 号"《和广州市对外经济贸易委员会"穗外经贸业〔1993〕626 号"》批准，由广州钢铁有限公司改组设立。广钢公司于 1993 年 12 月 6 日取得企业法人营业执照，注册资本为人民币叁亿伍仟陆佰捌拾陆万叁仟元（35686.30 万元），于 1994 年 1 月 1 日起按股份制运作。1996 年 2 月 28 日，经中国证券监督管理委员会批准，公司发行社会公众股 A 股4313.7 万股，每股发行价 3.60 元。于 1996 年 3 月 28 日在上海证券交易所挂牌交易。公司上市后总股本为 40000 万股。公司于 1996 年 4 月 15 日取得变更后的企业法人营业执照，注册资本为人民币 40000 万元。

公司经营范围为生产、加工、销售冶金产品、焦炭化工产品、各种气体、炉料和有关原材料、机械设备、备件、生产工具、公司产品的深加工产品，以及有关技术咨询服务，并经营汽车运输。公司主要产品为各种圆钢、高拉力螺纹钢、中低压锅炉用无缝钢管、结构用无缝钢管、高纯氧、高纯氮、高纯氩等。

广钢公司的股权结构如图 3-1 所示。

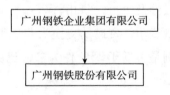

图 3-1　广钢公司股权结构（2010 年）

(二) 公司非货币性资产交换的交易过程

为进一步整合钢铁主业资产，完善公司生产体系，发挥集约化经营管理的优势，经与广州钢铁集团有限公司（以下简称广钢集团）协商，公司拟将控股子公司——广州广钢集团贸易有限公司（下称"贸易公司"）90% 权益，与广钢集

团拥有的 60 吨电炉生产设备资产进行置换。

1. 置出资产

贸易公司 90% 的权益。该公司注册资本为人民币 1250 万元，其中公司和广钢集团出资比例分别为 90% 和 10%。根据广州中职信资产评估有限公司出具的《资产评估报告书》（职信评报字〔2009〕第 15002 号），贸易公司在评估基准日 2008 年 12 月 31 日的评估价值为 4558.29 万元。公司拥有 90% 的权益，折算为 4102.46 万元。

2. 置入资产

60 吨电炉设备资产，位于公司生产基地范围内。该资产包括电炉炼钢生产设备及配套设施。根据广州中职信资产评估有限公司出具的《广州钢铁企业集团有限公司 60 吨电弧炉生产线设备资产评估报告书》（职信评报字〔2009〕第 15001 号），60 吨电炉资产在评估基准日 2008 年 12 月 31 日的评估价值为 4023 万元。

经过双方协商，本着互利共赢的目的，按照评估价值为作价依据，公司将贸易公司 90% 股权（评估价值 4102.46 万元），与广钢集团 60 吨电炉资产（评估价值 4023 万元）进行互换，差额部分（79.46 万元）由广钢集团以现金补足。

【案例思考题】
1. 结合案例说明，此次股权与电炉资产的交换是否属于非货币性资产交换？并阐述理由。
2. 结合案例说明，公司非货币性资产交换的会计处理应如何进行？
3. 结合案例说明，非货币性资产交换对企业的财务影响？

【案例分析参考与提示】
1. 根据我国的新会计准则，非货币性资产交换，是指交易双方主要以存货、固定资产、无形资产和长期股权投资等非货币性资产进行的交换。该交换不涉及或只涉及少量的货币性资产（即补价）。

非货币性资产交换准则规定，认定涉及少量货币性资产的交换为非货币性资产交换，通常以补价占整个资产交换金额的比例是否低于 25% 作为参考比例。

具体来说：从收到补价的企业来看，收到的货币性资产占换出资产公允价值（或占换入资产公允价值和收到的货币性资产之和）的比例低于25%的，视为非货币性资产交换；从支付补价的企业来看，支付的货币性资产占换入资产公允价值（或占换出资产公允价值与支付的货币性资产之和）的比例低于25%的，视为非货币性资产交换。如果上述比例高于25%（含25%）的，则视为货币性资产交换，适用《企业会计准则第14号——收入》等相关准则的规定。

本案例中，广钢股份公司以长期股权投资换取母公司广钢集团的60吨电炉设备资产，该项固定资产与该项长期股权投资的公允价值不同，涉及补价，补价金额为79.46万元。广钢股份公司收到补价79.46万元，收到的货币性资产（即79.46万元）占换出资产公允价值（即贸易公司90%权益的公允价值4102.46万元）的比例为1.94%，明显低于25%，可以确定该项交易为非货币性资产交换。

2. 非货币性资产交换具有商业实质且公允价值能够可靠计量的，应当以换出资产的公允价值和应支付的相关税费作为换入资产的成本，除非有确凿证据表明换入资产的公允价值比换出资产公允价值更加可靠。

在以公允价值计量的情况下，不论是否涉及补价，只要换出资产的公允价值与其账面价值不相同，就一定会涉及损益的确认，因为非货币性资产交换损益通常是换出资产公允价值与换出资产账面价值的差额，通过非货币性资产交换予以实现。

非货币性资产交换的会计处理，视换出资产的类别不同而有所区别：

（1）换出资产为存货的，应当视同销售处理，根据《企业会计准则第14号——收入》的规定确定交易价格，确认销售收入，同时结转销售成本，确认的收入和结转的成本之间的差额在利润表中作为营业利润的构成部分予以列示。

（2）换出资产为固定资产、无形资产的，换出资产公允价值和换出资产账面价值的差额，计入资产处置损益。

（3）换出资产为长期股权投资的，换出资产公允价值和换出资产账面价值的差额，计入投资收益。换入资产与换出资产涉及相关税费的，如换出存货视同销售计算的销项税额，换入资产作为存货应当确认的可抵扣增值税进项税额等，按照相关税收规定计算确定。

3. 广钢股份公司以广州广钢集团贸易有限公司90%股权换入60吨电炉设备资产，经过非货币性资产交换后，广钢集团的股权结构略有改变，具体如图3-2所示。

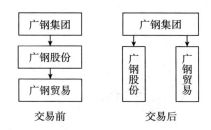

图 3 – 2 广钢集团非货币性资产交换后股权结构变化

表 3 – 1 列示了 2009 年广钢股份公司非货币性资产交换的财务影响。

表 3 – 1 2009 年广钢股份公司非货币性资产交换的财务影响

企业	广钢股份	广钢集团
用于交换的资产	广钢贸易的 90% 股权	60 吨电炉设备资产
公允价值（评估基准日）	4102. 46 万元	4023 万元
历史成本（评估基准日）	3669. 76 万元	
历史成本（交易实现日）	3690. 44 万元	
换出资产占非流动资产的比重	2. 17%	
换出资产占总资产的比重	0. 87%	
非货币性资产交换损益	412. 02 万元	
净利润	3706 万元	
占总利润的比重	11. 29%	
占净利润的比重	11. 36%	

案例三

政府补助——浙江向日葵

教学目标

掌握政府补助的方式和目的以及账务处理。

基本理论

政府补助，是指企业从政府无偿取得货币性资产或非货币性资产，但不包括政府作为企业所有者投入的资本。目前我国政府补助主要有财政贴息、研究开发补贴、政策性补贴。

教学组织手段

课前熟悉案例资料，收集相关上市公司政府补助的案例，分析政府补助的方式和目的。结合案例，分析政府为什么要对企业进行补助？怎样的企业才可能获得政府补助，补助对企业的财务有什么影响。

案例介绍

（一）公司简介

浙江向日葵光能科技股份有限公司始建于 2005 年，坐落于历史名城浙江省绍兴市。公司主要从事太阳能电池及组件的研发、生产和销售，是一家拥有多晶硅切片、太阳能电池片及组件制造、光伏电站投建等产业链完整的国家级高新技术企业。公司多项科研项目被列入"省重大专项"，拥有数十项自主研发的核心技术。公司坚持以"推动人类可再生能源的开发利用"为企业发展目标，增强企业自主研发能力，制造更优产品以满足国内外市场的需求，努力打造成为一家产业完整、品牌显著、技术一流的全球光伏能源企业，让更多的地区广泛地使用光伏清洁能源。

公司法人代表是吴建龙，于 2010 年成功在深交所上市，注册资本为 111980 万元，发行 5100 万股，占发行后股份总数的 10.02%，每股发行价格为 16.80 元，发行市盈率为 74.67 倍。前三大发起人股东为：第一大股东香港优创持股 79.24%，第二大股东浙江鸿盛持股 6.85%，第三大股东绍兴创基持股 2.6%。

（二）2011～2014 年向日葵接受政府补助情况

1. 2011 年

收到的政府补助总额是 70737883.5 元。其中与资产相关的补助金额为 59344000 元，包括：收到 200MW 太阳能电池及组件项目扶持奖金 9584000 元，2011 年度的摊销金额为 1458400.00 元；收到产业化高效多晶硅太阳能电池研发补助 440000 元，项目尚在建设；收到 8.2MW 金太阳示范工程补助资金 26200000 元，项目尚在建设；收到 600MW 太阳能电池及组件项目扶持资金 8000000 元，项目尚在建设；收到 1.8MW 屋顶发电项目补助资金 3042000 元，项目尚在建设。与收益相关的补助 11393883.46 元，包括：科研协作费 100000.00 元；推进对外开放财政扶持资金 5207000 元；收到技改投入奖励 2652300.00 元；企业进出口奖励 500000.00 元；省级以上科技计划奖励 30000.00 元；出口信用保险保费资助资金 328100.00 元；税费返还 2576483.46 元。

计入当期损益的政府补助合计 12852283.46 元。明细：以上与收益相关的补助金额 11393883.46 元、200MW 太阳能电池及组件项目扶持奖金 1458400.00 元（该项目总奖金为 14584000 元，分 10 年摊销），故资本化率为 11.35%。

2. 2012 年

收到的政府补助总额为 5181600 元。其中与资产相关的政府补助为 5181600 元，包括：收到 200MW 太阳能电池及组件项目扶持奖金 157400 元（2012 年度的摊销金额为 1489880.00 元）；收到 8.2MW 金太阳示范工程补助资金 24200 元；收到 1.6 亿片 8 英寸太阳能多晶硅片生产线项目补助资金 5000000 元。与资产相关应摊销到本期的金额 1741880 元，包括：200MW 太阳能电池及组件项目扶持奖金 157400 元（2012 年度的摊销金额为 1489880.00 元）；1.8MW 屋顶发电项目补助资金（注：去年收到）2012 年度的摊销金额为 252000.00 元。

与收益相关的政府补助为 25123812.20 元，包括：中央政府补助为 88700元；浙江省财政厅、科技厅补助合计为 2210000 元；绍兴市级财政补助合计为 8725034.9 元；绍兴县级政府补助合计为 14100077.3 元（注：2012 年 11 月，公司收到绍兴县柯桥经济开发区管理委员会的财政奖励 14060300.00 元）占当期损益政府补助的 52.48%，当期资本化率为 6.48%。

综上可知，计入当期损益的政府补助总金额为 26865692.20 元。

3. 2013 年

收到与资产有关的补助金额：200MW 太阳能电池及组件项目扶持奖金 633900 元。与资产相关的摊销到本期的补助金额为 3808310 元，包括：200MW 太阳能电池及组件项目扶持奖金摊销 1664310 元；产业化高效多晶硅太阳能电池研发补助本期摊销 88000 元；8.2MW 金太阳示范工程补助资金摊销 1050000 元；1.8MW 屋顶发电项目补助资金摊销 756000 元；1.6 亿片 8 英寸太阳能多晶硅片生产线项目补助资金本期摊销 250000 元。收到与收益有关的补助金额 6081 元，包括：其中县级政府补助是绍兴县工业有效流动资金补助款 4136300.00 元，占比 68.0149%，其他为省市级财政补助。所以资本化率为 38.51%。

4. 2014 年

收到与资产有关的补助金额：8.2MW 金太阳示范工程补助资金 1000 万元。

2014 年度计入当期损益的政府补助总额为 7811343.33 元：其中收到与收益相关的政府补助 1701480.00 元（皆为市一级财政补助）；摊销与资产相关的政府补助，计入营业外收入 6109863.33 元。资本化率为 78.22%。

【案例思考题】

1. 讨论公司政府补助的方式有哪些？其如何进行会计处理？

2. 结合案例说明，政府补助对企业利益相关者有何影响？

【案例分析参考与提示】

1. 根据政府补助准则的规定，政府补助是指企业从政府无偿取得货币性资产或非货币性资产。其主要形式包括政府对企业的无偿拨款、税收返还、财政贴息，以及无偿给予非货币性资产等。通常情况下，直接减征、免征、增加计税抵扣额、抵免部分税额等不涉及资产直接转移的经济资源，不适用政府补助准则。会计准则规范的政府补助主要有两点特征：

（1）政府补助是来源于政府的经济资源。政府主要是指行政事业单位及类似机构。对企业收到的来源于其他方面的补助，如有确凿证据表明政府是补助的实际拨付者，其他方只是起到代收代付的作用，则该项补助也属于来源于政府的经济资源。

（2）政府补助是无偿的，即企业取得来源于政府的经济资源，不需要向政府交付商品或服务等对价。这一特征将政府补助与政府作为企业所有者投入的资本、政府购买服务等互惠性交易区别开来。政府如以企业所有者身份向企业投入资本，享有相应的所有权权益，政府与企业之间是投资者与被投资者的关系，属于互惠交易。企业从政府取得的经济资源，如果与企业销售商品或提供劳务等活动密切相关，且来源于政府的经济资源是企业商品或服务的对价或者是对价的组成部分，不适用政府补助准则。需要说明的是，政府补助通常附有一定条件，这与政府补助的无偿性并无矛盾，只是政府为了推行其宏观经济政策，对企业使用政府补助的时间、使用范围和方向进行了限制。

准则规定，企业无论以何种形式取得政府补助，都应当划分为与资产相关的政府补助和与收益相关的政府补助进行会计处理。

与资产相关的政府补助，是指企业取得的、用于购建或以其他方式形成长期资产的政府补助。通常情况下，相关补助文件会要求企业将补助资金用于取得长期资产。长期资产将在较长的期间内给企业带来经济利益，会计上有两种处理方法可供选择：一是将与资产相关的政府补助确认为递延收益，随着资产的使用而逐步结转入损益；二是将补助冲减资产的账面价值，以反映长期资产的实际取得成本。

与收益相关的政府补助，是指除与资产相关的政府补助之外的政府补助。此类补助主要是用于补偿企业已发生或即将发生的费用或损失。受益期相对较短，所以通常在满足补助所附条件时计入当期损益或冲减相关成本。

2. 政府补助用于补贴企业在中国非常普遍。在光伏企业朝阳般升起并蓬勃发展时，政府补助不仅为企业财务报表上的利润锦上添花，更在其高速发展时充当了加速器。在公司发展步入寒冬时，通过政府补助可以增加企业净利润，在短期内改善产业收益情况。此外，政府补助在促进产业转型、实现区域经济的协调发展、保护特定企业和行业方面也起到了非常重要的作用。

但是，政府补助有时候并不一定能完全达到预期的目标，不能忽视政府补助所带来的负面影响。首先，政府补助并不能够从根本上解决企业所面临的问题，只能在短期内掩盖上市公司的经营困境，导致其不能及时进行内部治理，发现问题所在，并且误导投资者，从而不利于公司的长远发展。其次，政府补助的存在影响了市场经济下企业竞争的公平性，使得本地上市公司在与外来上市公司的竞争过程中，占有更大的优势。而从地方政府的角度考虑，对当地处于亏损边缘的企业的补助增加，必然导致地方政府在其他方面的支出的减少，对于地区经济的发展反而会造成不良影响。

对于投资者而言，会计报表上的数据也许存在着一定的陷阱，切不可仅仅通过利润总额、利润率等几个简单的数据来进行投资决策。对于广大的会计报表使用者而言，应通过对财务会计年报的全方位分析，还应把政府补助对报表的影响程度这个因素考虑在内，以防因误判会计信息而做出不恰当的决策；对于监管部门而言，应重点监控地方政府对当地 ST 上市公司的政府补助情况，防止 ST 公司为了保牌而应用政府补助虚高利润的情况；对于地方政府而言，当地的就业和上市公司的壳资源固然重要，但应当防止当地上市公司过度依赖当地政府的政府补助，无法自力更生，在竞争激烈的市场中无法立足，尽量避免政府补助产生更大的副作用。

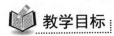

案例四

衍生金融工具——碧桂园

教学目标

了解衍生金融工具的定义及其会计处理。

基本理论

衍生金融资产也叫金融衍生工具（Financial Derivative），金融衍生工具，又称"金融衍生产品"，是与基础金融产品相对应的一个概念，指建立在基础产品或基础变量之上，其价格随基础金融产品的价格（或数值）变动的派生金融产品。这里所说的基础产品是一个相对的概念，不仅包括现货金融产品（如债券、股票、银行定期存款单等），也包括金融衍生工具。作为金融衍生工具基础的变量则包括利率、汇率、各类价格指数、通货膨胀率甚至天气（温度）指数等。

金融衍生工具（Derivative Security）是在货币、债券、股票等传统金融工具的基础上衍化和派生的，以杠杆和信用交易为特征的金融工具。常见的工具主要有期货合约、期权合约、远期合同、互换合同。

教学组织手段

课前学生熟悉案例资料，补充及收集相关资料，衍生金融工具内容较为抽象，要求学生务必复习好相关知识点，课中学生分为几个案例小组，围绕案例思考题进行分析，讨论碧桂园企业持有的相关衍生金融工具的特点以及持有目的，推荐一名学生将其讨论的结果及分歧提出来供大家分析。

案例介绍

（一）公司简介

碧桂园控股有限公司（以下简称碧桂园）创建于 1992 年，总部位于广东顺德，是中国最大的新型城镇化住宅开发商。主要业务为房地产，同时还包括建设安装、装修、物业发展、物业管理、酒店开发和管理等。2007 年 4 月 20 日，在香港联合交易所主板上市，共募集资金 146.71 亿元（4 月 19 日按每股 5.38 港元的价格发行每股面值 0.10 港元的普通股 2400000000 股，4 月 27 日按相同价格超额发行 360000000 股）。

（二）案例介绍

1. 公司融资背景

处于中国房地产开发的黄金时期，碧桂园的资金需求没有因上市而获得满足。上市前的 2006 年和上市后的 2007 年的资产总额、负债总额和资产负债率分别为 15.31 亿元、13.84 亿元、90.4% 和 38.63 亿元、19.24 亿元、49.8%。截至 2007 年 12 月 31 日，上市募集的资金 146.71 亿元已经使用了 95.2%，使用去向和使用比例分别是：收购土地占 30%、原有项目占 60% 和营运资金占 10%。

由于对资金的不断渴求，2007 年 10 月，碧桂园原计划发行 15 亿美元债券满足其需求，但由于受金融危机的影响，投资者自顾不暇，即使碧桂园承诺 10% 的高收益率，也未受投资者青睐，于是此计划暂时搁浅。2008 年初，碧桂园有一笔高达 18.3 亿港元的债务即将到期，在融资已经刻不容缓的情况下，碧桂园接受了美林国际（香港）有限公司（以下简称美林）的私募股权投资，在发行可转让债券的同时与美林签署一份对赌协议，以提高此项融资安排的吸引力。

2008 年 2 月，碧桂园与美林签署了一份可转换债券协议，同时接受了美林的一份股份掉期协议。这份融资安排包括两部分内容：一是发行含转股选择的债券；二是以碧桂园的股价作为参考支付的对赌协议。

2. 公司融资过程

（1）可转换债券协议。

首先，碧桂园发行可转换债券，在 2008 年 4 月 3 日之后的 5 年时间内，可以转换成碧桂园的普通股票，并且能够在港交所正常买卖，以吸引投资者。可转债协议内容如表 3 - 2 所示。

表 3 - 2　可转债协议内容

发行方	碧桂园控股有限公司
债券本金	固定债券本金总额 35.95 亿元人民币（约为 38.99 亿港元），可选择债券本金总额 7.19 亿元人民币（约为 7.8 亿港元），碧桂园向美林出售期权，美林根据碧桂园市场情况选择购买。若美林选择发行可选择债券，则发行的债券最高本金额将为人民币 43.14 亿元（约等于 46.79 亿港元）
初步转股价	9.05 港元。分别较：①2008 年 2 月 15 日早上交易时段内的成交量加权平均溢价约 37.1%；②2008 年 2 月 14 日香港联交所报股市收市价每股 6.82 港元，溢价约 32.7%；③截至 2008 年 2 月 14 日（包括该日），前五个交易日香港联交所报股份平均收市价每股 6.38 港元，溢价约 41.85%；④截至 2008 年 2 月 14 日（包括该日），前十个交易日香港联交所报股份平均收市价每股 6.30 港元，溢价约 43.65%
转股期	债券持有人可于 2008 年 4 月 3 日或之后至 2013 年 2 月 15 日营业时间结束期间随时行使转股权
到期	除非先前已按债券条款及细则赎回、转换或购买及注销，否则碧桂园将于 2013 年 2 月 22 日赎回各债券，赎回价等于债券的人民币价值本金额的美元等值乘以 121.306%
债券持有人选择赎回	任何债券持有人均可以要求本公司按债券人民币本金额的美元等值乘以 111.997%，连同截至赎回日期的应未付利息，赎回该持有人于 2011 年 2 月 22 日所持全部或部分债券。认沽通知一旦发出即不可撤销，本公司同意有关撤回除外

碧桂园选择发行可转换债券一方面原因是其 2.5% 的年利率，相对于金融机构 5 年期贷款利率 5.76% 已经很低，另一方面原因是相对配股、增发，可转换债券能够取得发行溢价，况且不会一下子稀释公司股本，可以降低对企业每股收益的摊薄。碧桂园在可转债协议中给予美林一个选择权，即价值 7.8 亿港元的可选

择债券，美林可以选择是否发行。美林最终发行了 7.8 亿港元的可选择债券。可转债发行情况如表 3 - 3 所示。

经计算，碧桂园发行可转债的负债部分、权益部分价值如表 3 - 4 所示。

表 3 - 3　可转债的发行情况表

发行情况	发行本金			固定债券	可选择债券	总转数
	百万人民币	百万港元	百万美元	百万股	百万股	百万股
固定债券本金	3595	3899	500			
可选择债券本金	719	780	100			
债券本金小计	4314	4679	600			
转股价（港元/股）		9.05				
固定债券转股数				430.48	86.17	517.01

表 3 - 4　可转债的负债及权益

可转债	金额（百万人民币）
负债价值	3781.329
权益价值	424.821
交易费用	107.85
债券本金小计	4314

碧桂园把一半发债融资额作为抵押金，以此和美林签署对赌协议；将融集资金的 40% 运用于偿还债务；而只将融集资金的 10% 运用于公司一般用途。具体金额如表 3 - 5 所示：

表 3 - 5　固定债券本金用途

固定债券本金用途	用途比例（%）	百万港元	百万美元
签订股份掉期协议的抵押品	50	1950	250
偿还债务	40	1560	200
公司一般用途	10	389	50
合计	100	3899	500

（2）股份掉期协议。碧桂园于2007年在港交所上市，市场反应较好。碧桂园股价一度达到14港元/股。然而到2008年2月，受内外因素影响，碧桂园股价下跌到约为7港元/股。此时对碧桂园来说，假如资金充足，可以借此回购股份，一方面提升投资者信心，另一方面以较低价格取回自认为被低估的股份。

当时碧桂园的公众持股比例只有16.86%，回购股份将会使公众持股比例小于15%（港交所要求该比例一般在25%以上，但碧桂园上市之初因其较大的市值，才被允许只有15%公众流通股），由此或将面临退市风险。然而当可转债转股时，股价很可能已经上升，并且那时候再回购股票，成本将远高于现在的回购成本。在2008年金融危机的背景下，许多上市公司认为公司股价远低于其真实价值，股价是暂时被低估的。碧桂园不甘心以低价配股，那么怎样才能实现以当时较低的股票价格回购将来的股票？为对冲未来股价，令公司锁定未来的回购成本，碧桂园把发债融资额的一半——2.5亿美元作为抵押金，与美林签署一份比较少见的以现金结算的股份掉期协议，实际上是一份对赌合约，具体内容如表3-6所示。

表3-6　美林—碧桂园股份掉期协议（对赌协议）情况表

投资方	美林
融资方	碧桂园
具体约定	假设未来5年，若公司股价总是低于9.05港元/股，无论市场价格高低，锁定该笔掉期股份未来交易价格为6.87港元/股。也就是说，持有债券者可以6.87元/股出售，碧桂园支付差价
抵押品金额	17.98亿元人民币（19.5亿港元），相当于2.5亿美元，占发行固定债券融资额5亿美元的50%
结算方式	现金结算
掉期股份数	总股本2.79亿股（19.5亿港元，7港元/股）

2008年6月30日，碧桂园的股价尚在5港元之上，碧桂园在其中期报告中只针对这份对赌协议计提了4.43亿元的损失。而其后，碧桂园的股价一落千丈，跌到每股3港元左右，媒体一片哗然，各种分析和报道纷纷出台，碧桂园也面临巨大压力，在年底出台的年报中，公司针对此项协议计提了巨额的12.4亿元的损失。

【案例思考题】

1. 结合碧桂园发债的背景，说明为何要发行可转债并同时签订对赌协议？

2. 这一交易有哪些值得我们借鉴的？给我们的启示是什么？

【案例分析参考与提示】

1. 2007 年，碧桂园资金已经满足不了其扩张需要，其资金链面临不小压力。由于碧桂园对以后的融资前景颇为自信，并未收敛扩张行为。然而资本市场的变化极为迅速，2007 年 10 月，碧桂园本来打算发债融资 15 亿美元，受金融危机的影响，投资者们往往自顾不暇。纵使碧桂园承诺 10% 的报酬率，依然未受投资者青睐。于是，碧桂园的融资行为暂时搁浅。

2008 年初，碧桂园集团有一笔高达 18.3 亿港元的贷款马上到期。在融资已经刻不容缓情况下，碧桂园接受了美林的私募股权投资，并与美林签署一份对赌协议。且大部分债券融资，被用于归还中银香港这笔即将到期债务。

碧桂园与美林国际对赌还有一个目的，即碧桂园希望在未来回购股份，满足上市需要，并锁定回购价格。上市之初，碧桂园的公众持股比例只有 16.86%，按照香港的上市规则，一般要求上市公司公众流通股份的比例达到 25% 以上。出于对碧桂园市值较大的考虑，香港联所允许其比例低于 25%，但要求其该比例要降为 15%，否则可能面临退市风险。

作为外部投资者，美林想要真正充分判断企业的经营情况和投资价值是非常困难的。为克服这种信息不对称风险，美林利用对赌协议，与碧桂园基于当时业绩确定一个初始的、双方可接受的投资额（发行债券本金，并根据碧桂园未来一段时间的市场表现——股价来确定双方权利义务，有利于美林以较低的代理成本，约束融资企业的道德败坏行为，保护投资的安全性和收益性，锁定自身的投资风险。

一方面碧桂园迫于企业扩张、外部筹资失败、债务到期等压力，另一方面为满足香港上市规则考虑，碧桂园急需融到大量资金，先是签订发行可转债融资。但是美林为规避风险，约定将部分购买可转债的投资资金用于对赌抵押，若碧桂园对赌失败，美林则可以收取该笔抵押款。

碧桂园与美林签下了这份股份掉期协议，可能是为了吸引投资方，更大的可能是迫于资金方面压力，迫不得已才与美林签订，而对赌协议的条款往往是经过投资机构精心设计的，往往对投资方有利。当然，碧桂园可以依据该对赌协议对冲股价上涨风险，锁定较低的未来回购价格，同时满足上市公众持股比例需要。

2. 碧桂园运用对赌协议过程中还是有一些值得肯定和借鉴的地方。首先，在 2008 年金融危机及融资难的情况下，碧桂园通过该对赌协议确实融集到了大量资金，一方面偿还了中银香港的到期债务，另一方面满足了企业日常经营资金需要，缓解了财务资金压力。其次，在对赌协议内容上，碧桂园与美林创造性地运用股份掉期协议，在以往对赌案例的基础上有所突破，一方面可以给投资者传递股价被低估的信号，另一方面可以锁定未来回购价格，防止股价上升产生高额回购成本。此外，碧桂园签订对赌协议之后，相关财务信息比较公开、透明，即使是在对赌产生大额浮亏的情况下，也是公开向股民进行披露对赌协议盈亏的详细情况。最后，值得借鉴的地方是，碧桂园在巨额账面亏损的情况下，通过与美林协商，修订了对赌协议条款，使得条款内容对自身有利，防止损失进一步扩大。

这一交易对我们的启示：

（1）对于投资方，可以从以下几个方面规避自身运用对赌协议风险：

其一，进行专业的尽职调查，判断被投资企业的真实获利能力。若仅凭所谓的"对赌"及"赎回"条款来规避风险，将与投机没有多大区别，反而会面临更大风险。

其二，投资方则可以约定企业回购、支付押金等方式来保证其投入资金的安全。

其三，在对赌协议的执行中，投资方应该从战略、经营等方面给予被投资企业更多的支持，为双赢创造条件，而不是通过较高的利润指标、较大的赔偿金额等苛刻的要求转嫁自己的投资风险。

（2）对于融资方，运用对赌协议时建议如下：

其一，谨慎考虑是否必要签订对赌协议。对赌融资其实是一种高风险融资方式，一旦达不到对赌标准，融资方将会让出大量股权或支付大额赔偿，况且有些企业具备较好的成长性和良好的商业模式，即使不签订对赌协议，实现合理融资应该是不难的。企业应慎重签订对赌协议，权衡利弊，不应为了融资而孤注一掷，饮鸩止渴，导致严重损失。

其二，合理设置对赌标准和对赌筹码。首先要令对赌协议的风险和收益实现对等，不能因为有求于投资方而被迫接受较高的对赌标准，扩大自身风险。其次承受的风险要在自身能够承受的范围之内，也就是说能输得起。另外，对赌标准应该多样化，不拘泥于使用业绩指标，可以根据所在行业特点，加入一些有利于企业长期发展的非财务指标，例如设置专利许可、注册用户数、所占市场份额等对赌目标。

其三，在对赌协议中嵌入相关防范措施条款。①可以采取重复博弈的结构，降低双方在博弈中的不确定性，即第一阶段合作成功则可以加大第二阶段博弈筹码，反之则可以通过修改对赌条款，为实现双赢创造条件，防止因对赌失败而导致两败俱伤局面。②设置除外责任，对赌协议持续时间往往较长，市场波动、宏观经济环境等不可控因素或疫情、灾害以及其他不可抗力，都可能影响到对赌条款的实现，因此需要适当的设置除外责任条款来减少这些外力因素对企业未实现对赌目标的责任。③设置止损条款，对赌协议持续时间较长，企业内外部环境随之改变，对赢得博弈有着不可忽视的作用。因此，在出现巨额亏损时要及时与投资方沟通，及时修订对赌协议，必要时需要在对赌协议中设计一些止损条款，及时终止对赌协议。

其四，防止企业非理性扩张。融资企业要认清自己的行业地位，对未来发展有清晰的认知，对整个行业的发展态势、团队协作、资金到位情况、竞争者情况、人才储备、核心竞争力等方面做全面自查。企业需要制定合乎自身的发展战略，以防管理层为获取对赌胜利而采取杀鸡取卵方式，对企业进行过度开发，损害企业的长期可持续发展。

其五，防止控制权流失。大多数对赌协议是以股份作为筹码，企业应合理设置对赌股份比例锁定风险，保证控股地位，防止因对赌失败丧失企业控制。

案例五

股权激励——东莞勤上光电

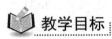

教学目标

了解股权激励的模式和机制。

基本理论

股权激励是企业拿出部分股权用来激励企业高级管理人员或优秀员工的一种方法。一般情况下都是附带条件的激励，如员工需在企业干满多少年，或完成特定的目标才予以激励，当被激励的人员满足激励条件时，即可成为公司的股东，从而享有股东权利。

教学组织手段

课前学生熟悉案例资料，补充及收集相关资料，课中学生分为几个案例小组，自行讨论股权激励的方式及对公司的影响，分析哪种方式最有效，再围绕案例思考题分析案例，讨论相关股权激励涉及的知识点，形成意见稿，推荐一名学生将其讨论的结果及分歧提出来大家分析。

案例介绍

（一）公司简介

东莞勤上光电股份有限公司，1994 年 11 月 7 日首次在东莞市工商行政管理局注册，是业内首家以大功率 LED 半导体照明为主营业务的上市公司（股票代码：002638），国家火炬计划高新技术企业，广东省战略新兴产业培训企业，拥有国家认可实验室（CNAS）、博士后科研工作站、30 万平方米的 LED 照明研发生产基地，产品通过美国 UL、欧洲 CE、ROHS 等权威认证，畅销亚洲、欧洲、美洲、东南亚等国家和地区。勤上光电专注 LED 照明应用 20 余年，形成了以 LED 户外照明为龙头，LED 智慧照明为前沿，纵深发展 LED 景观照明、LED 室内照明、LED 车灯照明、LED 显示屏等应用领域，以雄厚的技术水平成为业内领先的半导体照明产品和综合解决方案供应商。

2011 年 11 月 25 日，深圳证券交易所中小板挂牌上市，并于 2011 年 12 月 25 日完成工商变更登记手续。法人代表李旭亮。截至 2011 年末，公司控股股东为东莞勤上集团有限公司（控股 25.9%），实际控股人李旭亮、温琦夫妇直接或间接持有公司 27.01% 股份。此外公司没有其他持股 10% 以上的法人股东。2011 年归属于上市公司股东扣除非经常性损益后净利润为 11257.49 万元，经营活动产生现流量净额为 11561.33 万元，资产总额 239276.56 万元，归属于上市公司股东的所有者权益为 200640.50 万元，基本（稀释）每股收益 0.86 元/股，扣除非经常性损益后非后加权平均净资产收益率为 11.61%，资产负债率为 15.49%。

（二）东莞勤上光电股权激励计划—股票期权

东莞勤上光电股权激励计划制订、颁布、实施与取消的过程如表 3 - 7 所示。

表3-7　东莞勤上光电股权激励计划过程

时间	会议	内容
2012. 5. 16	第二届董事会第十一次会议、第二届监事会第九次会议	首期计划草案

续表

时间	会议	内容
2012.7.9	第二届董事会第十三次会议、第二届监事会第十次会议	由于公司首期股权激励计划对象中5人已经不在公司任职，故激励对象从原119名变更为114名，拟授予的股票期权数量由原470万份调整为455.8万份
2012.7.25	2012年第二次临时股东大会审议	授权董事会在公司出现资本公积转增股份、派送股票红利、配股、缩股或派息等事项时，按照股票期权激励计划规定的方法对股票期权数量和行权价格进行调整，在激励对象符合条件时向激励对象授予股票期权并办理授予股票期权所必需的全部事宜等
2012.7.25	第二届董事会第十四次会议、第二届监事会第十一次会议	鉴于公司于2012年5月29日实施2011年度"10转10，10派1"权益分派方案，按照股票期权激励计划规定的方法对股票期权数量和行权价格进行调整，公司股票期权激励计划授予期权数量由455.8万份调整为911.6万份，股票期权行权价格由29.40元调整为14.65元；确定授予日为2012年7月25日
2012.8.24		公司于中国证券登记结算有限公司深圳分公司完成了股权激励计划授予股票期权登记工作
2012.12.28	第二届董事会第十八次会议	终止实施公司首期股票期权激励计划，并注销已授予的股票期权911.6万份
2013.2.27	2013年第一次临时股东大会	
2013.5.29		经中国证券登记结算有限责任公司深圳分公司审核确认，公司日前已完成全部已授予股票期权注销事宜

【案例思考题】

1. 结合案例说明，公司股权激励计划授予日如何确定？等待期内资产负债表日应如何进行会计处理？

2. 结合案例说明，取消股权激励计划有何经济后果？

【案例分析参考与提示】

1. 授予日是指股份支付协议获得批准的日期。其中"获得批准"是指，企业与职工或其他方就股份支付的协议条款和条件已达成一致，该协议获得股东大会或类似机构的批准。这里的"达成一致"是指，在双方对该计划或协议内容充分形成一致理解的基础上，均接受其条款和条件。如果按照相关法规的规定，在提交股东大会或类似机构之前存在必要程序或要求，则应履行该程序或满足该要求。

本案例中，公司股权激励计划授予日是 2012 年 7 月 25 日，授权日不能行权，无须进行会计处理。

对于换取职工服务的股份支付，企业应当以股份支付所授予的权益工具的公允价值计量。企业应在等待期内的每个资产负债表日，以对可行权权益工具数量的最佳估计为基础，按照权益工具在授予日的公允价值，将当期取得的服务计入相关资产成本或当期费用，同时计入资本公积中的其他资本公积。

2. 取消股权激励计划事件本身可能会引起上市公司股票价格波动；主动取消股权激励计划和放任失效的激励计划会计处理有所不同，对企业当年的利润指标有直接影响。我国资本市场还在逐渐完善的过程中，股权激励计划的取消通过其事件本身的信息含量，以及对利润表的作用，可能对投资者决策产生影响。

案例六

外币交易——南方航空

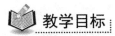 **教学目标**

了解外币交易的基本概念，基本类型和相关外币业务的会计处理。

基本理论

外币交易，是指以外币计价或者结算的交易，包括买入或者卖出以外币计价的商品或者劳务、借入或者借出外币资金和其他以外币计价或者结算的交易。

教学组织手段

课前学生熟悉案例资料，补充及收集相关资料，课中采用连连看游戏，考查学生对外币的认识，同时复习外币交易业务的会计处理，学生分为几个案例小组，围绕案例思考题进行分析案例，讨论相关外币交易涉及的知识点，形成意见稿，推荐一名学生将其讨论的结果及分歧提出来大家分析。

案例介绍

（一）公司简介

中国南方航空集团有限公司（China Southern Airlines，以下简称南方航空），总部设在广州市，成立于1995年3月25日，以蓝色垂直尾翼镶红色木棉花为公司标志，是中国运输飞机最多、航线网络最发达、年客运量最大的航空公司。南航年客运量居亚洲第一、世界第三；机队规模居亚洲第一，世界第四，是全球第一家同时运营空客 A380 和波音 787 的航空公司。是中国航班最多、航线网络最密集、年客运量最大的民用航空公司。

中国南方航空集团有限公司坚持"安全第一"的核心价值观；先后联合重组、控股参股多家国内航空公司，加入国际性航空联盟的中国内地航空公司，与中国国际航空股份有限公司和中国东方航空股份有限公司合称中国三大民航集团。

（二）案例介绍

1. 南方航空公司的资产业务特征

航空公司的业务特征和行业特征决定了南方航空公司是一个重资产的公司。而重资产的特征又决定了航空公司是一个准入门槛极高的行业，航空公司为了扩大规模、开辟新航线，需要购买或者租赁价值庞大的飞机。南方航空公司整体资产规模较大，其资产中飞机占资产比例巨大。南方航空公司的飞机和发动机大多数都是通过用外币进行融资租赁购买或者航空公司通过发行以外币计价的债券融资购买。同时南方航空公司不断开辟国际航线，南方航空公司存在着外币收入和外币成本。所以航空公司存在着外币净负债和外币净支出，所以航空公司在汇率波动的时候，产生了大量的外汇风险敞口。

"811"汇率改革以来，再加上近年来中国国内经济增速持续放缓。2016 年人民币兑美元汇率大幅贬值6.39%。人民币贬值压力依然存在。尽管公司不断提高人民币负债比例，但是由于公司签订租赁合约是长期的不可撤销合约，所以公司必然还会存在一定比例的美元等外币负债。所以南方航空公司这些外币风险敞口在汇率波动时候影响公司的业绩表现，对公司经营业绩造成冲击。

在现行的外汇管制规定下，航空公司依然不能将人民币在市场上自由兑换成外币，而南方航空公司的应付融资性租赁款和大量银行及其他贷款及经营租赁的租金都是以外币计价的。因此航空公司在偿付负债的时候要通过人民银行授权的金融机构按即期汇率将人民币兑换为外币在偿付和出租人或借款人。因此，人民币兑外币的贬值或升值都会对南方航空外币负债的偿付有重大影响。

2. 南方航空公司外币交易背景

2016 年全球经济艰难复苏，中国经济增速放缓，但缓中趋稳，稳中向好。全球民航业需求旺盛，继续受惠于全球低油价带来的利好，但同时也面临油价缓慢回升、地缘政治风险上升等挑战，中国民航业继续保持两位数的高速增长，但面临市场竞争加剧、高铁冲击、汇兑损失等诸多挑战。

2016 年南方航空公司实现净利润 50.55 亿元人民币，同比 2015 年 38.92 亿元人民币的净利润，较同期增加 29.88%；而同时由于近年来人民币汇率的波动加剧，航空公司 2016 年的汇兑损失为 32.66 亿元人民币，而 2015 年同期汇兑损失达到 57.02 亿元人民币。

表 3-8　南方航空公司历年来汇兑损益　　　　　单位：亿元

	2016 年	2015 年	2014 年
汇兑损益（ -表示汇兑损失）	-32.66	-57	-2.76
财务费用（ -表示财务收益）	58.36	78.26	22.51
净利润	50.55	38.51	17.73
全年人民币汇率增幅（ -表示人民币贬值）	-6.39%	-4.64%	-0.36%

南方航空公司在 2015 年和 2016 年由于人民币汇率的贬值，产生了巨大的汇兑损失，给公司造成了巨大的损失和影响了公司经营业绩的稳定性。

根据南方航空公司的案例可以看出，具有外向型经济特征的航空业公司业绩对汇率的波动敏感性很强。当人民币汇率升值时候就会对航空公司产生积极的影响；但是当人民币汇率贬值的时候，航空公司就会因为要用更多人民币偿还大量美元负债，这样就会产生汇兑损失，降低航空公司的利润。

2015 年在油价大幅下降的情况下，航空公司营业成本大幅下降，四大航空公司扣除汇兑损失后的净利润增长迅速。但是 2015 年四大航空公司的净利润仅为 181 亿元，而四大航空公司的汇兑损失就高达 176 亿元，几乎与 181 亿元的总利润持平。说明汇率风险暴露问题是整个航空业面临的重要问题，然而南方航空公司并未对自己的外汇风险敞口进行套期保值，使自身的外汇风险敞口裸露，因而在人民币汇率波动日益加剧的今天，加剧了航空公司面临的风险，加大了航空公司经营的不确定性。

【案例思考题】

1. 结合案例说明，外币交易如何进行会计处理？

2. 结合案例说明，航空公司应如何应对汇率波动带来的风险？

【案例分析参考与提示】

1. 根据案例，外币交易作如下会计处理：

外币是企业记账本位币以外的货币。外币交易是指企业发生以外币计价或者结算的交易。包括：买入或卖出以外币计价的商品或劳务；借入或借出外币资金和其他以外币计价或结算的交易。

企业发生外币交易的，应在初始确认时采用交易日的即期汇率或即期汇率的近似汇率将外币金额折算为记账本位币金额。这里的即期汇率可以是外汇牌价的买入价或卖出价，也可以是中间价，在与银行不进行货币兑换的情况下，一般以中间价作为即期汇率。期末，企业应当分别外币货币性项目和外币非货币性项目进行处理。

（1）以货币性项目是企业持有的货币和将以固定或可确定金额的货币收取的资产或者偿付的负债。期末或结算货币性项目时，应以当日即期汇率折算外币货币性项目，该项目因当日即期汇率不同于该项目初始入账时或前一期末即期汇率而产生的汇兑差额计入当期损益。

企业为购建或生产符合资本化条件的资产而借入的专门借款为外币借款时，在借款费用资本化期间内，由于外币借款在取得日、使用日及结算日的汇率不同而产生的汇兑差额，应当予以资本化，计入固定资产成本。

（2）非货币性项目是货币性项目以外的项目。①对于以历史成本计量的外币非货币性项目，已在交易发生日按当日即期汇率折算，资产负债表日不应改变其原记账本位币金额，不产生汇兑差额。②对于以成本与可变现净值孰低计量的存货，如果其可变现净值以外币确定，则在确定存货的期末价值时，应先将可变现净值折算为记账本位币，再与以记账本位币反映的存货成本进行比较。③对于以公允价值计量的股票、基金等非货币性项目，如果期末的公允价值以外币反映，则应当先将该外币按照公允价值确定当日的即期汇率折算为记账本位币金额，再与原记账本位币金额进行比较，其差额作为公允价值变动损益，计入当期损益。④以公允价值计量且其变动计入其他综合收益的外币货币性金融资产形成的汇兑差额，应当计入当期损益；外币非货币性金融资产形成的汇兑差额，与其公允价值变动一并计入其他综合收益。但是，采用实际利率法计算的金融资产的外币利息产生的汇兑差额，应当计入当期损益，非交易性权益工具投资的外币现金股利产生的汇兑差额，应当计入当期损益。

2. 航空公司应对汇率波动带来的风险，需要从以下几点着手：

首先，公司应明确金融工具是用来套期保值对冲风险敞口的，而不是用来进行套利和投机交易的，公司应该经营自己的主营业务。由于每家公司的风险敞口的实际情况不同，而场内又没有标准化的合约，大多数货币互换合约都是场外交易的，这些金融衍生工具的交易成本较大，当汇率波动较小时，考虑到衍生品交易的摩擦成本会大于汇兑损益，这样就没有必要利用金融衍生工具对外汇风险做套期保值。但是，如果公司基于宏观经济的判断，在预期人民币汇率会出现较大不利变动时候，公司应该积极合理使用金融工具对外汇风险敞口进行套期保值。

其次，航空公司的稳健经营原则，要求航空公司需要对汇率风险进行积极主动的风险管理策略，当然，对人民币汇率风险的管理并不是为了从中投机获利，而是为了航空公司的稳健经营，为了在实现利润最大化的条件上使航空公司面临的风险最小化。航空公司要树立正确的汇率风险意识，制定汇率管理总体策略，积极防范汇率波动风险。面对汇率走势的不确定性，应该养成对冲外汇敞口风险的习惯，而不是以主观臆断替代市场操作。还应该正确认识汇率避险工具的作用，不能把汇率避险当作赚钱的工具，而是基于实际贸易和投资背景对外汇敞口进行适度套保，提前锁定收益或者成本，然后集中精力做好主业。

最后，航空公司的管理者要吸取这些教训，要从宏观经济水平的大环境出发，从航空公司发展的实际情况出发，自觉增强风险意识，在经营决策中充分考虑外汇风险对企业价值的影响。我国航空业企业应该不断学习西方的先进理念和技术，提高自身国际竞争力。

企业合并——青岛海尔

教学目标

掌握企业合并日的确定方法、判断企业合并类型的方法、掌握企业合并的会计处理方法、熟悉或有对价的会计核算方法以及了解企业合并的动机。

基本理论

企业合并亦称"公司合并"，是指两个或者两个以上的企业通过订立合并协议，依照有关法律法规的规定，将资产合为一体，组成一个新企业的行为过程。企业合并的结果是，新企业的资产等于各个合并企业的资产总和。企业合并可分为吸收合并和新设合并两种形式。吸收合并，指两个或两个以上的企业通过订立合并协议，并依照有关法律法规的规定合并后，其中一个企业接收了其他企业的资产（包括债务）后继续存在而其他企业被解散的合并方式。在这种方式中，解散的企业称为被合并企业，继续存在的企业称为续存企业。新设合并，指两个或两个以上的企业通过订立合并协议，并依照有关法律法规的规定合并后，在所有企业都解散的基础上，设立一个新企业的合并方式。企业合并的效应，主要是优化资源配置、形成规模经济、增强企业的市场竞争力、提高经济效益。

教学组织手段

课前学生熟悉案例资料，补充及收集相关资料，课中学生分为几个案例小组，围绕案例思考题进行案例分析，讨论案例中公司企业合并类型的认定和会计处理，形成意见稿，推荐一名学生将其讨论的结果及分歧提出来大家分析。

 案例介绍

（一）合并交易各方简介

1. 并购方：青岛海尔

1984 年，海尔集团创立于青岛，总部地点位于中国山东省青岛市，自创立以来，海尔一直秉持着创造资源，美誉全球的企业精神，人单合一，速战速胜的企业作风，坚持以用户需求为中心的创新体系来驱动企业健康持续地发展。创业伊始，海尔集团引进德国利勃海尔电冰箱生产技术，经过了三十多年的努力，从生产冰箱的落魄的小厂商，发展成为一家集家电、通信、IT 数码产品、家居、物流、金融、房地产、生物制药领域于一体的全球最大的家用电器制造商之一。从制造产品逐渐转型为制造创客平台。

海尔集团旗下拥有两大上市公司：青岛海尔及海尔电器。海尔集团直接和间接持有青岛海尔 41% 的股份，是青岛海尔的实际控制人，此次并购通用家电的并购方为青岛海尔。从成立至今，青岛海尔始终秉持着"以用户为是，以自己为非"的理念，坚持适应时代的战略，坚持创业、创新的精神。通过自身持续的努力，海尔成功并购重组日本三洋白电业务、通用家电业务，并受托管理海尔集团并购的新西兰费雪派克业务，到目前为止，青岛海尔在海内外形成了研发、生产、营销三位一体的竞争力，基本实现品牌的全球布局与全球化运营战略。青岛海尔坚持转型、升级、全球化的发展方向，推进产品技术迭代引领与结构升级、网络线上线下做深做细、营销聚焦零售提效、全球布局合理定位、丰富与增强智慧家庭与智能制造生态内容能力。

2. 被并购方：通用家电

通用电气公司（简称 GE）于 1892 年在美国成立，至今已有一百多年的历史，是世界上最大的提供服务业务及技术的多元化大型跨国企业，其产品及服务范围较广，其产品涉及消费电器、工业电器、军火设备、医疗设备、媒体、金融

服务、能源管理、石油天然气、航空、运输等。通用电气在全球范围内拥有员工近 31.5 万人，业务范围遍布全球 180 个国家。通用电气在不断创新、发明及再创造的基础上，将创意变为领先的产品及服务，致力于为客户解决问题，通过多项技术和服务为客户创造更美好的未来。而相对于大部分企业来说，通用电气的股权结构较为分散，前十大股东为机构投资者，并无实际的控制人。通用电气有6 个产业部门：基础设施、工业、医疗、商务金融、消费者金融、NBC 环球。通用电气连续 7 年被著名的财经日报《金融商报》评为全球最受尊敬的公司。通用电气的品牌口号是"梦想启动未来"。通用电气由四大业务集团构成，每个集团都包括多个共同增长的部门。通用电气的业务推动着全球经济发展和人们生活条件的改善。通用电气的 4 个全球研发中心吸引着世界上最出色的技术人才，超过3000 名研究人员正努力创造新一代的技术创新。

在此次跨国并购中，目标方通用家电是通用电气传统的业务，也是主要的业务部门之一。通用家电的发展历史已长达百年，如今，通用家电已经发展成为集厨房电器、制冷产品、洗衣产品及家庭护理于一体的大型综合性的家电制造企业。在美国市场，通用家电具有高度的品牌认可度和市场地位，是美国家喻户晓的家电领先品牌。是全球领先的家用电器生产厂商之一。在通用家电发展的过程中，其一直致力于研究生产先进的家用电器产品，凭借着领先的技术，公司员工的创新精神及高度的研发能力，提供优质的家用电器产品，为消费者提供了更加方便、高效率的现代化生活，提升消费者的生活品质，营造美好的生活方式。在美国市场，就整体而言，是第二大家用电器品牌；就细分产品而言，其冰箱、洗衣机、厨电产品等都领先于其他家电企业。通用家电拥有丰富的经验、领先的研发水平、先进的生产技术、强大的营销网络和高效的物流能力，占据了美国广阔的消费市场。

（二）案例介绍

1. 交易经过

2016 年 1 月 14 日，青岛海尔召开第八届董事会第二十九次会议，会议审议通过了此次并购的相关议案，公司拟用 54 亿美元现金购买通用电气公司及其子公司所持有的家电业务资产。

2016 年 1 月 14 日（美国东部时间），青岛海尔与通用电气签署了《股权与资产购买协议》。协议约定，青岛海尔以现金方式购买通用电气的家电业务相关资产，交易基础价格为 54 亿元。协议中，通用电气就本次交易标的相关的资产、负债、经营情况、重大合同、环保、知识产权、诉讼和行政处罚等情况进行了完整、真实、准确的陈述和保证。

2016 年 2 月 26 日，青岛市商务局向青岛海尔发放《企业境外投资证书》（境外投资证第 N3702201600044 号）。

2016 年 3 月 3 日，本次交易通过美国反垄断审查。

2016 年 3 月 18 日，国家发改委向青岛海尔发放《项目备案通知书》（发改办外资备〔2016〕117 号），同意对本次交易进行备案。

2016 年 3 月 31 日，青岛海尔召开 2016 年度第二次临时股东大会，审议通过本次交易相关议案。

2016 年 6 月 6 日（美国东部时间），通用电气授权交付、履行《股权和资产购买协议》并完成本次交易。从 2016 年 6 月 7 日开始，通用家电纳入青岛海尔财务报表，正式成为青岛海尔的一部分。这也是中国家电行业迄今为止最大的一笔海外并购交易。

2. 并购方案的主要内容

（1）并购交易标的。本次交易标的为通用电气及其子公司所持有的家电业务资产，拟购买的标的资产包括股权和非股权资产，同时承接相关负债。股权包括 10 家全资子公司股权、3 家合资公司股权、3 家公司中的少数股权。非股权资产包括与家电业务相关的不动产、库存、原材料、商誉、专利技术、政府许可与授权、相关债券、合同权利、业务相关档案，等等。承接的负债包括收购方需缴纳的相关税负、合同负债、质保产生的负债、员工协议下的相关责任，等等。

（2）并购交易价格。本次交易的基础价格为 54 亿美元，最终交易价格为基础价格加上交割调整。交割调整等于通用电气预估截至紧邻交割日前一天的修订营运资本减去目标营运资本的差额。

截至 2016 年 6 月 6 日（美国东部时间），青岛海尔支付交易对价共计 55.8035 亿美元（折合人民币约 365.47 亿元），其中基础价格 54 亿美元，交割调整 1.8035 亿美元。

2017 年 1 月 10 日，青岛海尔又与通用电气签署补充协议，加上之前的基础价格和交割调整，最终交易价格确定为 56.116 亿美元。

（3）商标许可协议。《商标许可协议》是《股权与资产购买协议》的附属协议。协议约定：青岛海尔可以使用特定的 GE 商标，初始使用期限为 20 年，初始使用期限结束后，青岛海尔可以进行续展，每个续展期 10 年，两个续展期结束后，通用电气有权决定是否继续续展。青岛海尔在初始使用期和续展期内要向通用电气支付许可费。

（4）支付交易对价安排。2016 年 5 月 26 日，青岛海尔旗下公司（Haier US Appliance Solutions, Inc）和国开行签署《33 亿美元长期贷款协议》，青岛海尔获得 33 亿美元（折合人民币约 216.14 亿元）的长期贷款，贷款期限 5 年，由海尔集团进行全额担保。剩余部分资金需求通过自筹获得。2016 年青岛海尔的现金流量表显示"取得借款收到的现金"科目金额为 434.46 亿元。截至 2016 年 6 月 6 日，青岛海尔向通用电气方支付了协议约定的全部价款，合计支付 55.8 亿美元。

同时，青岛海尔通过其全资子公司海尔股份（香港）有限公司在美国、荷兰、英属维尔京群岛、印度、新加坡、韩国、墨西哥等国家和地区设立公司，用于承接标的资产和支付交易价款。

【案例思考题】

1. 结合案例，讨论案例中的合并属于哪种类型？不同的合并类型对账务报表的影响？

2. 结合案例，分析案例中合并的动机是什么？

【案例分析参考与提示】

1. 企业合并一般被划分为两大基本类型，同一控制下的企业合并和非同一控制下的企业合并。同一控制下的企业合并，是指参与合并的企业在合并前后均受同一方或相同的多方最终控制，且该控制并非暂时性的。非同一控制下的企业合并，是指参与合并各方在合并前后不受同一方或相同的多方最终控制的合并交易。

此案例中，青岛海尔合并通用家电属于非同一控制下的企业合并。

不同企业并购类型对账务报表的影响如表 3-9 所示。

表 3 − 9　不同企业并购类型对账务报表的影响

报表类型		非同一控制下的企业合并	同一控制下的企业合并
个别报表	长期股权投资	付出资产及发行权益性证券的公允价值	被合并方所有者权益的账面价值×持股比例
	置出资产的计量	公允价值	账面价值
	差额	0	计入资本公积
合并报表	被合并方资产、负债的列示	公允价值	账面价值
	合并价差	形成商誉	计入资本公积

2. 案例中合并的动机包括以下几方面：

（1）完善青岛海尔全球化布局。全球化是青岛海尔发展战略中的重中之重。青岛海尔一直以来目标是成为全球家电行业领导者。并购是达成全球化目标的捷径。通过此次并购，青岛海尔能够进一步了解国外家电行业所处的市场环境、法律环境、经营环境、政治环境、消费者需求等，进一步充实跨国并购经验，进一步掌握跨国企业管理经验，从而为其实现全球化布局起到积极助推作用。

（2）扩大青岛海尔海外市场份额。家电行业企业众多、竞争十分激烈。经过多年的发展，家电行业形成了成熟的竞争环境，崛起了一些优秀的企业，例如惠而浦、通用家电、松下、海尔、美的、三星、伊莱克斯，等等。各企业凭借着自身的优势产品和细分市场占据一方。想要通过内生式增长挤占竞争对手市场扩大自身市场份额变得尤为困难，即使可行也需要一个很长的周期，因此，通过并购获取市场成为有力手段。

（3）提升自身品牌形象。随着经济社会的发展，人民收入状况和生活水平不断提高，消费者对家用电器的需求也渐趋多元化和个性化。消费者不再单一考虑实用性的问题，节能、舒适、安全、智能化、多功能等成为越来越重要的考虑因素。尽管青岛海尔在技术和产品上有了长足的进步，但很多国外消费者对海尔的印象还停留在廉价、标准化的层面上。中国企业的品牌溢价普遍很低，即使是海尔这种优秀的品牌也不能幸免，收购国外同行业领先企业是海尔提高品牌溢价的有效方法。

（4）充分发挥协同效应以提高盈利能力。通用家电有着良好的全球声誉和企业管理水平，多年来业绩稳健，是通用电气公司相当优质的资产。2013 年度、2014 年度以及 2015 年前三季度，通用家电营业收入分别为 57.83 亿美元、59.08 亿美元和 46.58 亿美元，息税前利润分别为 1.76 亿美元、2.00 亿美元和 2.23 亿美元。青岛海尔并购这一优质资产后，能够增加新的业绩增长点，提升企业竞争力。双方通过业务和资源不断整合在采购、研发、生产、销售、品牌、技术、管理等全流程产生协同效应，从而提升企业持续盈利能力并为股东创造更多的价值。

（5）获取优质技术、人才等资源。家电行业"价格为王"的时代已经过去，现在是"技术为王"。技术和人才直接决定了企业产品的质量和市场欢迎程度。青岛海尔从成立之初就十分重视研发和人才队伍建设，对技术和人才充满了渴求。专业的技术和人才优势是通用家电吸引青岛海尔并购的重要原因。

第四篇　会计综合案例

综合案例一

星湖电子有限公司主要从事电子产品的生产和销售，于 2010 年首次公开发行 A 股股票并上市。星湖电子有限公司适用的企业所得税税率为 25%。星湖电子有限公司 2014 年度财务报表由汇泰会计师事务所审计。明星会计师事务所于 2015 年上半年接受委托审计星湖电子有限公司 2015 年度财务报表，并委派注册会计师甲担任审计项目合伙人。此外，明星会计师事务所还首次接受星湖电子有限公司下属若干子公司委托，审计其各自的 2015 年度财务报表，并分别出具审计报告。

（一）资料一

星湖电子有限公司以前年度与其他非关联公司分别出资 5400 万元和 3600 万元设立了 S 公司，星湖电子有限公司持有 S 公司 60% 股权，能够对 S 公司实施控制。2015 年 11 月 1 日，S 公司引入新股东 C 公司（非关联方），C 公司向 S 公司注资 14000 万元，星湖电子有限公司对 S 公司持股比例下降为 30%，自该日起不再对 S 公司实施控制，但仍具有重大影响。C 公司注资前，星湖电子有限公司对 S 公司长期股权投资账面价值为 5400 万元；注资后，星湖电子有限公司对 S 公司剩余 32% 股权公允价值为 9600 万元。S 公司设立日至本次 C 公司注资前，S 公司共实现净利润 5000 万元（其中，设立日至 2014 年末共实现净利润 4000 万元），一直未进行利润分配，除所实现的净利润外，未发生其他净资产变动。针对上述因 C 公司注资导致星湖电子有限公司对 S 公司持股比例下降，星湖电子有限公司进行了如下会计处理：

1. 星湖电子有限公司个别财务报表

于丧失控制权日，按新持股比例32%确认星湖电子有限公司享有S公司净资产份额8960万元［＝（5400万元＋3600万元＋5000万元＋14000万元）×32%］，与长期股权投资原账面价值5400万元之间的差额3560万元（8960万元－5400万元）计入当期损益。对于剩余32%股权，再按照丧失控制权日该剩余股权公允价值9600万元进行重新计量，差额640万元（9600万元－8960万元）计入其他综合收益。

2. 星湖电子有限公司合并财务报表

于丧失控制权日，终止确认S公司相关资产、负债账面价值，并终止确认少数股东权益账面价值。对于剩余32%股权，按照丧失控制权之日星湖电子有限公司享有S公司净资产份额8960万元［＝（9000万元＋5000万元＋14000万元）×32%］进行重新计量，作为长期股权投资核算。将剩余股权账面价值8960万元减去按原持股比例60%计算应享有S公司自设立日开始持续计算净资产账面价值的份额8400万元［＝（9000万元＋5000万元）×60%］之间的差额560万元计入丧失控制权当期的投资收益。

（二）资料二

星湖电子有限公司于2015年中开始实施一项限制性股票激励计划。根据该计划，星湖电子有限公司以约定价格每股10元向100名公司管理部门员工每人发行1万股星湖电子有限公司股票（每股面值1元），并规定锁定期为12个月。在锁定期内，这些限制性股票不得上市流通和转让。如果员工在12个月后仍在星湖电子有限公司任职，则其持有的限制性股票可以解锁；如果员工在12个月内离开星湖电子有限公司，则星湖电子有限公司需要按照事先约定的价格每股10元向员工回购所持限制性股票，并予以注销。

于授予日（2015年7月1日），星湖电子有限公司收到该100名员工缴纳股票认购款1000万元，同日，星湖电子有限公司向员工发行的100万股限制性股票也按照有关规定履行了注册登记等增资手续。星湖电子有限公司于该日借记"银行存款"1000万元，贷记"股本"100万元，按其差额，贷记"资本公积"900万元。

星湖电子有限公司股票授予日公允价值为每股 15 元。2015 年 12 月 31 日，有 10 名员工离开星湖电子有限公司，星湖电子有限公司履行了回购义务，按照支付总价款 100 万元，借记"库存股"100 万元，贷记"银行存款"100 万元；同时，注销回购股份，借记"股本"10 万元，借记"资本公积"90 万元，贷记"库存股"100 万元。

星湖电子有限公司估计剩余 90 名员工均会任职至限制性股票解锁日，因此，于 2015 年 12 月 31 日，按照授予日星湖电子有限公司股票公允价值和预计将会解锁股票数量，确认应计入 2015 年度费用金额为 675 万元，借记"管理费用"675 万元，贷记"资本公积"675 万元。

（三）资料三

审计项目组在审计过程中注意到以下情况：

（1）2015 年度星湖电子有限公司某非控股股东的子公司豁免了星湖电子有限公司的一项债务，星湖电子有限公司将接受的上述债务豁免计入营业外收入。

（2）星湖电子有限公司 2015 年 12 月 31 日其他应收款账面余额中包含星湖电子有限公司所购买的若干"理财产品"，明细摘录如表 4 - 1。

表 4 - 1　2015 年 12 月 31 日星湖电子有限公司持有的理财产品

项目	发行机构	金额	到期日	是否保本	收益率
理财产品 A	证券公司	100 万元	2016 年 3 月	是	固定，年化收益率 3.5%
理财产品 B	商业银行	200 万元	2016 年 5 月	否	非固定，预期最高年化收益率 4%

（3）2015 年 1 月，考虑到 W 产品生产线生产能力已难以满足发展需要，星湖电子有限公司决定将该生产线转入改扩建（包括更换部分主要设备部件）。2015 年 12 月 31 日，上述生产线改扩建项目完工。星湖电子有限公司 2015 年度相关固定资产和在建工程财务信息摘录如表 4 - 2。

表 4 - 2 2015 年度星湖电子有限公司固定资产和在建工程信息摘录

单位：万元

	年初余额	本年计提折旧	本年转出至在建工程	本年在建工程转入	年末余额
固定资产——W 产品生产线：					
——原值	3000		(3000)	2500	2500
——累计折旧	(980)	(20)	1000	—	—
在建工程——W 产品生产线	—	2000	500	(2500)	

（四）资料四

审计项目组在审计过程中注意到以下情况：

（1）星湖电子有限公司 2015 年 12 月 31 日某资产组原值减去累计折旧和减值准备后的账面价值为 1000 万元，由于存在减值迹象，星湖电子有限公司对其进行了减值测试。经测试，该资产组于 2015 年 12 月 31 日公允价值减去处置费用后的净额为 800 万元，预计未来现金流量现值为 700 万元。考虑到近期无处置该资产组的意图，星湖电子有限公司将预计未来现金流量现值作为可收回金额，于 2015 年 12 月 31 日对该资产组计提了 300 万元资产减值准备。星湖电子有限公司在申报 2015 年度企业所得税应纳税所得额时，将上述 300 万元资产减值损失做了全额税前扣除。

（2）星湖电子有限公司于 2015 年 12 月 31 日以分期收款方式向某非关联公司销售了一批产品，合同约定销售价格为 120 万元（不含增值税），约定收款期为三年，2016 年至 2018 年每年年末各收取 40 万元。星湖电子有限公司于 2015 年 12 月 31 日向该非关联公司交付了该批产品，并于当日确认 120 万元营业收入，结转相应营业成本。星湖电子有限公司在申报 2015 年度企业所得税应纳税所得额时，将销售该批产品的利润纳入了 2015 年度应纳税所得额。

（3）星湖电子有限公司于 2015 年 1 月 1 日在一级市场上按面值购入每年付息、到期还本的 2 年期国债 10 万元，将其作为以摊余成本计量的金融资产核算。星湖电子有限公司于 2015 年末收到该国债利息 4000 元，将其计入当期损益。2015 年 12 月 31 日，该国债公允价值上升了 1 万元，星湖电子有限公司因此调增其账面价值，同时确认公允价值变动收益 1 万元。星湖电子有限公司在申报 2015

年度企业所得税应纳税所得额时，将该国债上述利息收入和公允价值变动收益共计14000元纳入了2015年度应纳税所得额。

（4）星湖电子有限公司于2015年12月31日直接向某民办小学捐赠现金20万元，其中10万元用于补助该小学2015年度教育经费，其余10万元用于补助该小学2016年度校舍建设。星湖电子有限公司于2015年12月31日将其中10万元计入营业外支出（该金额远低于星湖电子有限公司2015年度利润总额的12%），其余10万元确认为预付账款。星湖电子有限公司在申报2015年度企业所得税应纳税所得额时，将上述计入营业外支出的10万元捐赠支出做了全额税前扣除。

（5）星湖电子有限公司2015年度委托一家境内非关联公司进行一项研发活动，共计发生研究费用100万元，由于该研发活动尚处于研究阶段，星湖电子有限公司将其全部计入当期损益。星湖电子有限公司在申报2015年度企业所得税应纳税所得额时，将上述100万元研究费用做了全额税前扣除，并按照100万元的50%做了加计扣除。

（6）星湖电子有限公司于2015年度将一批自产产品发放给管理人员作为员工福利，星湖电子有限公司按该批产品账面价值10万元计入管理费用。星湖电子有限公司在申报2015年度企业所得税应纳税所得额时，将上述10万元管理费用做了全额税前扣除。

（五）资料五

星湖电子有限公司财务总监就以下事项征询注册会计师甲的意见：

（1）星湖电子有限公司于2015年与三家非关联公司共同出资成立B公司（有限责任公司），星湖电子有限公司持有40%股权，另外三家非关联公司各持有20%股权。B公司章程规定：B公司的相关活动主要由其权力机构（股东会和董事会）决策；股东会会议由股东按持股比例行使表决权，相关股东会决议需经代表50%以上表决权的股东同意方可通过；董事会共5名成员，其中星湖电子有限公司拥有2个席位，另外三家非关联公司各拥有1个席位，相关董事会决议需经半数以上董事同意方可通过。2015年度，星湖电子有限公司将对B公司的投资作为对联营企业的长期股权投资核算。2016年初，出于经营战略考虑，星湖电子有限公司拟与B公司的另一现有股东签订一份一致行动协议。根据该协议，自协议生效之日起，星湖电子有限公司与该股东在B公司股东会和董事会上必须一致行动，即在 B 公司股东会和董事会进行表决时，双方均应做出同样的投票决定，否则，双方需协商一致后再进行表决。财务总监希望注册会计师甲就上述一致行动协议生效后星湖电子有限公司是否能够控制 B 公司提出分析意见。

（2）星湖电子有限公司于若干年前出资 1000 万元，与非关联公司——D 公司共同出资设立 E 公司，星湖电子有限公司持有 20% 股权，D 公司持有 80% 股权。出于战略调整需要，星湖电子有限公司拟在 2016 年将所持 E 公司 20% 股权全部出售给 D 公司。E 公司自设立以来经营状况良好，一直盈利，于 2015 年末有较多留存收益（包括未分配利润和盈余公积）。经测算，星湖电子有限公司所持 E 公司 20% 股权于 2015 年 12 月 31 日公允价值为 2000 万元。星湖电子有限公司财务人员向财务总监提出了以下两个处置方案：方案一，直接将所持 E 公司 20% 股权按照公允价值 2000 万元转让给 D 公司；方案二，星湖电子有限公司以从 E 公司撤回投资的方式收回 2000 万元，然后由 D 公司再向 E 公司另行投资 2000 万元。

财务总监希望注册会计师甲就上述两个方案对星湖电子有限公司企业所得税应纳税所得额的影响存在哪些区别提出分析意见。

【案例思考题】

1. 针对资料一，假定不考虑其他条件，指出星湖电子有限公司在个别财务报表层面和合并财务报表层面的会计处理是否存在不当之处。如果存在不当之处，提出恰当的处理意见（不考虑相关税费或递延所得税的影响）。

2. 针对资料二，假定不考虑其他条件，指出星湖电子有限公司的会计处理是否存在不当之处。如果存在不当之处，提出恰当的处理意见（不考虑相关税费或递延所得税的影响）。

3. 针对资料三第 1 项至第 3 项，假定不考虑其他条件，指出星湖电子有限公司的会计处理是否存在不当之处。如果存在不当之处，提出恰当的处理意见。

4. 针对资料四第 1 项至第 6 项，假定不考虑其他条件，逐项指出星湖电子有限公司的会计处理以及企业所得税的处理是否存在不当之处。如果存在不当之处，提出恰当的处理意见。

5. 针对资料四第 1 项至第 6 项，假定不考虑其他条件，逐项判断是否涉及递延所得税的核算。如果涉及，指出应确认的是递延所得税资产还是递延所得税负债。

6. 针对资料五第 1 项和第 2 项，假定不考虑《中国注册会计师职业道德守则》的规定，代注册会计师甲回答财务总监提出的问题。

【案例分析参考与提示】

1. 个别财务报表存在不当之处。

于丧失控制权日，按新的持股比例 32% 确认星湖电子有限公司享有 S 公司因增资扩股而增加净资产的份额 4480 万元（= 14000 万元 × 32%），与持股比例下降部分所对应的长期股权投资原账面价值 2520 万元（= 5400 万元 × 28%/60%）之间的差额 1960 万元计入当期损益。剩余 32% 股权由原成本法改按权益法核算，对该剩余股权视同自取得时即采用权益法核算进行调整。注资以后按照新持股比例计算享有 S 公司自设立日至注资期初之间实现的净损益为 1280 万元（= 4000 万元 × 32%），调整增加长期股权投资的账面价值，同时调整留存收益；注资期初至注资日之间实现的净损益 320 万元（= 1000 万元 × 32%），调整增加长期股权投资的账面价值，同时计入当期投资收益。

合并财务报表：存在不当之处。于丧失控制权日，终止确认 S 公司相关资产、负债账面价值，并终止确认少数股东权益账面价值。对于剩余 32% 股权，按照丧失控制权之日该剩余股权的公允价值 9600 万元进行重新计量，作为长期股权投资核算。剩余股权公允价值减去按原持股比例 60% 计算应享有 S 公司自设立日开始持续计算的净资产账面价值的份额 8400 万元［=（9000 万元 + 5000 万元）× 60%］之间的差额 1200 万元，计入丧失控制权当期的投资收益。

2. （1）星湖电子有限公司应当于 2015 年 7 月 1 日，就回购义务确认负债，借记"库存股" 1000 万元，贷记"其他应付款" 1000 万元（在 10 名员工离开星湖电子有限公司时，相应冲减"其他应付款" 100 万元）。

（2）2015 年 12 月 31 日，星湖电子有限公司应当基于所发行股份于授予日的公允价值与员工认购价格的差额 5 元/股（= 15 元/股 − 10 元/股）及锁定期的影响，相应确认成本费用 225 万元（= 90 × 1 万股 × 5 元/股/2）。

3. （1）存在不当之处。接受非控股股东的子公司的债务豁免，应当将相关利得计入所有者权益（资本公积）。

（2）存在不当之处。非保本非固定收益理财产品 B 的回收金额不固定也不确定，不能通过合同现金流量测试，应分类为以公允价值计量且其变动计入当期损益的金融资产。

（3）存在不当之处。W 产品生产线改扩建更换了部分主要设备部件，应当将被替换部分的账面价值扣除，而不应保留转入完成改扩建之后的固定资产账面余额。

4.（1）会计处理：存在不当之处。

处理意见：资产可收回金额的估计，应当根据公允价值减去处置费用后的净额与资产未来现金流量现值两者之间的较高者确定。

所得税处理：存在不当之处。

处理意见：企业提取的固定资产减值准备不得税前扣除。

（2）会计处理：存在不当之处。

处理意见：该交易属于具有融资性质的分期收款销售，应当按照合同总价款的公允价值确认收入，通常按其未来现金流量现值或商品现销价格计算确定。

所得税处理：存在不当之处。

处理意见：以分期收款方式销售货物的，按照合同约定的收款日期确认收入的实现。

（3）会计处理：存在不当之处。

处理意见：应冲回公允价值变动收益 1 万元，相应调减以摊余成本计量的金融资产账面价值。以摊余成本计量的金融资产应当以摊余成本进行后续计量（不应当根据公允价值变动调整其账面价值）。

所得税处理：存在不当之处。

处理意见：星湖电子有限公司从发行者直接投资购买的国债，持有期间从发行者取得的国债利息收入 4000 元免征企业所得税；公允价值变动 10000 元不纳入 2015 年度企业所得税应纳税所得额。

（4）会计处理：存在不当之处。

处理意见：20 万元现金捐赠应全额计入 2015 年度当期损益。

所得税处理：存在不当之处。

处理意见：对于未通过公益性团体或县级（含县级）以上人民政府及其部门进行的捐赠，不得税前扣除。

（5）会计处理：不存在不当之处。

所得税处理：存在不当之处。

处理意见：星湖电子有限公司委托境内外部机构进行研发活动发生的费用，按照费用实际发生额的 80％计入星湖电子有限公司研发费用并计算加计扣除。

（6）会计处理：存在不当之处。

处理意见：将自产产品发放给管理人员作为福利，应当按照该产品的公允价值和相关税费，计量应当计入成本费用的金额。

所得税处理：存在不当之处。

处理意见：将自产产品用于职工福利，应按星湖电子有限公司同类产品的同期对外销售价格确定销售收入，并相应计入应纳税所得额。

5.（1）涉及递延所得税的核算，应确认递延所得税资产。

（2）涉及递延所得税的核算，应确认递延所得税负债。

（3）不涉及递延所得税的计算。

（4）不涉及递延所得税的计算。

（5）不涉及递延所得税的计算。

（6）不涉及递延所得税的计算。

6.（1）按照星湖电子有限公司拟与该股东签订的一致行动协议，星湖电子有限公司应与该股东协商，并根据双方协商一致的结果在股东会和董事会进行表决，这将无法确保该股东按星湖电子有限公司的意愿进行表决，因此，星湖电子有限公司通过该一致行动协议仍不足以控制 B 公司。

（2）两个方案对星湖电子有限公司企业所得税应纳税所得额影响的区别为：

方案一：星湖电子有限公司向 D 公司转让所持对 E 公司20% 股权投资的收入扣除，为取得该股权所发生的成本后，为股权转让所得。星湖电子有限公司在计算股权转让所得时，不得扣除 E 公司未分配利润等留存收益中按该项股权所可能分配的金额。

方案二：星湖电子有限公司从 E 公司撤回投资，其取得的资产中，相当于初始出资的部分，应确认为投资收回；相当于 E 公司累计未分配利润和累计盈余公积按减少实收资本比例计算的部分，应确认为股息所得；其余部分确认为投资资产转让所得。

综合案例二

星湖电子有限公司主要从事机电产品生产和销售，2010 年首次公开发行 A 股股票并上市。星湖电子有限公司为增值税一般纳税人，适用的企业所得税税率为 25%。星湖电子有限公司 2015 年度财务报表由汇泰会计师事务所审计。明星会计师事务所于 2016 年上半年接受委托，审计星湖电子有限公司 2016 年度财务报表，并委派注册会计师甲担任审计项目合伙人。此外，明星会计师事务所还首次接受星湖电子有限公司下属若干子公司委托，审计其各自 2016 年度财务报表，并分别出具审计报告。

（一）资料一

2016 年 1 月 1 日，星湖电子有限公司以现金 18000 万元从某非关联方购入其所持全资子公司全部股权。该子公司于购买日（2016 年 1 月 1 日）可辨认净资产公允价值和账面价值分别为 16000 万元和 9500 万元。此外，交易双方在收购协议中约定了"业绩对赌"条款，如该子公司 2016 年度和 2017 年度合计净利润未达约定金额，则该非关联方将以现金向星湖电子有限公司返还一部分收购价款，具体金额将依据上述两年实际合计净利润与约定金额的差额按协议约定公式计算确定。对于上述收购交易，星湖电子有限公司进行了如下会计处理：

1. 星湖电子有限公司个别财务报表

2016 年 1 月 1 日：星湖电子有限公司按支付价款 18000 万元作为长期股权投资入账价值。同时，星湖电子有限公司认为目前尚无法确定该子公司 2016 年度和 2017 年度合计净利润能否达到约定金额，因而无法确定未来是否能收到业绩对赌返还款，因此未对该业绩对赌进行会计处理。

2016 年 12 月 31 日：根据该子公司 2016 年度经营业绩和该非关联方（承诺方）支付能力，星湖电子有限公司预计未来很可能收到业绩对赌返还款，因此按预计可收到金额确认其他应收款，同时调整长期股权投资账面价值。

2. 星湖电子有限公司合并财务报表

2016 年 1 月 1 日：星湖电子有限公司以该子公司可辨认资产、负债公允价值作为其在合并财务报表中的入账价值，并将所支付的 18000 万元与该子公司可辨认净资产公允价值 16000 万元的差额 2000 万元确认为商誉。2016 年 12 月 31 日：星湖电子有限公司按预计可收到业绩对赌返还金额确认其他应收款，同时调整商誉。

（二）资料二

（1）星湖电子有限公司 2016 年 2 月按面值向非关联投资者发行永续票据，部分合同条款摘录如表 4 - 3。

表 4 - 3　星湖电子有限公司永续票据部分合同条款

年限	无固定还款期限
利率和利息支付	年利率 8%，按年支付利息，星湖电子有限公司可自主决定无限期递延支付利息。星湖电子有限公司可自主决定普通股股利的支付，但若星湖电子有限公司支付普通股股利，则须将之前累计未偿付利息一并付清。
投资人保护机制	如果星湖电子有限公司发生以下事项中的任一项，必须以现金向永续票据投资人按面值回购所有票据，并付清累计未偿付利息： （1）信用评级下降 （2）实际控制人变更

星湖电子有限公司将上述发行的永续票据按收到的发行款项扣除有关发行费用后的净额确认为权益工具。

（2）星湖电子有限公司 2016 年 5 月向某商业银行借入可续期借款，部分合同条款摘录如表 4 - 4。

表 4 - 4　星湖电子有限公司部分借款合同条款

年限	5 年，到期后星湖电子有限公司可自主选择续期或还款。续期期限到期后，可继续选择续期或还款（续期次数不限）
利率和利息支付	年利率 8%，按年支付利息，星湖电子有限公司可自主选择无限期递延支付利息，星湖电子有限公司每次选择递延支付利息，未偿付利息的利率将上调 50 个基点，但调整后的年利率最高不超过 10%
投资人保护机制	如果星湖电子有限公司发生以下事项中的任一项，必须以现金立即偿还借款本金及未偿付利息： （1）处置主要经营性资产 （2）清算

星湖电子有限公司将上述可续期借款收到的款项确认为负债。

（三）资料三

（1）国家为支持 M 产品的推广使用，通过统一招标形式确定中标企业和中标协议供货价格。星湖电子有限公司作为中标企业，其所生产的 M 产品根据国家要求，必须以中标协议供货价格减去财政补贴资金后的价格将 M 产品销售给用户，同时按实际销量向政府申请财政补贴资金。2016 年度，星湖电子有限公司将收到的上述财政补贴资金作为政府补助计入营业外收入。

（2）2016 年 7 月 1 日，星湖电子有限公司在一级市场按面值 1000 万元购入某非关联方发行的三年期企业债券，票面年利率为 8%，到期一次还本付息。星湖电子有限公司将该债券分类为以公允价值计量且其变动计入其他综合收益的金融资产。2016 年 12 月 31 日，星湖电子有限公司将该债券账面价值由 1000 万元调整为当日公允价值 1100 万元，差额 100 万元计入其他综合收益。

（3）2016 年 12 月 31 日，星湖电子有限公司董事会通过决议，决定在 2017 年下半年新办公楼完工并投入使用后，将目前正在使用的旧办公楼用途改为出租，并要求管理层尽快开始寻找承租人。星湖电子有限公司于 2016 年 12 月 31 日将上述旧办公楼转换为投资性房地产核算，并根据星湖电子有限公司会计政策，以公允价值进行后续计量。

（4）星湖电子有限公司 2016 年在二级市场回购了若干本公司股票，拟用于 2017 年将要实施的一项新的股权激励计划。星湖电子有限公司将购入的上述股票作为以公允价值计量且其变动计入当期损益的金融资产核算。2016 年 12 月 31 日，星湖电子有限公司根据上述所回购股票当日公允价值调整账面价值，差额计入公允价值变动损益。

（5）2016 月 12 月，星湖电子有限公司因一批已销售产品存在质量问题而被客户索赔，按预计需支付赔偿金额的最佳估计数 100 万元确认了预计负债，并相应计入营业外支出。由于上述产品质量问题系某供应商向星湖电子有限公司提供原材料存在缺陷所致，星湖电子有限公司于 2016 年 12 月向该供应商提出索赔，并根据当月与该供应商协商一致的赔偿金额 80 万元冲减上述预计负债，相应冲减营业外支出。

（6）2016 年 12 月 31 日，星湖电子有限公司董事会通过决议，决定于 2017 年上半年关闭某事业部，遣散相关人员，并通过了详细正式的重组计划，拟于 2017 年初择机对外公告。2016 年 12 月 31 日，星湖电子有限公司根据董事会通过的上述重组计划，按预计需承担重组义务金额确认相关预计负债，并计入当期损益。2017 年 2 月 10 日，星湖电子有限公司对外公告该重组计划。

（四）资料四

（1）星湖电子有限公司 2016 年向某客户销售一批产品，收取销售货款 117 万元（含增值税 17 万元），并向该客户收取销售该批产品代办保险费 5 万元。针对上述交易，在申报 2016 年度应交增值税时，星湖电子有限公司申报了 17 万元的增值税销项税。

（2）2016 年 12 月，星湖电子有限公司一批存放于外地的原材料因遭受洪灾而全部毁损。在申报 2016 年度应交增值税时，星湖电子有限公司将该批原材料的进项税作为不得从销项税额中抵扣的进项税予以转出。

（3）星湖电子有限公司 2016 年 12 月向非关联方购入一处房产作为固定资产核算。在申报 2016 年度应交增值税时，星湖电子有限公司将上述房产销售方开具的增值税专用发票上注明的增值税额 170 万元，从销项税额中做了全额抵扣。

（4）星湖电子有限公司 2016 年购入一批机器设备。由于技术进步，相关设备所生产产品更新换代较快，星湖电子有限公司决定对上述设备采用双倍余额递减法加速计提折旧。星湖电子有限公司在申报 2016 年度企业所得税应纳税所得额时，将上述机器设备按双倍余额递减法计提的折旧额做了全额税前扣除。

（5）星湖电子有限公司 2015 年初购置了两台《环境保护专用设备企业所得

税优惠目录》中的环保专用设备，并于当年实际投入使用。星湖电子有限公司在申报 2015 年度企业所得税时，将该两台设备投资额的 10% 从当年应纳税额中做了抵免。2016 年末，星湖电子有限公司转让了上述两台设备中的其中一台，并以经营租赁方式对外出租了另一台。星湖电子有限公司在申报 2016 年度企业所得税时，补缴了上述两台设备中已转让设备在 2015 年度已抵免的企业所得税税款。

（6）2016 年 1 月 1 日，星湖电子有限公司向若干管理人员授予股票期权，如这些管理人员从 2016 年 1 月 1 日起在星湖电子有限公司连续服务满 2 年，即可以某一固定价格购买若干星湖电子有限公司股票。上述期权在授予日公允价值共计 300 万元。2016 年 12 月 1 日，星湖电子有限公司决定将上述行权条件中的连续服务年限延长为 3 年。2016 年 12 月 31 日，上述管理人员均在职，星湖电子有限公司预计上述管理人员在未来两年的离职率为 0。2016 年 12 月 31 日，星湖电子有限公司对上述股份支付确认了 100 万元管理费用，同时确认资本公积。星湖电子有限公司在申报 2016 年度企业所得税应纳税所得额时，将上述管理费用 100 万元做了全额税前扣除。

（五）资料五

星湖电子有限公司财务总监就以下事项征询注册会计师甲的意见：

（1）星湖电子有限公司拟于 2017 年向某非关联方出售一批已使用设备，并同时以融资租赁方式租回。财务总监希望注册会计师甲分别就上述出售并租回交易的会计处理和增值税税务处理提出分析意见。

（2）星湖电子有限公司从事房地产开发的子公司——P 公司（增值税一般纳税人）拟于 2017 年从政府部门受让一块土地，并设立项目公司（增值税一般纳税人）对该受让土地进行商品房开发和销售。财务总监希望注册会计师甲就该项目公司在计算所开发房地产项目增值税计税销售额时，需满足哪些条件方可扣除 P 公司受让上述土地向政府部门支付的土地价款提出分析意见。

【案例思考题】

1. 针对资料一，假定不考虑其他条件，指出星湖电子有限公司在个别财务报表层面和合并财务报表层面的会计处理是否存在不当之处。如果存在不当之处，提出恰当的处理意见（不考虑相关税费或递延所得税的影响）。

2. 针对资料二第 1 项和第 2 项，假定不考虑其他条件，指出星湖电子有限公司关于金融工具的分类（金融负债和权益工具的区分）是否存在不当之处，并简要说明理由（不考虑相关税费或递延所得税的影响）。

3. 针对资料三第 1 项至第 6 项，假定不考虑其他条件，指出星湖电子有限公司的会计处理是否存在不当之处。如果存在不当之处，提出恰当的处理意见（不考虑相关税费或递延所得税的影响）。

4. 针对资料四第 1 项至第 3 项，假定不考虑其他条件，指出星湖电子有限公司的增值税处理是否存在不当之处。如果存在不当之处，提出恰当的处理意见。

5. 针对资料四第 4 项和第 5 项，假定不考虑其他条件，指出星湖电子有限公司的企业所得税处理是否存在不当之处。如果存在不当之处，提出恰当的处理意见。

6. 针对资料四第 6 项，假定不考虑其他条件，指出星湖电子有限公司的会计处理和企业所得税处理是否存在不当之处。如果存在不当之处，提出恰当的处理意见。

7. 针对资料五第 1 项和第 2 项，假定不考虑《中国注册会计师职业道德守则》的规定，代注册会计师甲回答星湖电子有限公司财务总监提出的问题。

【案例分析参考与提示】

1. （1）个别财务报表层面存在不当之处。

处理意见：

2016 年 1 月 1 日：星湖电子有限公司应将或有对价在购买日以公允价值确认为一项金融资产，将支付的 18000 万元现金对价扣除上述所确认金融资产后的金额确认为长期股权投资。

2016 年 12 月 31 日：对上述或有对价确认的金融资产采用公允价值计量，其 2016 年度公允价值变动视该金融资产的分类计入当期损益或其他综合收益。

（2）合并财务报表层面存在不当之处。

处理意见：

2016 年 1 月 1 日：星湖电子有限公司应将或有对价在购买日以公允价值确认为一项金融资产，将支付的 18000 万元现金对价扣除上述所确认金融资产后的全额作为合并成本，减去被购买方于购买日可辨认净资产公允价值后的金额，确认为商誉。

2016 年 12 月 31 日：对上述或有对价确认的金融资产采用公允价值计量，其 2016 年度公允价值变动视该金融资产的分类计入当期损益或其他综合收益。

依据：2018 年专业阶段《会计》教材第二十六章第二节。

2.（1）分类为权益工具存在不当之处。

理由：合同约定的投资人保护机制要求星湖电子有限公司在发生信用评级下降或实际控制人变更的情况下，回购所有票据并付清累计未偿付利息，而这些事项均为星湖电子有限公司无法自主决定或控制的未来不确定事项，因此，星湖电子有限公司不能无条件地避免以交付现金形式承担未来赎回永续票据和偿付利息的义务。该永续票据不应分类为权益工具。

（2）分类为负债存在不当之处。理由如下：

按合同条款：①星湖电子有限公司可自主选择无限期递延偿付本金和利息，递延偿付利息导致的上调后年利率上限为 10%，不会因利率畸高而迫使星湖电子有限公司不得不偿付利息。②合同约定的投资人保护机制要求星湖电子有限公司在处置主要经营性资产时立即偿还本金和未偿付利息，该事项为星湖电子有限公司可自主决定的事项。

因此，以上合同条款意味着星湖电子有限公司能够无条件地避免交付现金或其他全融资产。

此外，尽管合同约定的投资人保护机制要求星湖电子有限公司在清算时立即偿还本金和未偿付利息，但按企业会计准则规定，在发行方清算时需以现金进行结算的约定不影响上述可续期借款分类为权益工具。

综上所述，该可续期借款应分类为权益工具。

3.（1）存在不当之处。

处理意见：该财政补贴资金与星湖电子有限公司销售 M 产品密切相关，且属于星湖电子有限公司销售 M 产品对价的组成部分，星湖电子有限公司应将收到的财政补贴资金确认为营业收入。

（2）存在不当之处。

处理意见：该三年期企业债券（以公允价值计量且其变动计入其他综合收益的金融资产—债务工具）采用实际利率法计算的利息，应计入当期损益。星湖电子有限公司应将 2016 年 12 月 31 日该债券公允价值与账面价值的差额中属于实际率法计算的利息部分计入当期损益，其余部分计入其他综合收益。

（3）存在不当之处。

处理意见：该旧办公楼于董事会决议日仍在自用，因此不能以董事会决议日作为自用房地产转换为投资性房地产的转换日。2016 年 12 月 31 日，该旧办公楼仍应作为固定资产核算。

（4）存在不当之处。

处理意见：回购自身权益工具支付的对价或交易费用，应当作为库存股减少所有者权益，不应确认金融资产（也不做公允价值调整）。

（5）存在不当之处。

处理意见：对基本确定可获得的补偿，星湖电子有限公司应单独确认为一项资产，不能作为预计负债金额的扣减。

（6）存在不当之处。

处理意见：针对重组义务，在重组计划对外公告前，星湖电子有限公司不能确认预计负债。

4.（1）不存在不当之处。

（2）存在不当之处。

处理意见：原材料毁损系洪灾所致，而不是星湖电子有限公司管理不善原因造成的，星湖电子有限公司该原材料进项税可从销项税额中抵扣。

（3）存在不当之处。

处理意见：作为固定资产核算的不动产，其进项税额应自取得之日起分两年从销项税额中抵扣，第一年抵扣比例为 60%，第二年抵扣比例为 40%。60% 的部分于取得扣税凭证的当期从销项税额中抵扣；40% 的部分为待抵扣进项税额，于取得扣税凭证的当月起第 13 个月从销项税额中抵扣。

5.（1）不存在不当之处。

依据：2018 年专业阶段《税法》教材第九章第六节。

（2）存在不当之处。

处理意见：星湖电子有限公司于 2015 年购置并实际使用《环境保护专用设备企业所得税优惠目录》中的环保专用设备，投资额的 10% 已从 2015 年度企业所得应的税额中抵免，对在购置后 5 年内出租的另一台设备，也应补缴已抵免的企业所得税税款。

6. 会计处理存在不当之处。

处理意见：星湖电子有限公司在等待期内延长了股份支付计划行权条件中的连续服务年限（等待期），属于以不利于职工的方式修改了可行权条件，在处理可行权条件时，不应考虑修改后的可行权条件。因此，对该股份支付，星湖电子有限公司2016年12月31日应基于修改前等待期（2年），计算并确认2016年度股份支付费用150万元。

企业所得税处理存在不当之处。

处理意见：对于股权激励实行后，需待一定服务年限后方可行权的，等待期内会计上计算确认的相关费用不应在对应年度计算缴纳企业所得税时扣除。

7. （1）会计处理：对于融资性售后租回交易，出售资产售价与资产账面价值之间的差额不应确认为当期损益，应予以递延。对于以融资租赁方式租回资产，应在租赁开始日，将租赁开始日租赁资产公允价值与最低租赁付款额现值两者中较低者作为租入资产入账价值，将最低租赁付款额作为长期应付款的入账价值，其差额确认为未确认融资费用。未确认融资费用在租赁期内按实际利率法分摊确认当期融资费用。

租入资产按与星湖电子有限公司自有固定资产一致的政策计提折旧。上述递延的出售资产售价与资产账面价值之间的差额按上述租入资产的折旧进度进行分摊，作为折旧费用的调整。

增值税税务处理：在融资性售后回租业务中，星湖电子有限公司（承租方）出售资产的行为不属于增值税征税范围，向出租人支付的租金中所含进项税不能从销项税额中抵扣。

（2）项目公司在计算所开发房地产项目增值税计税销售时，需满足以下条件方可扣除P公司受让该土地向政府部门支付的土地价款：①地产开发企业（P公司）、项目公司、政府部门三方签订变更协议或补充合同将土地受让人变更为项目公司；②在政府部门出让土地的用途、规划等条件不变的情况下，签署变更协议或补充合同时，土地价款总额不变；③项目公司的全部股权由受让土地的房地产开发企业（P公司）持有。

第五篇　管理会计案例

案例一

恒星公司的两种成本性态分析程序

📖 **教学目标**

理解运用高低点法对成本进行分解，建立成本性态模型，对成本进行分析。

📋 **基本理论**

成本按照成本性态可以分为变动成本、固定成本和混合成本。变动成本随着业务量的变动呈正比例变动，固定成本随着业务量的变动保持不变。可以利用高低点法将混合成本分解成变动成本和固定成本，这样便于我们分析业务量跟总成本的关系。高低点法是选取业务量中最高的点及所对应的成本和业务量最低的点及对应的成本，建立直线方程，然后求解出固定成本和单位变动成本，建立成本性态模型。

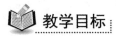 **教学组织手段**

课前学生熟悉案例资料，复习关于成本性态的相关理论，课中将学生分为两大组，一组分析老张的方法，一组分析依文的方法，要求各组进行分析时讨论该方法下的优缺点，让学生进行对比分析，举一反三，引申学习。

案例介绍

（一）基本情况

恒星公司只生产一种产品，每个月的最大生产能力为 200 件，市场容量为 250 件。长期以来，该公司在进行成本性态分析时都按以下程序进行，即对各期总成本先按性态进行分类，将其分为固定成本、变动成本和混合成本三大类，然后再对混合成本按高低点法进分解。

已知 2018 年二月份的产销量最低，为 100 件，当月总成本为 82500 万元，按其性态分类的结果：固定成本为 60000 万元，变动成本为 10000 万元，其余为混合成本；十月份的产销量最高，为 200 件，当月总成本为 95000 万元。当年企业的产销量始终在相关范围内变动。

（二）计算方法

1. 方法一

该公司的老会计人员老张采用的步骤与方法如下：

（1）计算二月份的混合成本。二月份的混合成本等于当月的总成本扣除当月的固定成本（a_1）和变动成本（b_1x）的差，即二月份的混合成本 = 82500 − 60000 − 10000 = 12500 （万元）。

（2）确定十月份的固定成本。根据固定成本所具备的总额不变性的特点，可以在推断出十月份的固定成本等于二月份的水平，即十月份的固定成本 a_1 = 60000 万元。

（3）确定二月份的单位变动成本，因为二月份的单位变动成本 b_2 等于该月的变动成本除以当月的产销量 100 件，即二月份的单位变动成本 b_2 = 100 （万元/件）。

（4）根据变动成本单位额的不变性和总额的正比例变动性的特点，推算出十月份的变动成本数额为 b_2 与当月的产销量 x 的乘积，即十月份的变动成本 $bx = 100 \times 200 = 20000$ （万元）。

（5）推算出十月份的混合成本，即十月份的混合成本 = 95000 − 60000 −

20000 = 15000（万元）。

（6）确定高低点坐标。老张所确定的高低点坐标分别为（200，15000）和（100，12500）。这里的成本指标为混合成本。

（7）计算混合成本中变动部分的单位额 b_2，公式为：$b_2 = 25$（万元/件）。

（8）计算混合成本中的固定部分 a_2，公式为：$a_2 =$ 低点混合成本 $- b \times$ 低点业务量 $= 12500 - 25 \times 100 = 10000$（万元）。

（9）据此建立该公司每个月混合成本性态模型为：$y = 10000 + 25x$。

（10）老张最终建立的总成本性态模型为：

$$y = (a_1 + a_2) + (b_1 + b_2)x$$
$$= (60000 + 10000) + (100 + 25)x$$
$$= 70000 + 125x$$

2. 方法二

依文是 2018 年 10 月底才进入该公司的会计人员。他在评价老张采用的方法时发现，不必每次都先进行成本分类然后再进行混合成本分解；他建议以总成本为分析对象，直接应用高低点法，同样可以达到成本性态分析的目的。他采用的程序和方法如下：

（1）确定高低点坐标，此时的成本坐标为总成本。仍以十月份和二月份的历史资料来确定高点低的坐标，结果为（200，95000）和（100，82500）。

（2）直接套公式计算单位变动成本 b，即：

$b = 125$（万元/件）

（3）计算固定成本总额 a，即

固定成本 $a =$ 低点总成本 $- b \times$ 低点业务量 $= 82500 - 25 \times 100 = 70000$（万元）

（4）依文所建立的总成本性态模型为：

$y = 70000 + 125x$

【案例思考题】

请根据上述资料分别讨论以下问题：

1. 说明老张和依文在成本性态分析的过程中分别采用了什么程序？

2. 假定恒星公司 2018 年十二月份的产销量为 198 件，总成本达到全年最高值，为95500万元，如果由你来应用高低点法进行成本性态分析，所建立的总成本性态模型应当是什么？为什么？

3. y = 70000 + 125x 这个模型的经济含义是什么？它能否真实模拟反映恒星公司2004年每个月的成本水平？为什么？

4. 假定恒星公司在2005年的成本水平不变，y = 70000 + 125x 这个模型是否能继续适用？为什么？

5. 假设恒星公司决定在2019年将每个月的最大生产能力扩大为250件，预计其总成本性态模型将发生哪些变化？你的根据是什么？

6. 根据本案例，你能总结出哪些结论？

【案例分析参考与提示】

1. 老张和依文在成本性态分析都运用了将混合成本分解成变动成本和固定成本，采用的方法是高低点法，老张是将总成本先分解成固定成本、变动成本和混合成本，对混合成本采用高低点法进行分析。依文是直接将总成本作为混合成本，对总成本直接分解为固定成本和变动成本。

2. 所建立的总成本性态模型仍然是一样的，因为十二月份的产量198件仍在（100，200）的范围内，所以成本性态模型仍然是 y = 70000 + 125x。

3. y = 70000 + 125x 这个模型的经济含义是企业总成本包含固定成本和变动成本，其中固定成本为70000，单位变动成本为125。不能，因为高低点法仅仅选用了最高点和最低点两个点的资料进行模型分析，不能真实地模拟2004年每个月的成本，它适用的产量范围是（100，200）。

4. 可以适用，成本水平不变，跟2004年差不多，因此仍然可以适用。

5. 最大生产能力扩大为250件，总成本性态模型中固定成本将发生变化。因此2004年的最大生产能力为200件，当扩大生产能力时，可能需要增加固定资产、人员或其他一些固定成本的投入。

6. 可以用高低点法将混合成本按成本性态分解成固定成本和变动成本，方便根据业务量的变化对总成本进行决策。

高低点法的优点是比较简单，但高低点法只是采用了两个业务量的资料，并不能真实模拟每个月的成本情况，并且它的适用范围在最高业务量和最低业务量之间。

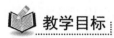

案例二

完全成本法——美其达公司业绩分析

📖 教学目标

理解完全成本法的缺点，了解完全成本法和变动成本法的区别。

📖 基本理论

在完全成本法下，产品成本包括变动成本和固定成本，即直接材料、直接人工、变动制造费用和固定制造费用。在变动成本法下，产品成本只包括变动成本，即直接材料、直接人工、变动制造费用。固定制造费用在发生当期直接计入当期损益。

✦ 教学组织手段

课前学生熟悉案例资料，复习关于完全成本法与变动成本法的相关理论，结合案例分析案例存在的缺陷，由于案例较简单，由分析思路清晰的学生进行解析。

🔍 案例介绍

美其达工艺制品有限公司成立以来，公司始终坚持"文化立企、科技强企、互联网兴企"的发展战略，以市场需求为导向，以创意设计为驱动，以网络营销为重点，以供应链管理为支撑，已成为中国节日饰品出口规模最大、最强的知名企业。公司主营业务为圣诞节、复活节等节日饰品的研发设计、生产及销售。公司立足于中华五千年璀璨的传统文化，深度挖掘梳理雕刻、描绘、刺绣等民间手工工艺，运用塑料、陶瓷、布艺等载体设计创意产品。公司旗下拥有六十多家代工工厂。

2017 年宣布业绩考核报告后，二车间负责人李杰情绪低落。原来他任职以来积极开展降低成本活动，严格监控成本支出，但考核却没有完成任务，严重挫伤了其工作积极性。财务负责人了解情况后，召集了有关成本核算人员，寻求原因，将采取进一步行动。

近期，公司决定实行全员责任制，寻求更佳的效益。企业根据三年来实际成本资料，制定了较详尽的费用控制方法。材料消耗实行定额管理，产品耗用优质木材，单件定额 6 元，人工工资实行计件工资，计件单价 3 元，在制作过程中需用专用刻刀，每件工艺品限领 1 把，单价 1.30 元，老保手套每产 10 件工艺品领用 1 副，单价 1 元。当月固定资产折旧费 8200 元，摊销办公费 800 元，保险费 500 元，租赁仓库费 500 元，当期计划产量 5000 件。

车间实际组织生产时，根据当月订单组织生产 2500 件，车间负责人李杰充分调动生产人员的工作积极性，改善加工工艺，严把质量关，杜绝了废品，最终使材料消耗定额由每件 6 元降到 4.5 元，领用专用工具刻刀 2400 把，价值 3120 元。但是，在业绩考核中，却没有完成任务，出现了令人困惑的结果。

【案例思考题】

运用管理会计的相关内容分析出现这一考核结果的原因。

【案例分析参考与提示】

在完全成本法下，总成本为 $(6+3+1.3) \times 5000 + 8200 + 800 + 500 + 500 + 500 = 62000$（元）。

计划单位成本为 $62000/5000 = 12.5$（元）。

实际成本 $= 10.3 \times 2500 + 8200 + 800 + 500 + 500 + 3120 = 25750 + 9000 + 4120 = 38870$（元）

实际单位成本为 $38870/2500 = 15.548$（元）。

所以从完全成本法下分析，实际单位成本要高于计划单位成本，业绩考核中没有完成任务。

案例三

本量利分析——锦鑫建材商店的决策

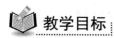 **教学目标**

掌握本量利分析的运用

基本理论

本量利分析主要是研究成本、业务量和利润之间的关系。税前利润＝收入－变动成本－固定成本＝销售量×单价－销售量×单位变动成本－固定成本。可以利用这个公式，进行目标利润的决策，求得实现目标利润下所需要的销售量。

教学组织手段

课前学生熟悉案例资料，复习关于本量利分析的相关理论，集合案例分析，替锦鑫建材商店做出最佳决策，并说明原因。

案例介绍

锦鑫建材商店是一个乡镇企业，位于镇政府所在地，自 1994 年营业以来，一直经营建材、日杂用品。商店以货真价廉、服务热情而受到当地消费者的信赖。几年来，销售量占整个市场销量的 70%，经营效果在周边同业中处于首位。多年来与各商家建立了固定的合作关系赢得了厂家的信任。2002 年初，几个大的厂家欲将锦鑫建材商店作为厂家指定的代卖店。欲与其合作的厂家有长岭乡石棉瓦厂，该厂的产品质量好，价位合理，近几年一直是老百姓的首选品种；长春市第二玻璃厂，该厂的玻璃在这里也很畅销；双阳鼎鹿水泥是优质水泥，年年畅销。他们均可以先将货物送上门，待到销售时交款，如果剩余还可以由厂家将货物取回。这样连同周转资金都可以省下来。该商店经理锦鑫开始进行市场调查。

锦鑫商店位于镇政府所在地，交通便利，而且本镇和周围村民生活水平较高，近年随着生活观念、消费意识的转变，人们都想将原有的草房、砖房重建、改建。据统计，在过去的两年内，本镇每年就有400余户兴建房舍，而且现在有上升的趋势；因为本镇刚由乡转镇，镇企业规划办公室决定在5年内，将原有企业的办公场所、生产车间和仓库进行改扩建，同时还要新建几家企业；再加之外镇的需求，预测每年石棉瓦需求量是45000块，水泥需求量是18000袋，玻璃需求量是9000平方米，而且它们的需求是成比例的，一般比例为5:2:1。

由于厂家送货，一是货源得以保证，二是节约运费降低成本，三是树立企业形象。在巩固市场占有率70%的同时，预计可扩大市场占有率5%以上。

厂家提供商品的进价：石棉瓦为12元/块，水泥为14元/袋，玻璃为8.50元/平方米；行业平均加价率为9.30%，锦鑫商店在市价平均价位以下，制定销售价：石棉瓦为13元/块，水泥为15.20元/袋，玻璃为9.20元/平方米。若将商店作为代卖店，由于厂家批量送货，还需要租赁仓库两间，月租金750元，招聘临时工一名，月工资450元，每年支付税金5000元（工商部门估税）。

锦鑫经过一个月的调查，静下来核算了过去几年经营石棉瓦、水泥和玻璃每年可获利润20000元的情况，他要重新预测代卖三种商品后会带来多少利润，之后做决策。

【案例思考题】

1. 在计算维持原有获利水平的销售量的基础上，分析该商店应否代卖？

2. 如果与厂家合作，每年可获利润多少？

3. 若想获利润40000元可行吗？

【案例分析参考与提示】

1. 若想维持原有获利水平，则利润为20000，设置此时的玻璃销售量为 x，则满足：

$5x + 1.2 \times 2x + 0.7x - 750 \times 12 - 450 \times 12 - 5000 = 20000$（元）

解得 $x = 4690.48$（元）

此时销售量少于总需求的 70%（$9000 \times 70\%$），所以可以代卖。

2. 如果与厂家合作元售量可以达到市场的 75% 以上，则此时玻璃销售量为 7500 平方米以上，利润 = 37300 万元以上。

3. 若想获利润 40000 元，玻璃的销售量要达到 7071，占比 78%，所以把市场占有率扩大到 78% 就可以实现 40000 元的利润了。

案例四

预算编制——申达计算器有限公司
销售费用预算的变革

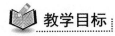 **教学目标**

了解预算编制的方法。

基本理论

编制预算的方法按其业务量基础的数量特征不同，可分为固定预算方法和弹性预算方法。固定预算法又称静态预算法，是指在编制预算时，只根据预算期内正常、可实现的某一固定的业务量（如生产量、销售量等）水平作为唯一基础来编制预算的方法。

固定预算法存在适应性差和可比性差的缺点。一般适用于经营业务稳定，生产产品产销量稳定，能准确预测产品需求及产品成本的企业，也可用于编制固定费用预算。

弹性预算法又称动态预算法，是在成本性态分析的基础上，依据业务量、成本和利润之间的联动关系，按照预算期内可能的一系列业务量（如生产量、销售量、工时等）水平编制系列预算的方法。与按特定业务量水平编制的固定预算相比，弹性预算有两个显著特点：其一，弹性预算是按一系列业务量水平编制的，从而扩大了预算的适用范围；其二，弹性预算是按成本性态分类列示的，在预算执行中可以计算一定实际业务量的预算成本，便于预算执行的评价和考核。

教学组织手段

课前学生熟悉案例资料，复习关于预算编制的相关理论，分组讨论，结合案例分析申达公司该如何编制预算，并说明原因，最后推荐一名学生进行回答。

 案例介绍

申达计算器有限公司为计算器行业中的大型公司。该公司生产一系列电子计算器，通过各地分公司售予批发商与零售商，同时公司对国营企业及大型工业用户采取直营方式。

张文应聘进入申达计算器有限公司担任生产部门副总经理，两年后升任该公司的总裁。张文上任后不久，对该公司销售费用的控制不满，因此与公司财务总监会谈多次，商讨有关公司预算控制问题，要求财务总监重新设计一套制度来控制这些费用支出。

该公司过去销售费用是依据固定或分摊基础编制预算。每年10月，会计部门会送给各分公司经理及销售部门主管有关上一年度费用支出及截至目前的当年费用支出统计资料，各分公司经理根据这份资料及下一年的销售预估，提出下一年部门销售费用预测，这些资料再送交行销经理李双，由其审查是否合理并作必要的修改，通过与分公司经理研讨并调整差异后，将各销售部门费用预算汇总成一份销售费用总预算，这份预算再提交预算委员会作最后核准。为了达到控制的目的，该预算被平均分至每一个月份，以便将各月的实际发生数与预算数进行对比。

A分公司2014年10月的费用报告如表5-1所示。

表5-1 2014年10月A分公司销售费用预算执行报告　　　　单位：元

项目	本月		
	预算	实际	差异
公人员薪资	2900	2864	-36
销售人员薪资	31000	26100	-4900
旅费	6840	6254	-586
文具及其他耗材	2084	1780	-304
邮资	460	524	+64

续表

项目	本月		
	预算	实际	差异
电力	268	174	−94
会费	300	224	−76
捐赠	250	—	−250
广告费	5800	5400	−400
税捐	2606	2276	−330
租金	1950	1950	0
折旧	1524	1524	0
其他	5102	4852	−250
合计	61084	53922	−7162

公司认为这种预算编制方法存在缺陷,总裁希望将销售费用分为固定与变动两部分来制定预算。财务总监赞成并接受了这一任务,他开始着手研究销售费用的合理设定方式。

财务总监认为,固定销售费用可以根据最低可能销售量下的费用支出求算,因此它要求行销经理找出公司最低销售量及在该数量下的费用支出。行销经理根据助理人员提供的资料,总结公司最低销售量不会低于工厂现有产能的65%。

财务总监在此基础上计算该销售量下应有的费用支出,诸如薪金、广告费、分公司管理费、耗材等费用水平。对于变动销售费用的估计以每元销售收入为基础,他知道此种衡量基础有一定的缺点,诸如无法反映订单大小、销售区域难易有别、购买者心理等对成本产生影响的因素,但由于资料容易获得,他仍然决定采取此种衡量基础,他相信随销售量调整的预算一定比一成不变的预算更佳。财务总监根据往年资料,利用线性回归导出许多成本项目与销售量间的函数关系,再以这些方程式估算变动费用。从历史资料求得的方程式,加上各成本的未来判断,定出各项变动费用的单位变动成本,在此基础上,依据成本形态分析模型计算生产能力为65%时的固定成本。他认为,新制度测试时可以修正单位变动成本和固定成本。次年的销售费用预算可以根据新标准固定成本加上变动成本而得，这份预算提交审核委员会审查其可行性，经修改后核准实施。

按照财务总监的设想，A 销售分公司编制的销售费用预算报告如表 5 - 2 所示。

表 5 - 2　A 分公司 2014 年 10 月销售费用预算报告　　单位：元

项目	弹性预算		本月		
	固定	变动	预算	实际	差异
销售净额	—	—	522000	522000	—
主管薪资	5000	—	5000	5000	0
办公人员薪资	278	0.0082	4558	5728	+1170
销售人员薪资	—	0.1	52200	52200	0
旅费	1136	0.0174	10219	12508	+2289
文具及其他耗材	564	0.0052	3278	3120	-158
邮资	94	0.0012	720	917	+197
电力	268	—	268	180	-88
会费	20	0.001	542	485	-57
捐赠	40	0.0006	3172	—	-3172
广告费	70	0.02	12510	13700	+1190
税捐	354	0.0072	4112	4200	+88
租金	1950	—	1950	1950	0
折旧	1524	—	1524	1524	0
其他费用	636	0.0152	8570	8690	+120
合计	11934	0.176	108623	110202	+1579

有一位销售主管认为，编制这种预算无疑在浪费时间。

【案例思考题】

1. 该公司过去的预算存在哪些缺点？

2. 财务总监设想编制的预算是否存在不妥的地方？如果有，如何修正？

【案例分析参考与提示】

1. 该公司过去的预算编制采用的是固定预算编制方法，这种方法只采用一个固定的业务量作为基础编制预算，适用性差和可比性差。

2. 存在不妥的地方。财务总监在将销售费用划分为固定成本和变动成本进行分析时，认为固定费用根据最低可能销售量下的费用支出求算，这是不妥的，因为固定成本应该是业务量为零时必须发生的销售费用，不是最低销售量下的成本。应该根据销售费用的各个项目确定是否属于固定销售费用。

案例五

锦龙公司的责任会计

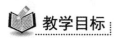

教学目标

了解责任会计的实施程序。

基本理论

责任会计则是把企业经济责任制与会计结合起来，通过利用会计所提供的信息，对不同的部门、分机构、子公司以及集团整体进行考核，从而明确各部门的责任。具体说，就是在企业内部除了要算产品财务账以外，还要按照企业内部经济责任制的原则，按照责任归属，确定责任单位（车间、技术、经营、管理部门），明确责任指标（包括资金、成本费用、利润），以各责任单位为主体（对象）按责任指标进行核算、控制、监督、实行统分结合、双层核算的会计管理制度。责任会计的实施需要先确定责任中心，责任中心包括投资中心、利润中心和成本中心，通过计算各责任中心对应的责任指标进行管理。

教学组织手段

课前学生熟悉案例资料，复习关于责任会计的相关理论，分组讨论，结合案例分析锦龙集团的责任会计该如何设置，并说明原因，最后推荐一名学生进行回答。

案例介绍

（一）基本情况

锦龙集团公司是一家大型企业，拥有子公司30余家，其中股票上市公司一家，生产的产品畅销国内外，出口创汇能力和产品竞争力及其国内市场占有率均居行业首位。自20世纪80年代初经济体制改革以来，该公司先后实行了利改税、资产经营责任制、承包制、租赁制等，可以说在中国工业企业所曾经尝试过的各种改革方案，在该公司都有迹可循。20世纪80年代初期亦曾实行厂内银行制度，则年代初按照分权管理原则在各分厂实行责任会计制度。主要采取横向组织结构，如图5-1所示。

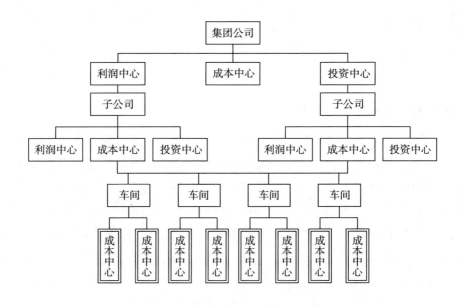

图 5-1 锦龙公司组织结构示意图

所属某子公司将责任成本与产品成本核算有机结合起来，以贯彻经济责任制要求。在责任成本结转上采用逐步结转法，特点是按计划单位成本或内部转账的协商成本转账，其成本差异在各步骤间分摊调整集中在公司完成。并在各成本中心的成本差异额称为内部利润，在已销商品和库存商品间分配，最后可按产品的计划成本构成进行成本还原。

（二）计算步骤

采用此种方法其计算步骤为：

1. 各责任中心按成本项目收集其实际费用发生额，编制费用分配表

原材料、燃料、动力及工具等费用项目应按实际消耗数量和计划价格计算（亦即通常所说的计划价格成本），因为上述各项价格差异非各生产步骤所能控制，也就没有必要将价格差异结转到该责任中心。人工成本可以按实际工资计算，也可以按实际工时、计划工资率计算的"计划价格成本"计算，应该采用哪种成本，要根据工资基金和职工人数的控制权来决定。如果在责任中心实行经营者能够选择符合自己经营意图的劳动要素，提高企业经营的效果，就可以不按计划价格成本计算，而应按实际成本计算；反之，则应按计划价格成本计算。其他间接性制造费应按实际发生数汇总。

按生产费用"实际"（有一部分是计划价格成本）发生额编制的费用分配汇总表是以本期投产量为基础的，为了确定本期完工产品的"实际成本"，应将期末投产量为基础的，为了确定本期完工产品的"实际成本"，应将期末在产品应负担的份额从各项费用分配汇总表中扣除。对于在产品成本的估价可参考传统的估价方法来进行，通常可按定额成本计算，一切成本差异都由完工产品成本负担。

各项费用分配汇总表的格式与一般生产费用分配表相同，只是不进行价格差异调整。现以曙光分厂第一车间"材料费用分配汇总表"为例，见表 5 – 3，其他车间的各种费用分配表不再列示。

2. 编制各费用项目的计划成本计算表

各费用项目的计划成本计算表反映以实际产量为基础计算的计划成本或绩效预算成本，亦即厂部下达的成本控制指标。各费用项目计划成本可按下列公式进行计算：

直接材料计划成本 $= \sum$（计划单价 × 各种材料的消耗定额 × 实际产量）

直接人工计划成本 $=$ 计划小时工资率 × 产品工时定额

$\qquad\qquad\qquad = $ 计划计件单价 × 实际产量

表5-3 曙光分厂第一车间材料分配汇总表　　　　单位：元

材料名称	单位	单价	产品甲（3800台）		产品乙（4000台）		产品丙（400台）		合计	
			消耗量	金额	消耗量	金额	消耗量	金额	消耗量	金额
A	千克	0.2	1400000	280000	1760000	352000	1065000	213000	4225000	845000
B	千克	0.1	916000	91600	1320000	132000	1200000	120000	3436000	343600
C	千克	0.9	460000	41400	42000	37800	48000	43200	550000	122400
D	千克	0.8	20000	16000	21200	16960	18000	14400	59200	47360
E				84000		176000		115460		375460
合				513000		714760		506060		1733820
在产品成本				33592		101880		14528		150000
结转完工产品成本				479408		612880		491532		1583820

例如第一车间直接材料计划成本计算表，如表5-4所示：

表5-4 曙光分厂第一车间直接用材料消耗计划成本表　　　　单位：元

材料名称	甲产品（3800台）			乙产品（4000台）			丙产品（400台）			合计	
	单台成本	消耗定额	总金额	单台成本	消耗定额	总金额	单台成本	消耗定额	总金额	消耗总量	计划成本
A	72.00	360	273600	80.00	400	320000	616.00	3080	246400	4200000	840000
B	24.00	240	91200	31.00	300	120000	272.00	2772	108800	3200000	320000
C	10.80	12	41040	9.00	10	36000	77.40	86	30960	120000	108000
D	4.00	5	15200	4.00	5	16000	42.00	52.5	16800	60000	48000
E	22.00		83600	40.00		160000	291.00		116400		360000
计划成本合计	132.80		504640	163.00		652000	1298.40		519360		1676000
计划价格合计	126.12		479408			612880			491532		1583820
成本节约额	6.64		25232			39120			27828		92180

表 5-4 各种材料的消耗定额应与成本计划保持一致，材料单价和单台金额都应与成本计划相同，只是各种产品的计划成本是按实际产量计算的。成本节约额是计划价格成本与计划成本的差额，亦即根据本表所计算的计划成本与"材料分配汇总表"所结转的产成品的计划价格成本来确定。

第一车间直接人工计划成本计算表如表 5-5 所示。

表 5-5　曙光分厂第一车间直接人工计划成本计算表　　　　单位：元

生产班组	甲产品（3800 台）		乙产品（4000 台）		丙产品（400 台）			合计
	工时定额	计划总工时	工时定额	计划总工时	工时定额	计划总工时		计划总工时
一	10	38000	15	60000	10	4000		102000
二	20	76000	20	80000	15	6000		162000
三	25	95000	25	100000	20	8000		203000
四	30	114000	30	120000	15	6000		240000
合计	85	323000	90	360000	60	24000		707000
计划工资率	0.4							
计划工资		129200		144000		9600		282800
实际工资		121448		135360		9024		265832
工资节约额		7752		8640		576		16968

表 5-5 上半部分是根据工时定额和实际产量表计算的计划总工时，并按计划小时工资率计算出计划工资总额，此项计划工资总额应和厂部（公司）下达的控制指标一致（控制指标应按产品单位工资含量确定）。实际工资应根据"实际工资汇总表"转入，在各种产品之间的分配可按定额工时比例进行。计划工资与实际工资的差额即为工资节约额，既包括效率差异（工时差），也包括责任中心的工资支付差异。

曙光分厂第一车间的其他直接费用（如燃料、动力费用等）的计划成本计算表如表 5-6 所示。

表 5-6 上半部分需要根据消耗定额和计划单价计算其他直接费用的单位定额成本，然后综合表中各项费用的单位定额成本得到计划单位成本，再分别乘以产品产量，即得此类费用的计划总成本。实际总成本可以根据实际消耗量的计划价格成本来计算，在各种产品之间则按计划总成本的比例进行分配。

表5-6　曙光分厂第一车间燃料动力等其他直接费用

计划成本计算表　　　　　　　　　单位：元

项目	单价	甲产品（3800台）		乙产品（4000台）		丙产品（400台）		合计	
		消耗定额	单位定额成本	消耗定额	单位定额成本	消耗定额	单位定额成本	消耗定额	单位定额成本
燃料费									
原煤（T）			4.80		6.00		3.20		43520
动力费	40元	0.12		0.15		0.08		1088	
电（KWH）			2.40		3.00		2.40		22080
专用工具费	0.06元	40	0.20	50	0.40	40	0.20	368000	2440
专用模具费			0.60		0.60		0.20		4760
计划单位成本			8.00		10.00		6.00		
计划总成本			30400		40000		2400		72800
实际总成本			29184		38400		2304		69888
成本节约额			1216		1600		96		2912

　　其他间接制造费用按照弹性预算的编制方法编制绩效预算，也就是根据各项费用的固定费用预算和单台变动费率（如果变动费率是按工时确定的，应折合为单台计算）乘以实际完成的产量求得的各项费用的变动费。把固定费用预算和变动费用预算相加即为各种产品的绩效预算。第一车间其他间接费用绩效预算表如表5-7所示。

　　其他间接费绩效预算应按费用项目和实际发生的费用比较分配，衡量费用的偏差，并寻求超支或节约的原因及节约开支的途径。至于在各种产品之间的比较，由于各种产品的实际总费用是按照绩效预算的比例分配的，分析或考核并没有多大意义。进行这种分配只是为了满足产品成本管理的要求。

　　3. 编制责任成本报告

　　为了汇总各责任中心各项生产费用，以便综合考核其业绩，并按产品分别进行成本结转，各责任中心还应定期编制成本报告表（按计划成本）并结转本单位的成本差异。第一车间成本报告如表5-8所示。

表5-7 曙光分厂第一车间其他间接费用绩效预算计算表　　　单位：元

费用项目	弹性预算		甲产品（3800台）		乙产品（4000台）		丙产品（400台）		合计	
	固定费用	变动费/台	固定费预算	变动费预算	固定费预算	变动费预算	固定费预算	变动费预算	固定费预算	变动费预算
机物料消耗	20000	1.5	8000	5700	8000	6000	4000	600	20000	12300
维护修理费	32000	2.00	12000	7600	14000	8000	6000	800	32000	16400
水电费	6000	0.20	2400	760	2400	800	1200	80	6000	1640
低值易耗品	18000	1.60	7200	6080	7200	6400	3600	640	18000	13120
劳动保护费	28000	0.25	11200	950	12000	1000	4800	100	28000	2050
技术措施费	30000	0.10	12000	380	12000	400	6000	40	30000	820
运输费	2400	0.15	1000	570	1000	600	400	60	2400	1230
折旧费	120000		50000		50000		20000		120000	
保险费	72000		30000		30000		12000		72000	
其他	27000		12000		12000		3000		27000	
合计	355400	5.80	145800	22040	148600	23200	61000	2320	355400	47560
绩效预算合计			167840		171800		63320		402960	
实际总费用			159448		163210		60154		382812	
费用节约额			8392		8590		3166		20148	

表5-8 曙光分厂第一车间责任成本报告　　　单位：元

成本项目	产品甲（3800台）		产品乙（4000台）		产品丙（400台）		成本合计		
	计划成本	计划价格成本	计划成本	计划价格成本	计划成本	计划价格成本	计划成本	计划价格成本	成本节约额
直接材料	504640	479408	652000	612880	519360	491532	1676000	1583820	92180
直接人工	129000	121448	144000	135360	9600	9024	282800	265832	16968
直接制造费	30400	29184	40000	38400	2400	2304	72800	69888	2912
间接制造费	167840	159448	171800	163210	63320	60154	402960	382812	20148
合计	832080	789488	1007800	949850	594680	563014	2434560	2302352	132208
成本节约额		42592		57950		31666			132208
产品单位成本	218.97	207.76	251.95	237.46	1486.70	1407.54			
单位成本节约		11.21		14.49		79.16			

如果该车间的半成品不入库，直接转移到下一车间，则第二车间的成本报告如表 5-9 所示。

第二车间的成本报告中的半成品成本，应根据上一生产步骤结转半成品的计划成本（或从其内部转账价格）进行计算，在本例中第一车间制成的 3800 台甲产品中已全部结转第二车间，但第二车间的实际产量为 3600 台，所以，该期报告中只表现为 3600 台甲半成品的成本 788292 元（=218.97×3600），其余 200 台的成本必然形成第二车间在产品的成本。

假定第三车间的完工产品为 3600 台，所以需要将第二车间甲产品的半成品成本全部结转到第三车间半成品项目中。乙产品和丙产品的成本结转方法与此相同。

表 5-9　曙光分厂第二车间责任成本报告　　　　　单位：元

成本项目	甲产品（3800 台）		乙产品（4000 台）		丙产品（400 台）		成本合计		
	计划成本	计划价格成本	计划成本	计划价格成本	计划成本	计划价格成本	计划成本	计划价格成本	成本节约额
半成品成本	788292	796175	957410	938262	594680	582786	2340382	2317223	23159
直接人工成本	84085	82402	63827	65104	29734	28247	177646	175753	1893
直接制造费	42042	40360	102124	100082	14867	14124	159033	154566	4467
间接制造费	136637	129805	153186	145527	104069	98866	393892	374198	19694
合计	1051956	1048742	1276547	1248975	743350	724023	3070953	3021740	49213
成本节约额		2314		27572		19327			49213
产品单位成本	291.96	291.32	335.93	328.68	1956.18	1905.32			
单位成本节约		0.64		7.25		50.65			

4. 进行成本还原

为了适应产品成本分析的需要，以便在整个企业范围内进行成本汇总，必须把最后完工产品成本中的半成品成本还原为原始的成本项目，成本还原的方法与常用的方法相同，不过采取计划成本构成比还原是比较适用的，因为责任成本大都是按计划成本作为内部结转价格，而且比较简便易行。成本还原计算表如表 5-10 所示。

表 5 – 10　产成品成本还原计算表（甲产品）　　　　单位：元

项目	第三车间产成品还原前的成本	第二车间计划成本构成比	半成品还原为二车间的成本构成	第一车间计划成本构成比	半成品还原为第一车间的成本构成	产成品还原后的成本	产品单位成本
半成品	1051056	0.75	788392				
原材料				0.6	472975	472975	131.38
直接人工成本	131382	0.08	84085	0.15	118244	333711	92.70
直接制造费	52553	0.04	42042	0.05	39415	134010	37.23
间接制造费	78829	0.13	136637	0.20	157658	373124	103.65
合计	1313820	1.00	1051056	1.00	788292	1313820	864.96

5. 计算产成品的实际成本

产成品成本还原计算表编制之后，厂部（公司）即可据以编制产成品成本汇总表，并按各责任中心所编报的成本差异对产品的计划成本进行调整，据此可以求得各种产品的实际成本。为了计算产成品的成本差异率，还应根据月初产成品（库存）的计划成本和产品成本差异与本期产成品计划成本和成本差异计算产品成本差异率，以便调整销售产品成本和库存产成品的成本。产品成本汇总表如表 5 – 11 所示。

表 5 – 11　产品成本汇总表

项目	甲产品（3800 台）	乙产品（4000 台）	丙产品（400 台）	合计
直接材料成本	442975	657410	555035	1655420
直接人工成本	333711	359568	63432	756711
直接制造费用	134010	191482	79291	404783
间接制造费用	373124	387224	95146	855497
制造成本合计	1313820	1595684	792907	3702411
管理费	210208	255309	126865	592382
工厂计划成本合计	1524008	1850993	919772	4294773
成本差异：				
超支（+）；节约（－）				
第一车间	－42595	－57590	－31666	－132211
第二车间	－2314	－27592	－19327	－79233

续表

项目	甲产品（3800 台）	乙产品（4000 台）	丙产品（400 台）	合计
第三车间	－593	－6540	－1065	－8198
辅助生产	－46000	－24000	－14000	－84000
管理部门	－10510	－12765	－6343	－29618
材料价格差异合计	＋23649	＋47871	＋27751	＋99271
成本差异合计	－78363	－80976	－44650	－203989
月初成本差异	－13138	－15957	－7926	－37024
月初及本月成本差异合计	－91501	－96933	－52579	－241013
月初库存产品计划成本	262760	319137	158581	740478
月初及本月产品计划成本	1786768	2170130	1078353	5035251
产品成本差异率	－5.17%	－4.47%	－4.88%	－4.79%
销售产品成本差异	－78520	－87304	－42099	－207923
库存产品成本差异	－12981	－9629	－10480	－33090

　　上述对责任成本的因素分析，都是非常便利的。比如通过直接材料计划成本计算表与实际成本（计划价格成本）分配汇总表的比较，不仅可以确定材料成本差异金额，而且可以直接地确定发生差异的影响因素。如第一车间直接材料的成本差异为 92180 元（见表 5－8），产生这项材料成本节约的原因是由于降低了消耗定额而引起数量的减少所致，因为表 5－8 是按消耗定额和计划单价计算的，而实际成本分配汇总表（如表 5－11）是按实际消耗量和计划单价计算的，两表之差即为数量差。同样道理，直接人工、其他直接费可以依此类推。不过间接制造费的节约额则包括多种因素，既包括费用支出水平的变动，还包括效率提高所带来的相对节约额，同时也可能是由于生产数量变化所引起的成本降低，因此，对某些比较重大的差异，按照"例外管理原则"应作进一步的分析，究其原因，以便采取降低的措施。

【案例思考题】

1. 结合上述资料，讨论建立责任会计制度应遵循哪些原则？

2. 该集团公司的责任中心与子公司的责任中心有何区别？

3. 该集团公司某子公司责任成本结转体现了哪些特点？

4. 你认为在责任预算上该子公司运作是否有可取之处？有无值得改进的

地方?

【案例分析参考与提示】

1. 建立责任会计制度应遵循以下原则:

(1)责任主体原则。使各级管理部门在充分享有经营决策权的同时,也对其经营管理的有效性承担相应的经济责任。按各级管理部门设置相应的责任中心,建立责任会计的核算。

(2)可控性原则。对各责任中心的业绩考核与评价,必须以责任中心自身能够控制为原则。如果一个责任中心,自身不能有效地控制其可实现的收入或发生的费用,也就很难合理地反映其实际工作业绩,从而也无法做出相应的评价与奖惩。

(3)目标一致原则。当经营决策权授予各级管理部门时,实际上就是将企业的整体目标分解成各责任中心的具体目标。必须始终注意与企业的整体目标保持一致,避免因片面追求局部利益而损害整体利益。

(4)激励原则。要求对各责任中心的责任目标、责任预算的确定相对合理。它包括两个方面:一是目标合理、切实可行;二是经过努力完成目标后所得到的奖励与所付出的努力相适应。

(5)反馈原则。必须保证以下两个信息反馈渠道的畅通:一是信息向各责任中心的反馈,使其能够及时了解预算的执行情况,以便采取有效措施调整偏离目标或预算的差异;二是向责任中心的上级反馈,以便上级管理部门做出适当反应。

(6)重要性原则。注意在全面中突出重点,注意成本效益性。

2. 略。

3. 该集团公司某子公司责任成本结转采用综合逐步结转分步法,其特点是分步骤确定在产品成本,计算半成品成本和最终完工产品成本,若管理上要求对产品成本项目的构成进行分析,则需要进行还原。

4. 有可取之处,比如通过分析计划成本和实际成本的差异,分析发生差异的影响因素以便采取降低措施。也有值得改进的地方,比如在产品成本进行计算和结转的时候,没有区分可控成本和不可控成本,在责任会计下,对成本中心的考核应该主要考核其可控成本。

案例六

厦门三德兴公司作业成本法的实施

教学目标

理解作业成本法的实施程序以及作业成本法与传统成本法的区别。

基本理论

作业成本计算法基于资源耗用的因果关系进行成本分配：根据作业活动耗用资源的情况，将资源耗费分配给作业；再依照成本对象消耗作业的情况，把作业成本分配给成本对象。与传统成本法相比较，主要是在间接费用的分配上有所区别。传统成本法将所有的间接费用按照统一的标准进行分配，但并不是所有的费用都跟一个因素相关，所以导致间接费用的分配不恰当，特别是在间接费用所占的比重比较大的情况下。作业成本法将间接费用按照作业进行分配，然后根据作业因子分配作业成本，分配标准跟费用更加相关，结果更加合理。

教学组织手段

课前学生熟悉案例资料，复习关于作业成本法的相关理论，分组讨论，结合案例分析厦门三德兴公司是如何实施作业成本法的，分析其存在问题，并说明原因，提出恰当的解决方案，最后推荐一名学生进行回答。

 案例介绍

（一）企业背景及问题的提出

厦门三德兴公司为生产硅橡胶按键的企业，主要给遥控器、普通电话、移动电话、计算器和电脑等电器设备提供按键。1985 年 11 月开始由新加坡厂商在厦门设厂生产，1999 年为美国 ITT 工业集团控股。厦门三德兴公司年总生产品种约6000 种，月总生产型号 300 多种，每月总生产数量多达 2 千万件，月产值为人民币 1500 万元，员工约 1700 人。企业的生产特点为：品种多、数量大、成本不易精确核算。

厦门三德兴公司在成本核算和成本管理方面大致经过两个阶段：

第一阶段（1980~1994 年）：无控制阶段。1994 年以前，国内外硅橡胶按键生产行业的竞争很少，基本上属于一个卖方市场，产品的质量和价格完全控制在生产商手里，厦门三德兴公司作为国内主要的硅橡胶按键生产商之一，在生产管理上最主要的工作是如何尽可能地增加产量，基本上没有太多地考虑成本核算与成本管理的问题。

第二阶段（1994~2000 年底）：传统成本核算阶段。从 1994 年开始，一方面，硅橡胶按键行业的竞争者增多，例如台湾大洋、旭利等企业的加入；另一方面，由于通信电子设备的价格下降，硅橡胶按键产品的价格也不断下降，1994 年硅橡胶按键价格跌了近 20%。硅橡胶按键行业逐渐变为买方市场。成本核算问题突出表现出来，此时公司才开始意识到成本核算问题的重要性。在这个阶段，公司主要采用传统成本法进行核算，即首先将直接人工和直接原材料等打入产品的生产成本里，再将各项间接资源的耗费归集到制造费用账户，然后再以直接人工作为分配基础对整个制造过程进行成本分配，分配率的计算公式为：

分配率 = 单种产品当月所消耗的直接人工/当月公司消耗的总直接人工

由此分配率可得到各产品当月被分配到的制造成本，再除以当月生产的产品数量，从中可以得到产品的单位制造成本，将单位制造成本与直接原材料和直接人工相加即得到产品的单位生产总成本。企业简单地将产品的单位总成本与产品单价进行比较，从中计算出产品的盈亏水平。

1997 年下半年的亚洲金融风暴造成整个硅橡胶按键市场需求量的大幅度下降，硅橡胶按键生产商之间的竞争变得异常激烈，产品价格一跌再跌，产品价格已经处在产品成本的边缘，稍不注意就会亏本，因此，对定单的选择也开始成为一项必要的决策。厦门三德兴公司的成本核算及管理变得非常重要和敏感。此时，硅橡胶按键已经从单纯的生产过程转向生产和经营过程，一方面，生产过程复杂化了，厦门三德兴公司每月生产的产品型号多达数百种，且经常变化，每月不同，其中消耗物料达上千种，工时或机器台时在各生产车间很难精确界定，已经无法按照传统成本法对每个产品分别进行合理、准确的成本核算，也无法为企业生产决策提供准确的成本数据。另一方面，企业中的行政管理、技术研究、后勤保障、采购供应、营销推广和公关宣传等非生产性活动大大增加，为此类活动而发生的成本在总成本中所占的比重不断提高，而此类成本在传统成本法下又同样难以进行合理的分配。如此一来，以直接人工为基础来分配间接制造费用和非生产成本的传统成本法变得不适用，公司必须寻找其他更合理的成本核算和成本管理方法。

（二）作业成本法在企业的实际运用

厦门三德兴公司实施作业成本法主要包括以下三个步骤：

1. 确认主要作业，明确作业中心

作业是在企业内与产品相关或对产品有影响的活动。企业的作业可能多达数百种，通常只能对企业的重点作业进行分析。根据厦门三德兴公司产品的生产特点，王科长从公司作业中划分出备料、油压、印刷、加硫和检查等五种主要作业。其中，备料作业的制造费用主要是包装物，油压作业的制造费用主要是电力的消耗和机器的占用，印刷作业的成本大多为与印刷相关的成本与费用，加硫作业的制造费用则主要为电力消耗，而检查作业的成本主要是人工费用。各项制造费用先后被归集到上述五项作业中。

2. 选择成本动因，设立成本库

成本库按作业中心设置，每个成本库代表它所在作业中心由作业引发的成本。成本库按照某一成本动因解释其成本变动。这当中成本动因的选择非常重要，成本动因是一项作业产出的定量计算。通常成本动因的选择可以从两个方面

来考虑：一是作业的层次，二是驱动的特点。所谓层次指作业概念中的单位作业、批作业和产品作业等构成；所谓驱动指产品消耗作业的性质。驱动一般包括经济作业驱动、期间驱动、密度或直接收费驱动等。其中经济作业驱动指依作业发生的频率来计量的驱动；期间驱动指用完成每一项作业所花费的时间来计量的驱动；密度或直接收费驱动则指根据每次完成一项作业所实际消耗的资源来计量的驱动。

在厦门三德兴公司备料、油压、印刷、加硫和检查等五项主要作业里，确认的成本动因如下：

（1）备料作业。该作业很多工作标准或时间的设定都是以重量为依据。因此，该作业的制造成本与该作业产出半成品的重量直接相关，也就是说，产品消耗该作业的量与产品的重量直接相关。所以以产品的重量作为该作业的成本动因。

（2）油压作业。该作业的制造成本主要表现为电力的消耗和机器的占用，这主要与产品在该作业的生产时间有关，即与产品消耗该作业的时间有关。因此，以油压小时作为该作业的成本动因。

（3）印刷作业。从工艺特点来看，该作业主要与印刷的道数有关，因此，以印刷道数作为该作业的成本动因。

（4）加硫作业。该作业有两个特点：一方面，该作业的制造成本主要为电力消耗，而这与时间直接相关；另一方面，该作业产品的加工形式为成批加工的形式，因此，以批产品的加硫小时作为该作业的成本动因。

（5）检查作业。该作业以人工为主，而厦门三德兴公司的工资以绩效时间为基础，因此，以检查小时作为该作业的成本动因。

此外，三德兴公司还包括工程部、品管部以及电脑中心等基础作业，根据公司产品的特点，产品直接原材料的消耗往往与上述基础作业所发生的管理费用没有直接相关性，所以，基础作业的分配中没有选择直接原材料，而是以直接人工为基础予以分配。

3. 计算最终产品成本

根据所选择的成本动因，对各作业的动因量进行统计，再根据该作业的制造费用求出各作业的动因分配率，将制造成本分配到相应的各产品中去。然后根据各产品消耗的动因量算出各产品的总作业消耗及单位作业消耗。最后将所算出的单位作业消耗与直接原材料和直接人工相加得出各个产品的实际成本。

（三）传统成本法与作业成本法的计算结果比较

依据上述计算步骤，以 2000 年 9 月的生产数据为基础，对 378 种型号的产品分别核算其产品成本。表 5-12 和表 5-13 分别列出两组主要有代表性的计算结果。其中，表 5-12 为根据传统成本法计算亏本，而经作业成本法重新计算并没有亏本的产品型号；表 5-13 为在传统成本法下没有亏本，而按作业成本法再计算却显示为亏本的产品型号。

表 5-12　产品成本计算比较表　　　　　　　　　　单位：美元

产品型号	单价	生产数量	传统成本法		作业成本法	
			单位成本	单位利润	单位成本	单位利润
3DS06070ACAA	0.12	385233	0.1207	-0.0007	0.11	0.01
3DS06070AEAA	0.12	434	0.1207	-0.0007	0.11	0.01
7505832X01	0.34	424376	0.36	-0.02	0.31	0.03

表 5-13　产品成本计算比较表　　　　　　　　　　单位：美元

产品型号	单价	生产数量	传统成本法		作业成本法	
			单位成本	单位利润	单位成本	单位利润
EUR51CT785H	0.05	25	0.03	0.02	0.07	-0.02
3DS07206ACAA	0.19	3015	0.02	0.17	0.47	-0.38
UR51CT984E	0.06	103	0.04	0.02	0.24	-0.18
ST-3000	0.04	1519	0.038	0.002	0.043	-0.003
3104-207-73731	0.11	456	0.07	0.04	0.20	-0.09
3104-207-68052	0.16	1533	0.12	0.04	0.18	-0.02
3139-227-64762	0.09	210	0.06	0.03	0.22	-0.13
3135-013-0211	0.09	68	0.07	0.02	1.99	-1.90
20578940	0.41	12	0.14	0.27	0.64	-0.23
BHG420008A	0.11	401	0.06	0.05	0.112	-0.002

通过作业成本法的核算不难看出：

其一，传统成本法对成本的核算与作业成本法对成本的核算有相当大的差异。作业成本法是根据成本动因将作业成本分配到产品中去，而传统成本法则是用数量动因将成本分配到产品里。

其二，在传统成本法下完全无法得到的各作业单位和各产品消耗作业的信息却可以在作业成本法中得到充分反映。公司从而可以分析在那些亏本的产品型号中，究竟哪些作业的使用偏多，进而探讨减少使用这些作业的可能。

其三，对于在传统成本法中核算为亏本而在作业成本法下不亏本的产品型号，可以通过作业成本法来了解成本分配的信息。

其四，通过作业成本法的计算，可以了解在公司总的生产过程中，哪一类作业的消耗最多，哪一类作业的成本最高，从而知道从哪个途径来降低成本，提高生产效率。根据各作业中心成本分配数字表明，该公司油压作业的单位动因成本最高，其作业的总成本也最大，印刷作业的成本动因量及作业总成本次之。这样，公司在今后应对这两个作业从不同的角度予以改善，比如通过增加保温，减少每小时电力消耗的方法来降低油压作业每小时作业的成本；通过合并工序来减少印刷作业的动因量。如此，通过加强成本核算与成本管理把企业的管理水平带动到作业管理层次上来。

（四）厦门三德兴公司实施作业成本法的体会

第一，动因的选择不必求全，但应该找到最重要的、与主要成本花费相关的关键因子。该公司实施作业成本法的最初，试图找出与所有成本耗用均相关的成本动因，但经多方面尝试后证明该做法是不可能的，在一个独立的作业中不可能所有的耗费都与同一个成本动因成正比。之后，该公司转而试图将作业做进一步的细分，但随即发现，如此一来将会有非常多的作业，在实际生产中要统计这些作业也是困难重重。经反复探讨并仔细研究作业成本法的原理后，最终采用如下方法：即先选择出相对独立的、对产品的形成影响较大的主要作业，然后再确定作业中与主要的成本消耗相关性较大的成本动因。这一做法虽然会在一定程度上降低成本核算的准确度，但正如卡普兰教授和阿特金森教授所指出的，一个合理的作业成本制度的目标不是拥有最准确的成本计量方法，如果把一个产品实际的成本消耗看作是靶的中心，一个相对简单的制度只要能始终如一地击中靶的中环和外环就可以算得上准确。而传统的成本制度实际上从来没有击到过靶，甚至连放靶的墙也没有击到。

第二，成本动因的选择可采取多元化的方式，注意与传统成本核算系统相结合。事实上，作业成本法与传统成本法并不是相互排斥的，它是在解决传统成本法存在问题的基础上对传统成本法的发展。例如该公司在选择备料成本动因时，就选取了"备料重量"这一通常在传统成本法里使用的分配因子，这有助于提高成本核算的准确性和合理性。

第三，实施作业成本法必须要以完善的计算机系统为基础。厦门三德兴公司原材料消耗的种类以及生产的产品品种都较多，如果没有计算机系统的支持，实施作业成本法几乎是完全不可能的。该公司的计算机已实现网络连接，并建立配方库、标准库等基础数据系统，已按管理信息系统建立了独立的核算系统，具有数据处理中心及形成相应的信息。

第四，在当今日益激烈的竞争环境里，企业能否生存及获得发展的关键之一就在于能否以较小的投入获得较高的收益。在给定投资决策前提下，成本核算与成本管理成为企业能否获利的一项重要决定因素。谁成本控制得好，谁就能以相对较低的价格获得竞争优势。而成本控制的前提之一在于获得正确的成本信息，只有正确地掌握产品各类成本的构成及来源，才能有效地控制成本。但在传统成本法下，企业各项间接性的成本大都以直接人工或机器小时等为标准分配到各产品中去，对于像厦门三德兴公司这类原材料和产品品种数量繁多、差异又大的企业而言，传统的成本分配方法非常不准确。它提供了产品成本的错误信息，使企业的成本控制无的放矢，难以真正达到控制成本的目的。与此相反，作业成本法把企业的生产活动看作是由一系列作业所组成，它通过一定的成本动因将产品与实际所使用的作业联系在一起，而作业又再与所消耗的资源相联系，每完成一项作业都要消耗掉一定的资源。这样核算出来的成本就能比较真实反映出企业的成本状况，从而为管理者提供较为真实的成本信息，有利于企业的成本核算和成本管理。

【案例思考题】

1. 你认为作业成本法实施以前三德兴公司在成本核算方面存在的最主要的问题是什么？

2. 为什么说作业成本法较传统成本核算及成本控制先进？

3. 实施作业管理一定要首先实现作业成本计算吗？

4. 如何设置作业中心？

【案例分析参考与提示】

1. 在实施作业成本法之前，三德兴公司在成本核算方面采取的是传统成本核算，将间接费用统一按照直接人工进行分配，这样得到的产品成本与实际产品消耗的费用不配比，特别是在竞争越来越激烈，产品消耗物料品种繁多，间接费用所占的比重越来越大的情况下。

2. 与传统成本法相比，作业成本法具有更广泛的科学性和先进性。具体说来，作业成本法主要有以下一些特点：①作业成本法克服了传统成本计算方法导致的成本信息失真问题，能提供相对准确的成本信息。②传统成本管理的主要是产品；而作业成本法不仅包括产品，而且包括作业。企业改进作业链，减少作业耗费，提高作业的效益成为可能。③作业成本法是更广泛的完全成本法。作业成本法涉及较多方面的成本，这样提供的成本信息更有利于企业进行定价等相关决策。④所有作业成本均是变动的，这有利于企业分析成本产生的动因，进而降成本。⑤作业成本法更具有管理意义，因为它相当于是一种实现成本前馈控制与反馈控制相结合，成本计算与成本管理相结合的"全面成本管理系统"。

3. 不一定。作业成本管理是一个不断循环的过程，实施作业成本管理的目的，更多是在于找出并消除不增值的作业，提高增值作业的效率，降低成本，从而改善企业业绩。

4. 一般按工作内容区分不同类型的作业，在企业的生产活动过程中，构成价值链上的业务内容不同。作业成本法下根据业务内容区分出不同类型的作业，如材料整理准备、机器设备调整准备、机器设备维修保养、产品运送、产品质量检验等。把具有相同作业动因的作业所耗费的资源归集到一起，建立作业中心。这一过程包括两个环节：①按照资源动因把资源的消耗一项一项地分配到作业。②把具有相同作业动因的作业合并形成作业中心，再将作业中心中各项作业的资源耗费合并加总在一起。

案例七

广东农业机械厂作业成本计算及作业管理的设计

 **教学目标**

了解作业成本计算法在实际中的作用。

基本理论

作业成本管理不同于以往的成本管理，它将成本管理由单一的对"商品"成本的控制、降低成本，转为以"作业"为中心，从成本动因与成本消耗两个方面入手，从成本计算结果转为对成本过程的控制与管理，从简单的降低成本，到通过对作业成本的跟踪与动态的反应，对价值链的各个环节进行分析，使企业管理更合理、更全面，更加高效、高质，在企业经济发展中价值更为明显和突出。

教学组织手段

课前学生熟悉案例资料，复习关于作业成本管理的相关理论，分组讨论，结合案例分析怎样使企业管理更合理、更全面，提出恰当的解决方案，最后推荐一名学生进行回答。

案例介绍

广东农业机械厂非先进制造企业，但由于其生产的产品数量差异很大（数量最高的产品——四轮拖拉机，是数量最低的产品——喷灌机的 50 多倍），并且制造费用与直接人工费用的比例高达 200% 之多，已具备适合运用 ABC 的一定条件。

（一）实施作业成本计算

该研究组采取如下研究分析步骤：①选择主要作业；②归集资源的费用到同质成本库；③选择成本动因，计算各成本库分配率；④根据成本库分配率把各成本库中归集的制造费用分配给各产品；⑤计算产品成本。

通过对试点企业的研究分析得出如下结论：代表试点企业销售成本 55.97%、产量 64.39% 的高产量产品——四轮拖拉机的单位产品成本，在传统成本计算法下其成本被多计 4%；相反，代表试点企业销售成本 10.95%、产量 2.97% 的低产量产品——12 行播种机的单位产品成本，在传统成本计算法下其成本被少计 21.2%。如果扣除直接记入产品成本的直接材料成本后，差异则更为明显，四轮拖拉机的单位产品成本在传统成本计算法下被高估 46.5%，12 行播种机的单位产品成本在传统成本计算法下被低估 42.5%。这很好地验证了作业成本会计理论中提到的传统成本计算高估高产量、低复杂程度产品的成本；低估低产量、高复杂程度产品成本的结论。这种产品成本的扭曲，使产品的毛利率和产品利润发生严重扭曲，四轮拖拉机在传统成本法下的毛利低于其实际制造的毛利，单位产品毛利被低估 292 元。1997 年 1～5 月生产的 1083 台四轮拖拉机毛利共被低估 316236 元。这种错误的毛利信息严重影响管理者的决策：第一，由于高估了四轮拖拉机的成本，在需要降低售价提高产品市场占有率的情况下，企业不敢降价，因此会降低产品市场竞争力，失去扩大该产品市场的机会，从而影响到企业当期和未来的收益；第二，由于低估了四轮拖拉机的毛利，高估了 12 行播种机的毛利，在企业有限的生产资源需要选择投入方向情况下，管理者很可能做出减少四轮拖拉机的产量，增加 12 行播种机产量的错误决策（实际上正确的决策恰恰应该相反），其结果有可能导致企业受到双重损失、总体获利水平下降。

（二）实施作业管理

该研究组在建议农机厂实施作业成本计算的基础上，推行作业管理，具体措施如下：

1. 通过作业链、价值链分析，降低成本

（1）在进行价值链分析中，研究组发现：生产协调、检测、修理和运输这四个作业虽然是不增加顾客价值但又无法消除的作业，但它们的耗费是可以减少的。例如生产协调、检测、修理这三个作业，它们的冗员较多，以前是划在各个分厂内，人员散布在各个岗位，虽然觉得有冗员，但说不清哪里多人，按作业定岗定员，将以前分散的人员汇总，问题就立刻暴露出来。每个作业均可裁掉一半人员，耗费将下降1/3左右。

（2）广东农业机械厂在生产作业安排上较为混乱。针对此种情况，建议：总体应根据销售量确定生产量，根据生产进度状况确定库存，实际工作中可以采用计划评审法（PERT）进行生产安排。首先逆推某种产品生产时间进度，由交货期确定交库期，根据交库期确定各部件交付组装的时间，由此再结合各工序是并行生产还是串行生产，以确定其投料及在各车间的生产时间。各种产品生产时间确定后，进行优化处理，找出关键路径，并在实际生产中对关键路径上的工序作业严格控制，以保证客户需求。这里的方案取舍要以效率高、成本低为判断标准。效率高就是各工序前后衔接好，尽量减少空闲时间，实现协调生产；成本低主要指减少生产不同产品的设备调整次数及降低库存成本等。

2. 消除或减少不增值作业，降低成本

该企业的运输作业主要面对厂内运输，主要运输工具是叉车。将分散在各分厂的叉车集中在一起作为一个作业管理后，有三四台叉车显得多余。这主要是因为将叉车集中管理后，提高了利用率，灵活性增强。例如，以前铸造分厂有两台叉车，而实际中每天只有下午4~6点，零部件落沙后才用，其余时间很少用，造成资源浪费。现在不但可以取消总厂原定的购买一台新叉车的计划，还可以将多余的叉车出售，从而省掉了新叉车的投资和运行成本，又降低了现有叉车运行成本，体现了资源集成的思想。

3. 深入作业层次加强管理，提高企业价值

（1）提高零部件设计的通用性，降低相关作业的成本。例如，模具制作作业，其消耗的资源与零件的种类数有直接因果关系，因此可以通过减少零件种类数以降低模具制作作业的资源消耗。具体做法是，设计零件时注重考虑其通用性

以减少零件种类，这在24C和24A大型播种机上表现最明显，两种产品设计时对零件通用性考虑不够，导致两者实际差别较大。设计人员也认为，原本是可以提高两种产品零部件通用性的，但当时没有过多考虑成本问题，仅从技术角度来考虑。这一点企业目前正在考虑重新设计24C播种机。同时企业正准备开发14行播种机，6行铺膜机，将成本方面的考虑融入到设计之中。

（2）在划分作业中心基础上，总厂由控制5个分厂变为控制14个作业中心，有利于原材料的管理。当总厂可以直接监测14个作业中心的消耗情况时，信息反馈速度将明显加快，加强了总厂对生产的管理力度。总厂的有力监督将有效地促使各作业中心加强材料管理，浪费、毁损现象将被有效地控制。

4. 进行作业关系分析，合理安排生产，降低作业成本

例如机器准备作业，准备次数为资源动因，降低其成本的主要途径是减少准备次数。减少调整准备次数的前提是要保证生产顺利进行，因此就必须合理安排各种产品生产，尽量减少重复倒换工装的次数，以达到提高效率、降低成本的目的。

5. 分析确定关键作业，加强物资采购工作

物资采购效益涉及材料质量、采购价格等因素。这些因素对顾客和企业都是重要的。物资采购时，应尽量做到货比三家，努力降低采购价格。采购的物资材料、配件、外协件等，进厂时严格进行质量检测，建立健全的退货、换货制度。如果因质量问题造成成本上升，要追究到采购责任人。另外，还要加强物资的库房管理，如因主观原因造成的损失、浪费，要追究库房管理人员责任。

【案例思考题】
1. 说明实施作业成本法的公司应具备哪些条件？
2. 在实际工作中，如何进行作业管理？

【案例分析参考与提示】
1. 采用作业成本法的公司一般应该具备：①从成本结构来看，这些公司的制造费用在产品成本中占有较大比重；②从产品品种来看，这些公司的产品多样性程度高；③从外部环境来看，这些公司面临的竞争激烈；④从公司规模来看，

这些公司的规模比较大。

2. 在实际工作中，作业成本管理可以通过以下步骤完成：

第一步：进行作业分析。作业基础管理的主要目标是：第一目标，尽量通过作业为顾客提供更多的价值；第二目标，从为顾客提供的价值中获取更多的利润。为了实现这些目标，企业管理必须深入到作业水平。作业分析是作业基础管理的核心，具体包括四个步骤：①鉴别作业，确定企业经营全过程所涉及的各类作业。②对作业进行分类，确定重点作业。企业的作业可能有成百上千种，由于人力和资源的有限，企业无法对所有的作业进行一一分析，只能对其中的重点作业进行分析。一般来说，企业 80% 的成本是由 20% 的作业引起的，因此，作业分析的重点应该是这前 20% 的重点作业。③将作业进行横向比较。价值增值的作业不一定就是最优作业，通过与其他企业先进水平的作业进行比较，可以判断某项作业或企业整个作业链是否有效，寻找改进的机会。④分析作业之间的相互联系。各种作业相互联系，形成作业链，这条作业链必须使作业的完成时间和重复次数最少。理想的作业链应该是作业与作业之间环环相扣，而且每项必要作业只在最短的时间内出现一次。

第二步，分析成本动因。ABC 将成本动因分为资源动因与作业动因。通过对成本动因的分析，有利于掌握引起成本发生的根本原因，从而找出那些非价值增值的作业根源，并设法把它们消除。

第三步，计量作业业绩。作业是可计量的，作业实际耗费的结果应与预算的作业量进行比较，找出其中的差异。在作业管理中，以作业作为业绩计量与评价的起点，有利于把企业各方面的生产经营活动置于不断改进的状态之中。

案例八

战略调整——海天"冰茶"的陨落

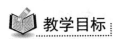 **教学目标**

了解企业战略调整需要考虑的因素。

基本理论

战略调整是企业经营发展过程中对过去选择的目前正在实施的战略方向或线路的改变。在进行企业战略调整时，我们需要考虑企业家、管理层、企业文化、员工等各方面的因素。

教学组织手段

课前学生熟悉案例资料，复习关于战略调整的相关理论，分组讨论，结合案例分析海天冰茶为什么会陨落？怎样进行案例调整使企业管理更合理、更全面，提出恰当的解决方案，最后推荐一名学生进行回答。

案例介绍

人们记忆中的海天"冰茶"是1993年以一个供销社为基础发展起来的饮料巨头，初期发展迅猛。1995年，海天冰茶销量达到5000万元。1996年，这个数字骤然升至5亿元，翻了10倍。在市场销售最高峰的1998年，海天的销售额达到了30亿元。短短几年间，海天集团一跃成为中国茶饮料市场的龙头老大。

海天的成功引来了众多跟风者的竞争。康师傅、统一、可口可乐、娃哈哈等一群"冰红茶""冰绿茶"相继出现在消费者面前。海天"冰茶"的独家生意很快就被分食、弱化了。2001 年，海天的市场份额从最初的 70% 跌至 30%，销售额也随之大幅下降。

伴随着产品先行者的优势被削弱，管理上的问题也越来越多地暴露出来。据介绍，在渠道建设方面，不论进入哪一个城市，不论什么职位，海天集团都从本地派遣人马。但是，管理这些网点的制度规范却很滞后，总部与网点之间更多的是激励机制，少有约束机制。

海天集团实行按照回款多少来考核工作业绩的制度。有报道说，有些从集团派出的业务人员为了达到考核要求，私自和经销商商定：只要你答应我的回款要求，我就答应你的返利条件；可以从集团给你要政策，甚至允许你卖过期产品。更有些业务人员，主要精力除了用于催款和许诺，就是和经销商一起坑骗企业。

面对如此严峻的形势，海天集团开始了变革。变革的力度可以用"大破大立"来形容：

第一步是企业高层大换血。目标是将原来粗放、经验主义的管理转为量化、标准化管理。集团引进了 30 多位博士、博士后和高级工程师，开始接手战略管理、市场管理、品牌策划和产品研发方面的工作。

第二步是把 1000 多名一线的销售人员重新安排到生产部门，试图从平面管理向垂直管理转变。集团总部建立了物流、财务、技术三个垂直管理系统，直接对大区公司进行调控，各大区公司再对所属省级公司进行垂直管理。这样的人员调动是集团成立 8 年来最大的一次。

第三步是把集团的组织结构重新划分为五大事业部，包括饮料事业部、冰茶红酒事业部、茶叶事业部、资本经营事业部和纺织及其他事业部，实现多元化经营。

令人意想不到的是，大刀阔斧的变革并没有让产品的市场表现有所好转，相反，组织内部却先乱了起来。在"空降兵"进入集团并担任要职后，新老团队之间的隔阂日益加深。由于公司最初没有明确的股权认证，大家都不愿意自己的那一份被低估，元老们心里想的是"当初我的贡献比你多"，而新人则认为"今天我的作用比你大"。同时，1000 多名一线业务人员被调回生产部门，不仅关系到个人利益的重新分配，而且关系到销售渠道的稳定性和持续性。于是，矛盾不可避免地尖锐起来，企业出现了混乱。自 2001 年，如日中天的海天开始明显地滑落，2002 年下半年，海天停止销货。一度风光无限的"海天"渐渐成为人们脑海中的一个回忆。

【案例思考题】

1. 分析海天集团进行战略调整的动因。

2. 你认为海天集团战略调整失败的原因有哪些？

3. 假如你是当初海天集团的决策人，你会如何进行战略调整？

【案例分析】

1. 海天集团进行战略调整的原因有以下几点：

（1）增强市场力量的动因，海天在遇到跟风者的竞争后，市场份额急剧下滑，销售额大幅下降，所以急于巩固和增加市场份额。

（2）构建企业核心竞争力的动因，增强企业竞争力。海天虽然之前在茶饮品市场取得了成功，但很快被跟风者削弱，急于增强企业核心竞争力。

（3）管理及工作关系的变化，海天管理上也存在问题，业务人员和经销商相互串通，需要完善企业内部管理。

（4）组织结构和规模的变化。海天虽然规模扩大了，但总部和网点之间缺乏约束机制。

2. 无法处理变革问题或克服内部的变革阻力；实施的战略与内部权力结构相冲突；主要的员工缺乏对实施战略的参与感；缺乏对实施战略相匹配的组织结构。

3. 会采取下列措施进行调整：

（1）争取高级管理层的支持，推进战略调整。

（2）掌握调整的节奏和调整的范围。因为海天存着很多问题，所以应该循序渐进地进行战略调整。

（3）调整组织结构与企业的战略目标相适应。企业要进行多元化经营，与其相适应的组织结构应该是扁平化的组织结构，而不是垂直管理。

（4）估计员工参与，减少员工的抵触心理。

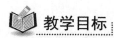

案例九

东方电磁厂战略管理会计的实施

教学目标

理解战略管理会计。

基本理论

战略管理会计是指为企业战略管理服务的会计信息系统，即服务于战略比较、战略选择和战略决策的一种新型会计，它是管理会计向战略管理领域的延伸和渗透。具体说，它是指会计人员运用专门的方法为企业提供自身和外部市场以及竞争者的信息，通过分析、比较和选择，帮助企业管理层制订、实施战略计划以取得竞争优势的手段。战略管理会计的形成和发展不是对传统管理会计的否定和取代，而是为了适应社会经济环境的变化而对传统会计理论的丰富和发展。战略管理会计的宗旨是立足于企业的长远目标，以企业的全局为对象，将视角更多地投向影响企业经营的外部环境。

教学组织手段

课前学生熟悉案例资料，复习关于战略管理会计的相关理论，首先限定时间看谁最快填完表格，案例的投资决策有没有存在问题，提出恰当的解决方案，最后推荐一名学生进行回答。

案例介绍

东方电瓷厂是一家中型电瓷产品制造企业，历史悠久，技术力量雄厚，产品质量过硬，生产管理严格，在国内同行业中一直处于领先地位，占有较大的市场份额。1987 年前，国内生产电瓷产品的企业不到 100 家，企业的毛利率可达到70%；而到了 1997 年，同类企业达到几百家，竞争日趋激烈，企业产品的毛利率下降到 35%。在激烈的竞争面前，该厂几年来实施战略管理会计，大力推行作业成本计算法，取得了显著效果。具体做法如下：

（一）分析企业的内外部环境，制定竞争战略

我国经济持续发展，为企业创造了良好的市场环境。威胁使同类企业竞争日趋加剧，很多江浙一带的民营企业加入竞争，由于国有企业的灵活性不如民营企业，有些民营企业甚至采用不正当手段进行竞争，这对企业也是很不利的。从企业内部资源来看，企业的技术力量雄厚，管理水平较高，这是企业的优势；劣势是企业的历史包袱较重，本地的劳动力成本也较高。由于电瓷产品的技术比较成熟，产品的技术含量在各厂家大同小异。因此企业只有在价格上相互竞争。在进行了 SWOT 分析后，企业决定采取低成本战略。

（二）进行成本动因分析，有步骤地实施作业成本计算法

在战略定位后，企业开展了"深入了解业务过程"活动。使该厂认识到会计人员和制造部门人员进行了工艺分析，分析产品生产的作业和作业背后的成本动因。在分析的基础上实行作业成本计算法计算产品和应用作业成本法进行管理。

该厂把作业分为四个层次：单位级作业层次、批量级作业层次、产品级作业层次和管理级作业层次。单位级作业包括的项目有机器动力，其费用的分配是按机器工时。批量级作业以生产设备次数、材料移动次数和检验次数作为分配基础。产品级作业是产品的分类包装，以分类包装次数为分配费用的基础。管理级作业所分配的费用，包括生产设备折旧和管理人员工资等，是按机器工时和产品的主要成本进行分配的。

在把按传统方法计算的产品成本和按作业成本计算法计算的成本进行比较后发现，传统计算方法的产品成本被严重扭曲了。该厂 A 部门生产高压电器产品 H

型和 ZH 型。H 型产品为普通型产品，ZH 产品是新型、复杂的产品。两种产品在同一生产线上制造。单独生产 H 型产品月产量可达 10000 只；单独生产 ZH 型产品月产量可达 1000 只。该厂 2017 年 3 月的产品单位成本数据如表 5 – 14 所示。

在没有进行作业成本法进行成本核算前，H 型产品的售价是 150 元/台，ZH 型产品的售价是 250 元/台。在获得了新的产品数据后，该厂对产品的售价做了及时的调整。H 型产品的售价降低到 135 元/台；ZH 型产品的售价提高到 288 元/台。

表 5 – 14　H 型产品和 ZH 型产品单位成本对照表

产品成本计算方法	成本项目	H 型产品	ZH 型产品
传统方法	直接材料	19. 35	22. 15
	直接人工	12. 76	21. 24
	制造费用	56. 87	94. 68
	合计	88. 98	138. 07
作业成本法	直接材料	19. 35	22. 15
	直接人工	12. 76	21. 24
	制造费用	45. 09	271. 4
	合计	77. 20	314. 79

在实行了作业成本计算法后，不仅改变了企业成本数据不准确和售价不合理的情况，企业还深挖产品成本较高的背后原因，为降低 ZH 型产品成本奠定了基础。分析表明，ZH 型产品的单位机器动力成本和生产设备折旧成本明显偏高，进一步分析发现，这两个作业成本偏高的原因是由一个共同因素引起，即 ZH 型产品的单位机器工时较高，为 H 型产品的 12 倍，这就为降低成本指明了方向。在有关人员的攻关下，通过采用新材料和新工艺使 ZH 型产品的工艺耗时降低了25%，每批产量由原来的 1 只增加到 3 只，从而其机器工时降低到了原来的四分之一，成本大大降低。

（三）运用价值链分析，与上下游企业实现双赢

企业对供应商和顾客进行分析后发现，企业与他们合作的机会很多。例如，

该厂每月需5000只不锈钢盖，如果其上游企业——不锈钢餐具厂购入其加工余下的边角料作为原材料，经测算可节约成本0.8万元。之后又发现该厂有加工能力，企业只需出模具即可，这样每月可节约成本0.91万元。企业降低了成本，餐具厂以更高的价格出售了边角料，实现了双赢。在销售阶段，该厂通过分析把原来的很多销售办事处换成了代理商，实行代理分销制。例如，在天津通过代理商使得销售有了快速增长，销售费用比设办事处时降低了35%。

【案例思考题】

1. 作业成本法与战略管理会计存在什么样的关系？

2. 实施战略管理会计应从哪些方面进行？

【案例分析】

1. 作业成本法是战略管理会计的一种基本分析方法。战略管理会计通过对竞争对手分析，进行成本管理分析，从战略角度来研究影响成本的各个环节，进而降低成本。作业成本法就是以作业为基础，通过成本作业因子归集作业成本，能够更加准确地提供成本信息，同时也为降低成本奠定基础，寻求降低成本的途径。

2. 实施战略管理会计可以从以下方面进行：

（1）战略的制定。企业的战略包括公司整体战略、业务层面战略和职能战略。通过对竞争对手分析，制定可行的竞争战略。

（2）成本管理分析。通过采用价值链分析、竞争对手分析和作业成本管理分析等方法，进一步降低成本，增加企业价值。

（3）实施战略成本管理。从战略的角度出发，通过适度的投资管理、市场调研与合理的研究开发策略等来达到降低战略成本的目的。

（4）风险管理。由于战略管理会计着重研究全局，研究战略性问题，必须考虑风险因素。